불전佛典으로 보는 낙태의 과보

아가야 미안하다

지율 지음

우리출판사

불전佛典으로 보는 낙태의 과보

아가야 미안하다

일러두기

1. 이 책에서 인용한 불전의 내용은 동국대학교 역경원이 간행한 한글대장경을 저본으로 삼아 발췌 인용하였습니다.
   다만, 문맥의 흐름이나 낱말의 쓰임과 관련해서는 독자의 이해를 돕기 위해 불교의 상용어(常用語)에 준하여 일부를 수정하였습니다.

2. 참고서적 : 『용서해다오 아가야』, 석묘각, 창우사(1991).

태아영가와 고귀한 인연을 맺다

구담사 자모암은 한 생명을 지워버린 엄마·아빠의 태아영가를 위한 참회도량입니다. 경향각지 많은 분들의 인연에 힘입어 국내 최초이자 전국 제일의 태아영가 천도도량이 되었습니다. 태어나지도 못하고 부모에 의해 죽임을 당해야만 했던 태아영가와 가슴 아픈 인연이 되어 천도재를 지내게 되면서 매년 3회(양력 3월, 6월, 9월) 49재와 3년 기도 태아영가천도 참회도량으로 자리매김하게 된 것입니다.

인생사 새옹지마塞翁之馬라는 고사성어가 마치 필자의 삶을 대변해 주는 듯합니다. 한 생명으로 모태에 들었으나 생명의 중요성을 제대로 인식하지 못한 부모 때문에 세상 빛을 보지 못하고 풀잎의 이슬처럼 사라져간 태아영가와 천도의 인연을 맺은 지 어느덧 30여 년의 세월이 흘렀습니다.

억겁의 인연으로 생명을 받았으나 엄마의 태중에서 생명을 잃은 태아는 아마도 가장 짧은 생을 살다간 생명일 것입니다. 이 태아영가는 바깥세상을 구경도 하지 못한 채 강렬했던 생의 희망을 잃어버림으로써 한을 품고 사라진 영혼입니다.

그동안 이곳 사찰을 다녀간 엄마·아빠들의 공통된 염원은 오로지 하나였습니다. 살아있는 동안 뱃속의 생명을 낙태한 죄업을 진심으로 참회기도하고, 태아영가를 천도하여 다음 생에 좋은 인연으로 다시 만나자는 한마음뿐이었습니다. 이제는 긴 세월을 이기지 못하고 많은 분들이 이생을 마감했지만, 그분들의 염원과 자취는 여전히 이곳의 도량을 감싼 채 아가들의 영혼을 달래주고 있습니다.

일본에서는 이미 오랜 전부터 각 사찰마다 낙태아의 영혼을 위한 수자공원水子公園을 조성하고, 이곳에 수자지장보살을 모시고 있습니다. 하지만 우리나라는 낙태아의 영혼을 위해 천도재를 지내주는 의례가 정착한 지는 불과 몇 년 되지 않습니다. 필자가 머물고 있는 구담사 자모암이 30여 년 전부터 낙태아의 영혼을 위한 참회기도를 지내오고 있는 거의 유일한 사찰입니다. 구담사 자모암은 '엄마·아빠의 참회기도도량'으로서 태아영가와 참회기도의 인연을 맺어주고 있습니다.

필자는 비구니로서 출가의 삶을 시작하면서 '과연 어떤 삶이 부처님의 뜻을 제대로 받들고 여법하게 수행하면서도, 복력福力을 지어 세상과 뭇사람들에게 이익을 줄 수 있을까' 여러모로 생각했습니다. 수행정진하면서 홀연히 한 생각 스친 것이 부모로 인하여 세상 빛을 보지 못하고 낙태되거나 유산된 태아영가와 태어나자마자 죽은 어린 영아를 위해 천도기도해 주는 것이 매우 중요하다는 생각을 하게 되었습니다. 태아는 부모가 낙태해야겠다는 마음을 내는 순간부터 불안과 긴장 속에서 몸을 움츠리고, 끝내는 부모에 대한 원망으로 이어져 결국 원결怨結로 나타나기 때문입니다. 따라서 태아영가의 이 원결을 풀어주고 다음 생에 좋은 인연으로 다시 태어나기를 기도해 주는 것입니다.

우리는 흔히 낙태의 인과응보가 얼마나 무서운지 잘 모르고 귀중한 생명을 빼앗아 가며 살고 있습니다. 낙태아의 영혼은 다음 생에 어떠한 인연으로 만나게 될지 모르는 악연의 인연 속에서 떠돌게 됩니다. 태어난 아기들은 한 번이라도 울어보기나 했지만 낙태아의 영혼은 울어보지도 못하고 허공에 떠돌면서 부모를 원망하게 되는 것입니다.

부모는 왜 일찍 깨닫지 못했을까? 생명을 잉태했으나 어둠 속으로 사라져버린 아기들을 생각하면 가슴이 아프고 미안한 생각에 울컥합니다. 인간으로 태어나기 위해 몇 겁을 지나서 어렵게 부모의 인연을 찾아왔는데, 생명의 존귀함을 모르고 낙태해버린 아기에게 뒤늦게나마 천도공양 올리면서 왕생극락을 기도합니다.

필자는 천도공양의 의미도 중요하거니와 그 업장을 소멸해 미래에는 낙태 없는 깨끗한 사회를 건설하고 한걸음 더 나아가 생명존중문화를 실천하겠다는 서원을 세운 바 있습니다. 그러기 위해서는 무엇보다도 부모의 사랑이 가장 중요합니다. 태아의 존귀함을 느끼고 엄마·아빠가 참회기도를 올리는 궁극적인 목적은 태아영가의 극락왕생을 발원하는 일이거니와, 다음 생에 어디에서 어떻게 만날지 모르는 악연의 고리를 끊고자 하는 의미도 더욱 중요하다고 하겠습니다.

이처럼 태아영가는 참회하는 부모의 원력에 힘입어 업장을 소멸하는 동시에 다음 생에는 좋은 인연을 만날 수 있습니다. 우리에게 다가온 고귀한 생명과 그 생명을 잉태한 부모를 위시한 소중한 인연들의 행복한 삶을 위해서 살생업보를 짊어지게 하는 낙태를 미연에 방지하는 지혜롭고도 자비로운 가정과 사회를 이루도록 정진하시길 기원합니다.

불기 2565년 신축년 8월
구담사 자모암에서 **지율** 합장

「아가야, 미안하다」에 붙이는 글

구담사 자모암 주지 지율 스님이 '아가야 미안하다' 라는 원고를 들고 와서 책머리에 몇 자 적어 달라고 하여 살펴보니, 구순이 넘은 이 노납老衲이라도 거절할 수 없는 마음이 들었다.

앞뒤가 맞지 않을 글이 될까 염려스럽다. 오래 전부터 익히 알고 지낸 이웃의 스님이라 그냥 써 본다. 선머슴 같은 비구니 지율 스님인 줄 알았더니 오늘 주고 간 글을 살펴보니 '다독거려야 할 스님이었구나' 라는 생각이 들었다.

병고로 눈물겨운 어린 시절을 보내며 입산하게 된 이야기와 수행자로서 지장기도 한 끼 공양으로 매일 3천 배를 하며 탈진지경에 이르고 비몽사몽간에 가피를 받았던 힘든 이야기는 '지율 스님이 진정한 구도자였구나' 라는 생각이 든다. 이에 그치지 않고 소금과 김치 한 통으로 설악산 어디선가 49일간 매일 금강경을 30번씩 독송하고 천수경 다라니를 10만 독을 하였다더니, 지금도 금강경 1만 독을 하면서 기도정진하고 있다. 온 세상의 낙태된 아이들의 원결이 모두 해원解冤되길 발원하며 물아일체物我一體의 체험을 했다는 이야기는 흔히 들을 수 없는 구도자의 종교적 체험이라는 생각이 들어 참 대견한 스님이라고 칭찬하고 싶다.

지율 스님은 1997년 경기도 포천에 구담사를 개원하더니 어느때부터인가 경기도 남양주시 국립수목원과 봉선사 근처에 구담사 자모암 도량을 크게 열고 어두운 곳에서 광명을 보지 못하고 낙태된 어린 영가들의 천도와 함께 애잔한 그 부모들의 마음을 달래주고 있다. 구담사 자모암을 전생과 금생의 불선업을 참회하며 밝은 미래의 꿈을 이루게 하는 도량으로 일구면서 일구월심 정성을 다해 포교에 전념하고 있다는 사실에 참으로 장하고 장한 수행자라 아니할 수 없다.

요즈음 우리 사회에 아동학대나 끔찍한 살해사건 등 슬픈 일들이 보도되고 있다. 권력을 탐하여 자국민에게 총을 겨누어 무참히 쓰러뜨리는 나라도 있다. 생명을 소중히 여겨야 하는 본능이 인류의 가슴에서 사라진다면 인류의 미래는 생명을 없애는 암담한 길로 치달을 것이다.

이러한 엄중한 시절에 때맞춰 태아영가들의 천도를 위한 기도정진을 멈추지 않고 있는 지율 스님의 포교원력은 생명을 소중히 여기고 삼세에 걸친 인간의 원결 업보를 풀어 주어 보다 나은 밝은 미래를 도래케 하는 데 더없이 좋은 일이라 할 수 있다.

이 책자는 인간의 영혼이 태어나는 수태의 과정을 설한 『대보적경』의 말씀과 잡아함에 속해 있는 『타태경墮胎經』의 임신·낙태의 죄와 관련하여 인과응보에 대한 부처님의 말씀을 소개하고 있다. 태아 살생의 죄는 극심하여 소멸하기가 어렵다고 소개한 경도 싣고 있다. 온 세상 사람들이 모두 읽고 생명의 소중함을 깨달아 사랑이 가득한 인류가 되었으면 한다.

또한 태중 태아의 성장변화 과정을 7일 단위로 38주 단계를 설한 『대보적경』과 『불설포태경』은 현대의학으로도 살펴볼 만한 내용이라고 본다. 눈에 보이는 세상만이 있는 것이 아니고 평범한 범부의 눈으로는 볼 수 없는 영혼, 영가의 세상이 우리와 함께 공존하고 있음을 인식하고 낙태로 하여금 원결이 없는 세상을 만들어가자고 하고 싶다.

생명의 소중함을 깨닫게 하는 일은 영원히 이어져야 할 것이다. 그 원력이 무너지지 않도록 지율 스님에게 불보살의 가호가 있기를 바란다.

불기 2565년 백중일㫼中日에 즈음하여

운악산 봉선사 다경실 노납 **월운** 합장

차 례

지은이의 말
추천의 글

엄마 · 아빠 참회의 글 20
「아가야 미안하다」 악보 22
구담사 자모암 단상 24
애자모 지장보살 축원 발원문 26

第1장 출가와 태아영가 인연담 29

第2장 태아영가 천도의 개념과 이해 63

第3장 불전에 나타난 수태와 낙태 99

第4장 태아영가 천도기도 영험담 137

  제1절 태아영가의 원결과 낙태 및 유산의 과보 150
    ① 유산아 원결로 자궁이 부어오르다 153
    ② 다시 태어나 자살로 가족에게 복수하다 155
    ③ 눈보라 치던 날의 간절함, 거듭 유산 끝에 출산하다 157
    ④ 승복공양 후 아픈 몸이 낫다 159
    ⑤ "엄마, 아빠, 왜 나를 죽였어?" 161
    ⑥ 죽은 남자친구의 원결로 유산되다 163
    ⑦ 낙태영혼, 30년 넘도록 엄마를 괴롭히다 166
    ⑧ 빙의된 딸 "엄마, 우리 함께 죽자" 171
    ⑨ 아버지의 업보를 자식이 받다 174
    ⑩ 아버지의 잘못된 만남, 자녀가 고통 받다 177
    ⑪ 낙태 당한 동생이 자꾸 나타나다 181
    ⑫ 낙태아 모습은 꼭 네다섯 살 아이다 192

⑬ 거듭 낙태한 업보로 자식의 피부색이 다르다 ··········· 194

⑭ 쌍둥이의 원결을 풀어주다 ················· 196

⑮ 쌍둥이 한 명이 자궁에 숨겨져 있다 ············· 200

제2절 낙태아 명수名數의 중요성 ················· 206

① 낙태아의 아빠가 누구인지 모르다 ············· 210

② 서른다섯 번 낙태, 불면증 약을 먹다 ··········· 211

③ 수많은 낙태로 가족에게 장애가 오다 ··········· 213

④ 낙태로 하여금 죄인으로 살다 ··············· 215

⑤ 남성 측이 모르는 낙태아 명수도 많다 ··········· 218

제3절 태아영가와 조상영가 천도재의 유의사항 ······· 222

① 조상영가 천도재 지내고 상황이 더 나빠지다 ········· 225

② 외손녀가 희귀병의 고통을 받다 ············· 227

③ 남편의 행동이 갑자기 달라지다 ············· 228

④ 약물 때문에 기형아 출산을 두려워하다 ··········· 230

⑤ 낙태아의 원결로 엄마 두 눈에 피눈물이 흐르다 ······· 231

⑥ 친정부모의 네 번 낙태가 아들에게 장애를 주다 ······· 233

제4절 혼전낙태와 외도낙태의 업장 차이 ··········· 237

① 낙태아를 위한 아빠의 심정도 엄마 못지않다 ········· 242

② 낙태를 강요한 업보가 쓸쓸하다 ············· 244

③ 불행은 예기치 않게 다가온다 ··············· 245

④ 결혼 전후 거듭 낙태로 정신과 치료를 받다 ········· 247

⑤ 남편 외도로 가족이 힘들게 고통받다 ··········· 249

⑥ 혼전의 낙태로 정신적 트라우마를 겪다 ··········· 252

⑦ 사업의 부도 위기에서 벗어나다 ············· 253

⑧ 혼전낙태 후 정상적인 임신의 소중함을 알다 ········· 256

⑨ 외도 임신의 회한이 깊어가다 ··············· 258

⑩ 낙태의 재앙은 부정할 수 없다 ············· 261

⑪ 남자도 낙태로 인해 눈물을 흘린다 ············· 262

제5절 낙태로 인하여 성장기에 겪는 장애 · · · · · · · · · · · · · 266

1) 갑자기 머리가 멍하고 공부가 싫다 · · · · · · · · · · · · · · 269
   ① 낙태 후 낳은 아들이 ADHD 장애를 겪다 · · · · · · · · · · 269
   ② 태아영가 참회기도, 아들의 꿈을 이루다 · · · · · · · · · · 272
   ③ 해외유학, 천도기도의 가피를 받다 · · · · · · · · · · · 273
   ④ 부모의 참회기도 공덕으로 공기업에 입사하다 · · · · · · · · 275
   ⑤ 아들 · 딸 모두 바늘귀만한 취업문을 통과하다 · · · · · · · 277
   ⑥ 기대에 어긋난 딸 드디어 성공하다 · · · · · · · · · · · 279
   ⑦ 낙태의 업장을 참회기도로 소멸하다 · · · · · · · · · · · 281

2) 공연히 집을 나가 소식이 없다 · · · · · · · · · · · · · · · · 286
   ⑧ 가출한 아들이 10년 만에 돌아오다 · · · · · · · · · · · · 286
   ⑨ 소식 없던 아들을 다시 만나다 · · · · · · · · · · · · · · 288

3) 이유 없이 화를 내고 슬프고 외롭다 · · · · · · · · · · · · · · 289
   ⑩ 죽은 엄마의 괴롭힘, 자해의 고통을 주다 · · · · · · · · · · 289
   ⑪ 거듭 자해하던 딸이 마음잡고 공부하다 · · · · · · · · · · 291
   ⑫ 애정 없는 아버지, 4남매가 고충받다 · · · · · · · · · · · 293

4) 의식은 있는데 환청과 빙의에 시달리다 · · · · · · · · · · · · 296
   ⑬ 참회기도 후 환청에서 벗어나다 · · · · · · · · · · · · · 297
   ⑭ 환청에 시달리던 아들을 구하다 · · · · · · · · · · · · · 299
   ⑮ 빙의된 큰딸 "엄마, 오늘 어디 가?" · · · · · · · · · · · · 301
   ⑯ 빙의를 통해 원망을 표현하다 · · · · · · · · · · · · · · 304

5) 괜히 화가 나서 난폭해지고 학교 가기 싫어하다 · · · · · · · 307
   ⑰ 두 아들의 폭언 · 폭력에 시달리다 · · · · · · · · · · · · 307
   ⑱ '야, 학교 가지 마' 라는 환청에 시달리다 · · · · · · · · · 310
   ⑲ 활발한 아들이 엄마에게 폭언하다 · · · · · · · · · · · · 312
   ⑳ 식탐으로 비만해진 딸이 취업하다 · · · · · · · · · · · · 314

제6절 개방된 성 문화와 낙태의 문제 · · · · · · · · · · · · · · · · · · 316
  ① 낙태를 가볍게 여기다 · 318
  ② 동거하다 임신하다 · 320
  ③ 임신 후 출산을 선택하다 · 322
  ④ 낙태 선택 후 후회하다 · 325
  ⑤ 낙태하고 생명의 소중함을 알다 · · · · · · · · · · · · · · · 327

제7절 태아영가 천도와 기도의 성취 · · · · · · · · · · · · · · · · 330
  ① 아들의 결혼 · 출산 소원성취하다 · · · · · · · · · · · · · · 331
  ② 할머니의 지극정성으로 손자 · 손녀를 보다 · · · · · · · 334
  ③ 시어머니의 욕심에 낙태업을 짓다 · · · · · · · · · · · · · 335
  ④ 팔순 노 보살님의 소원이 이루어지다 · · · · · · · · · · · 337
  ⑤ "옷이 없어 추워" 하며 호소하다 · · · · · · · · · · · · · · 338
  ⑥ "명품 옷 나는 왜 안 사줘요" · · · · · · · · · · · · · · · · 339
  ⑦ 49재 지내면서 신발을 올리지 않았더니… · · · · · · · 341
  ⑧ 아빠의 기도 힘, 딸의 실명위기를 벗어나다 · · · · · · · 342
  ⑨ 유방암 시한부 삶을 뒤바꾸다 · · · · · · · · · · · · · · · 344
  ⑩ "거듭 유산 끝에 얻은 손녀가 너무 예뻐요" · · · · · · 345
  ⑪ 묵묵히 봉사하면 원결을 풀 수 있다 · · · · · · · · · · · 347
  ⑫ 태아영가가 맞선을 방해하다 · · · · · · · · · · · · · · · 348

제5장 낙태의 사회성과 저출산의 문제 · · · · · · · · · · · · · 351
  낙태와 저출산의 시대적 배경 · · · · · · · · · · · · · · · · · · 353
  태아의 생명성 인식 절실 · 356
  저출산과 미혼모 정책의 상호성 · · · · · · · · · · · · · · · · 359
  낙태와 저출산 예방을 위한 제언 · · · · · · · · · · · · · · · 364

저자 후기

구담사 자모암 전경

애자모 지장보살 석불동자

애자모 지장보살 탱화

석불동자에 공양 올림

태아영가 위패 단

포대화상과 잉태발원

나반존자와 취업 및 학업 성취 발원

신랑 · 각시 배필 인연 발원

"아가야, 미안하다"

아가야, 미안하다.
이 세상의 밝은 빛을 보지 못하게 한 나를 용서해 줄 수 있겠니?
얼마나 서운했을까? 미안하다.
수많은 죄를 거듭 저지르는 어리석은 엄마,
생각할수록 내가 무슨 짓을 한 건지 가슴 아파
이 글을 쓰는 것이
한없이 두렵다.

너무도 쓸쓸히 사라진 나의 아가여!
내 생각만 했던 나, 당장 눈앞의 현실이 두려워 영원히 씻기
어려운 죄를 지은 엄마를 용서할 수 있겠니?
번뇌에 물들고 진리에 어둡고 마음이 흐려져서
악업 중의 악업을 지었다.
용서받을 수 없는 중한 죄를 짓고도 죄인지도 모르고 지냈다.

아가야, 미안하다.
그땐 널 버린다는 게 죄인지도 몰랐다.
경제적인 이유로, 첫 아이와 터울이 잦아서, 혹은 약을 잘못
먹어서라는 등의 이유로 너를 버렸다.
너를 버릴 수밖에 없음을 자꾸만 변명하려는
나는 얼마나 비열한가.

좋은 인연을 맺으려고 나에게 생겼지만 태어나지도 못한 채
엄마 · 아빠의 마음대로 귀한 생명을 버리고 말았다.
다른 형제들은 온갖 사랑을 받고 자라는데, 나의 이기심과
어리석음으로 태어나지 못한 아가는 무주고혼으로
떠돌고 있겠지?

아가여! 영가여!
마음이 아프고 미안하다.
이제 뒤늦게나마 눈물로 참회하니 육친으로 맺으려던 정 거두고
잠깐 사이 사라진 목숨에 애착하지 말고 미웠던 마음 용서하소서.

태아영가여!
구담사 자모암에서 49일, 3년 동안 태아영가들을 위해 천도재를
지내며 진정으로 참회하며 기도합니다.
부처님 품에 안겨 극락세계로 상품상생 하소서.

    나무석가모니불
    나무석가모니불
    나무시아본사 석가모니불

아가야 미안하다

지 율 작시
조광재 작곡

아 가 야 – 미 안 하 다

세 상 에 밝은 빛을 보 지 못하 고
떠 도 는 영－혼 은 어 디 가 － 고

어둠속에서 쓸－쓸－이 사 라 져 － 간
그 림 움 속 에 말 －없 －이 슬 피 우 － 는

나 － 의 아 가 들이 여 －
나 － 의 아 가 들이 여 －

좋은인연 생겼지만 아가들의 영혼은
무명속에 사라져간 아가들의 넓 – 은

태어나지도 못한 – 채 지워져 버리 고
어둠속에서 갈곳잃 – 어 허공을 맴돌 고

생 명 을 버 린 후 그 리 운 마 음 으 로
자 비 의 손 길 로 포 근 히 안 아 주 고

외 로 이 보 내 고 가 슴 속 서 러 움 에
따 뜻 한 온 기 로 마 음 을 녹 여 주 니

엄 마 아 빠 눈 – 물 – 로 참 회 하 – 니
엄 마 아 빠 품 – 속 – 의 빛 이 되 – 어

미 웠 던 마 음 용 서 하 소 서
좋 – 은 인 연 환 생 하 소 서

좋 – 은 인 연 환 생 하 소 서
rit

태아영가가 숨 쉬는 애자모 지장도량

새벽녘의 어둠이 수호신처럼 지키는 도량. 낙태아의 영혼이 깃든 동자승 모양의 석상을 에워싼 애자모 지장보살님(낙태아를 수호하는 신)이 우뚝 서 계신 이곳에는 오늘도 오갈 데 없는 아가들의 영혼이 숨 쉬고 있습니다. 하염없이 흐르는 눈물의 밤이 깊어서인가, 어느 때보다 힘차게 들리는 사찰의 목탁소리가 오늘따라 유난히도 도량을 품은 숲을 뒤흔듭니다.

인간의 육체도 부모로부터 태어나고, 몸도 마음도 모두 인연 따라 변화하게 됩니다. 겨울에 잠었다가 봄이 되면 다시 고개를 내미는 꽃처럼 인연이 모여서 피어났다가 가을이 되면 또다시 잎을 떨어뜨리는 것이 인연 따라 변화하는 것을 말해 줍니다.

구담사 자모암은 세상의 빛도 보지 못한 채 사라져간 자식에게 용서를 빌기 위한 참회기도처입니다. 지난날 낙태의 과오를 뉘우치기 위해 전국 각지에서 찾아오는 분들의 발길이 끊이지 않는 엄마 · 아빠들의 참회도량입니다. 이곳을 찾은 엄마들에게는 자신의 아가를 상징하는 동자석상이 가장 먼저 눈에 띕니다. 그분들은 거의 대부분 아가 동자상에게 작은 소리로 "아가야! 너에게 용서를 빌려왔다."고 말합니다.

뭣 모르고 따라온 자녀들에게는 그 작은 동자승 모양의 석상이 자신의 누나이거나 언니 혹은 오빠이거나 동생일지 모른다는 사실을 알고 어리둥절한 표정을 짓습니다. 그러나 아이는 곧 엄마가 두 손 모아 합장 기도하는 모습을 보고 상황을 파악한 듯 부모와 함께 두 손 모아 기도합니다. 자녀들에게 자연스럽게 교육이 이루어지고 있는 모습이라고 할 수 있습니다. 참회하는 부모님의 모습을 보면서 생명의 소중함을 느낄 수 있기 때문입니다.

엄마와 아빠가 함께 태아영가를 위해서 기도하는 이곳 사찰로 많은 사람들이 소문을 듣고 찾아옵니다. 그분들은 각기 내색하기 어려운 슬픈 사연과 안타까운 사연을 품고 있습니다. 이곳은 그분들의 표현하지 못한 얼음장 같은 마음 한구석을 달래고 다독여 줄 애자모 지장보살님이 존재하기에 애자모 지장보살님께 큰 위안을 받고자 발걸음을 멈추지 않고 있는 것입니다. 자신을 위로해 주는 분이 계신 곳을 그 누가 마다하겠습니까.

그분들은 미처 꽃망울도 터뜨리지 못한 채 사라져간 아가들을 위해 극락왕생을 간절히 기도합니다. 오늘도 자신들에 의해서 생명을 얻었다가 생명을 소외당한 아가들을 위해 두 손을 모으고 하나가 되려고 합니다.

나무지장보살 나무지장보살 나무애자모 지장보살

애자모 지장보살 축원 발원문

"다음 생에 깊은 인연으로 만나길!"

애자모 지장보살님!
엄마 · 아빠 참회기도 합니다.

금일 위패봉안 태아영가 천도기도 발원제자는 어둠 속으로 사라져간 아가의 영혼을 생각하니 하염없이 눈물이 납니다. 전생에 몇 겁 생의 깊은 인연으로 만나 세상 밖에 나오려고 했으나 태어나지 못한 망태아의 영혼은 어둠 속에서 헤매는 모든 생명과 함께 더불어 살아가는 동체대비가 되어 생명의 존엄성을 가르치고 있습니다.

발로참회하는 심정으로 세상 빛을 보지 못한 태아영가의 비원悲願을 헤아려보았습니다. 엄마 · 아빠 · 자식의 인연으로 이끌려 잉태되었지만, 세상과 인연 맺지 못한 채 그만 버려지고 말았지요. 세상으로 나오려고 몸부림치면서 "아빠, 도와줘! 엄마, 살려줘!" 소리쳐봤지만 태어나지도 못한 채 어둠 속으로 사라져버리고, 끝내는 의지해야 할 몸을 잃고 허공에 떠도는 작은 영혼이 되었습니다. 안아주는 사람도 없고 겯잠을 부탁할 수 있는 부모도 없었습니다.

우리가 배고프다고 보챌 때 젖을 물려준 사람은 누구일까요?

기저귀를 갈아준 사람은 누구일까요? 어릴 때 눈물이나 콧물을 닦아 준 사람은 누구일까요? 모두 부모였습니다.

이제 부모가 된 우리는, 태어났으면 받았을 태아영가의 그러한 희망을 산산이 부숴버린 죄인이 되고 말았습니다. 그의 영혼의 소리마저 듣고자 하질 않았습니다. 육신이 버려진 낙태아의 영혼은 묘지도 위패도 없는데, 오늘은 어디에서 묵어야 하나? 내일은 어디를 헤매면서 다닐까? 생각하니 버려진 영혼이 가련하기 그지없습니다.

어찌해야 할까 애절한 심정으로 주변을 둘러보니, 구담사 자모암에서 태아영가들의 위패를 모셔놓고 참회기도를 올리고 있다는 소식을 접했습니다. 부모를 대신하여 애자모 지장보살님께서 자비로운 모습으로 태아영가들을 맞이하고 사랑의 옷자락으로 감싸주면서 그들을 피안의 길 극락세계로 인도해주고 계셨습니다.

애자모 지장보살님!

오늘 엄마와 아빠가 진심으로 참회합니다. 가련한 태아영가를 안심시키고 기쁘게 해주는 것은 당신의 진정한 자애의 마음입니다.

바라옵나니, 어둠 속으로 사라진 모든 낙태아의 영혼들을 자비로 거두어 주소서. 낙태아의 영혼을 위해 참회기도하는 엄마 · 아빠의 마음은 비록 비참하고 무참한 몸이지만 진심을 모아 기도하옵니다.

엄마 · 아빠의 참회기도 공덕과 함께 낙태아의 영혼이 부디 삼도천을 건너 불계佛界에 이르게 하여 주소서. 참회하는 마음을 간절히 모아 꽃과 향을 올리고, 낙태아의 영혼이 행여 배고프지 않을까 우유(분유)와 과자를 올리고, 몸을 깨끗이 씻겨서 죄업이 소멸하기를 두 손 모아 참회기도합니다.

오늘 엄마 · 아빠의 축원발원으로 다음 생에는 부디 다복한 가정에서 축복받는 아기로 태어나 행복한 삶을 누릴 수 있기를 애자모 지장보살님께 깊이 예경드립니다.

나무지장보살
나무지장보살
나무애자모 지장보살

제1장
출가와 태아영가 인연담因緣譚

어릴 때 웃음소리가 그립다

병고로 보낸 어린 시절

3천배 지장기도 가피를 받다

고향 땅 당도하니 할아버지 운명소식

돌아가신 아버지의 선물, 편도염을 치유하다

첫 포교당 구담사瞿曇寺를 개설하다

태아영가와 기도인연 맺게 된 사연

국내 유일의 애자모 지장보살과 귀자모신

1. 어릴 때 웃음소리가 그립다

모든 인연은 먼지처럼 가벼운 듯해도 너무나 무거운 삶, 한 생生을 살아간다는 것은 그리 단순하지가 않습니다. 우리는 늘 삶이 만들어내는 운명을 아름답게 승화시킬 의무를 걸머진 채 한 걸음씩 건너가야 합니다.

인연에는 상생의 선연善緣도 있고 상극의 악연惡緣도 있습니다. 그런데 이 인연도 따지고 보면 우리네 업業의 구조가 만들어내는 작용이기에 선연과 악연이 모두 내가 짓는 업의 구조로 결정된다는 것을 알 수 있습니다.

철부지 어린 시절을 그리워하는 것도 그 때문인지 모르겠습니다. 나이 들수록 사람 냄새가 풀풀 나던 그때를 떠올리게 하는 것이 과거 동심의 세계를 생각하게 만듭니다. 지금은 달동네가 사라져 없지만 어느 동네를 가더라도 아이들의 웃음소리로 넘쳐나던 그 시절, 여름철 장마가 끝나면 아이들은 개천가로 몰려나와 머리 감고 송사리 잡기에 해가 넘어가는 줄도 몰랐습니다. 벌거벗은 채 계곡을 뛰놀던 대여섯 살에서 열 살 남짓했던 꼬맹이들의 놀이터가 되었던 개울가. 50여 년이 지난 지금까지도 여전히 내 머릿속에 모래알처럼 박혀 잊을 수 없는 기억들로 다가옵니다. 기껏해야 강보리밥에 푸성귀로 끓인 소금국이 만찬의 전부였고, 그것도 아니면 겉보리 죽으로 끼니만 때워도 다행이던 시절이었습니다. 이렇게 먹을 것 입을 것이 없었어도 서로의 정만은 넘쳐났던 시절이었습니다.

지금은 어떠한가요. 필자의 시야에 머무는 풍경에서 콩밭이며 푸성귀 고랑을 누비던 사람들의 허리는 굽고 오뉴월에 서리가 내렸나 싶을 정도로 백발이 무성한 노인들만 있을 뿐, 아이들의 웃음소리는 들을 수 없습니다. 우리 사회가 고령사회에 진입했음을 새삼 실감하는 모습들입니다.

　필자의 부모님은 딸 다섯을 낳았음에도 기어이 아들을 보겠다고 낙태하면서까지 결국 아들 둘을 낳아 자식 농사를 마무리하셨습니다. 자기 밥그릇은 자기가 갖고 태어난다고 믿었던 우리네 부모님들은 그렇게 자식을 낳아 기르는 걸 인륜으로 알고 살았습니다. 어린 시절, 동네에는 어린아이들이 많아 작은 운동장에 우리 또래로 가득 찼습니다. 집집마다 자녀가 다섯에서 일곱, 그 이상까지 있었습니다. 가난과 굶주림 속에서도 해맑게 웃고 뛰놀던 아이들이 지금은 엄마, 이모, 고모, 삼촌이라는 어른으로 살아가고 있습니다. 지금과 같은 저출산이 계속된다면 이모, 고모, 삼촌, 사촌이라는 말이 없어질 날도 멀지 않을 것입니다. 친척이라는 개념은 물론이고 가족 간의 사랑과 이웃의 정까지도 사라지고 마는 삭막한 세상이 되지 않을까 염려스럽습니다.

　아이들은 자라나면서 서로 의지하고 부를 호칭이 있어야 하는데 하나밖에 낳지 않다보니 자연스럽게 친인척은 고사하고 가족 간에도 호칭이 없어지는 것입니다. 당숙이 먼저 없어지고 그 다음으로 조카도 없어지고 차례대로 형, 동생이 없어지고 그렇게 부를 대상이 하나둘씩 사라지는 동안 외로움은 가중될 것입니다. 부모가 돌아가시면 나이를 떠나 그저 고아나 마찬가지가 되는 셈입니다. 의지해야 할 형제와 친척이 없기 때문에 스스로 고아가 된 나머지 외로움 속에서 병이 들고 마는 것입니다. 그러기에 사회와 문명이 발달할수록 의지할 수 있는 가족은 있어야 합니다.

이러한 외로움을 더욱 부채질하는 것이 바로 '낙태落胎'라는 행위입니다. 필자는 출가 사문沙門이기 전에 한 인간으로서 낙태가 만연하는 현실이 무섭고 두렵습니다. 과거처럼 법의 테두리 내에서 출산의 자율성을 존중하는 것도 중요하지만, 출산을 억제하는 작금의 사회적 분위기를 해소하지 못하면 낙태는 필연적으로 뒤따를 수밖에 없습니다. 환경적으로는 인터넷의 발달에 의한 부작용으로 그릇된 성문화가 넘쳐나고 거기에 맞춰 교육과 학습을 통한 올바른 가치관이 제때 뒷받침 되지 못하고 오히려 낙후되는 현실을 부정할 수 없습니다. '노출'을 '개방'으로 잘못 인식하는 청소년들이 혼전 낙태를 자연스럽게 받아들이는 상황도 초래되고 있는 현실입니다.

필자는 우리나라의 미래를 짊어질 젊은이들의 부조리한 성 의식이 안타깝기 그지없습니다. 그건 엄마의 뱃속에서 사라져간 아기들 역시 마찬가지입니다. 그 아기들에게 무슨 죄가 있는지 묻고 싶습니다. 지금 이 순간 낙태를 생각하고 있다면 잠시라도 사라져간 아기를 생각하면서 그리움과 생명의 소중한 마음을 담아보시길 바랍니다.

2. 병고로 보낸 어린 시절

필자는 철모르고 뛰놀아야 했던 어린 시절부터 부처님을 마음에 담고 살았습니다. 절이라곤 엄마를 따라 몇 번 가본 것이 다였지만, 어린 마음에 새겨진 부처님은 시간이 갈수록 더욱더 깊은 곳에 자리잡았습니다. 결정적인 배경은 초등학교 2학년 겨울방학(12월 24일)을 시작하면서부터입니다.

그 당시는 석탄으로 불을 지펴 교실을 따뜻하게 하던 시절이었습니다. 필자는 평소와 마찬가지로 교실청소를 끝내고 마지막으로 석탄을 버리는 일이 마무리였는데, 그때만 해도 나이가 어렸는지라 석탄의 무게를 이기지 못해 그만 담痰에 걸리고 말았습니다. 그 담이 나의 생명을 부여잡고 고생하게 할 것이라고는 생각하지 못했습니다. 지금도 가다가 한 번씩 담이 와서 고생하고 살지요. 돌이켜 생각해보면 그 또래의 어린아이가 감당하지 못할 만큼의 석탄을 나른 것이 화근이었습니다. 담 통증을 느끼긴 했으나 약간 고생하다가 낫겠지 하고 대수롭지 않게 생각하고 치료하지 않았는데, 그만 치료시기를 놓치는 바람에 상태가 악화되어 결국에는 꼽추가 되고 말았습니다.

어렸을 때는 꼽추와 더불어 소아마비마저 앓던 시절이었습니다. 담이 꼽추가 될 줄 누가 알았겠습니까. 등뼈가 나오기 시작하면서 등이 굽어지기 시작했습니다. '안 좋은 일은 항상 연거푸 일어난다' 고 하더니 설상가상 꼽추병이 악화되면서 오른쪽 다리에 소아마비까지 온 것입니다. 느닷없이 닥쳐온 병마에 마음의 문도 굳게 닫아 버렸습니다. 한참을 뛰어놀아야 할 어린 시절, 병마로 어긋나 버리면서 동시에 미래의 꿈과 희망도 사라졌습니다.

필자는 그렇게 장애인이 되어 걷지도 못하고 뛰어놀고 싶어도 놀지 못하는 신세가 되었습니다. 또래들이 꼽추병신과 다리병신이라 놀려대는 바람에 온종일 눈물로 보내는 날이 적지 않았습니다.

사람의 생명은 쉽게 죽는 법이 없다고 하듯이 다행히 먼 친척의 도움으로 국군수도병원을 찾아갔습니다. 그런데 의사의 진단은 "나이가 너무 어려서 지금은 수술할 수 없다."는 것이었습니다. 그때의 절망감은 이루 말할 수 없었습니다.

'하필이면 왜 내게 이런 불행이 찾아온 것일까?'

한 가닥 희망마저 던져 버리고 병원 문을 나서던 날, 필자를 업고 집까지 오는 길에 하염없이 서럽게 우시던 아버지의 모습을 지금도 잊을 수 없습니다. 버스 노선이 없던 시절 돈암동에서 정릉의 집에 이르기까지 내내 우시던 아버지의 등에 업힌 필자는 전에 못 느꼈던 아버지의 따뜻한 온기를 느낄 수 있었습니다. 지금도 아버지의 등 뒤만 생각하면 너무나 가슴이 아파 눈물이 나옵니다. 아버지로서 자식을 병신 만들지 않겠다는 마음이 얼마나 간절하고, 고쳐야 한다는 생각에 얼마나 마음이 아팠으면 그렇게 하염없이 울었을까. 자식을 위해 희생하는 부모를 생각하면 지금도 그저 고마울 뿐더러, 저승에 계신 아버지께 항상 감사하는 마음을 간직하면서 열심히 수행정진하는 것만이 그의 보답이라 생각하고 있습니다.

어린 나이였지만 꼽추에다 소아마비는 단명短命한다는 사실을 알았습니다. 필자는 사찰에 대해 아는 것이 아무것도 없었고 걷지도 못한 상태였지만, 막내삼촌 등에 업혀 절에 가서 무턱대고 기도했습니다. 그저 부처님께 빌면 나의 소원이 이루어질 것이라는, 어린 마음에도 등에 업혀 절에 가고 싶었던 마음은 전생에 심은 인연이 아니었을까 싶습니다.

시간이 지나고 을지로에 있는 한 병원에서 뜻밖의 소식이 도착했습니다. 수술은 하지 못하고 6개월 동안 깁스를 해야 한다고 몸을 하얗게 석고로 감았습니다. 그렇게 약 처방을 받은 뒤 집에서 치료를 병행했습니다. 하지만 쉽지 않았습니다. 무엇보다 깁스가 딱딱하기 때문에 목욕하지 못해 깁스 속에서 이가 들끓으며 간질간질한 것이 긁을수록 괴로웠습니다. 아픈 고통보다 가려움 때문에 참기가 더 힘이 들어 막대기로 긁으면 피가 나왔지만 어린 나이에도 그것을 이겨 내야 했습니다.

친구들은 뛰어노는데 필자는 소아마비로 걷지도 못하고 그저 오는 계절따라 창밖으로 오는 비와 눈을 바라보기만 하였던 어린 시절, 제일 두려운 것은 혼자 화장실 가는 것이었습니다. 당시는 화장실이 전부 재래식이라 바깥에 그것도 멀리 있어 혼자서 가지도 못하고 앉아서 울어야만 했습니다.

캄캄한 절망이 짓누르던 때, 이변이 일어났습니다. 주변 사람들뿐만 아니라 필자가 느끼기에도 몸이 편안해진 것입니다. 몸에서 일어난 변화를 확인하기 위해 X-ray를 촬영해보니까 튀어나왔던 등뼈가 없어졌습니다.

수십 년의 세월이 흐른 지금까지도 미스터리로 남아 있습니다. 척추 장애가 나은 것만 해도 큰 축복이었는데 더 놀라운 것은, 6학년이 되자 소아마비도 저절로 나았습니다. 몸통에 깁스하고 1년여를 지냈는데 그게 효과를 본 것인지 곱사등이는 온데간데도 없어지고 소아마비도 나아서 걸어 다닐 수가 있게 되었습니다. 그때 마이신 주사를 얼마나 많이 맞았던지 엉덩이가 주삿바늘로 멍들고 굳은살이 딱딱하게 굳어서 지금도 주사를 제대로 맞을 수 없을 정도입니다.

천당과 지옥을 오가던 어린 시절, 필자는 이미 그때부터 자연스럽게 부처님 품 안에서 살 것을 다짐했습니다. '이 다음에 크면 나도 삭발하여 스님이 되어야겠다'는 생각으로 스님 되는 날만을 꿈꾸었습니다.

병마를 이겨내고 성인이 된 후에는 조계사청년회 활동을 하면서 출가의 꿈을 더욱 굳게 다졌습니다. 법사스님들의 법문을 들으면 들을수록 필자가 가야 할 길은 오직 스님의 길뿐이었습니다. 교만해서가 아니라 세속의 모든 일이 즐겁지 않고 부처님 교리가 좋아 출가를 결심하였지만, 출가의 길은 쉽게 열리지 않았습니다.

이십 대 초반, '이젠 머리를 깎자' 하다가도 거울 속의 모습을 보면 '내가 왜 출가를 해야 하지?' 하는 마음에 눈물이 왈칵 쏟아졌습니다. 그 순간 '아! 아직 세속의 인연이 남아 있구나' 하면서 생각을 돌이키고 출가인연만을 기다렸습니다. 그 모습을 지켜보던 어머니가 말씀하셨습니다.

"머리를 깎아야 할 운명인지 아닌지 한 번 사주를 알아보기라도 하자. 정말 그렇다면 나도 미련 없이 허락하마."

이튿날 필자는 어머니와 함께 종로에 있는 유명하다는 철학관을 찾았습니다. 필자를 물끄러미 쳐다보시던 철학관 관장이 이렇게 말했습니다.

"스님 되면 잘하겠네!"

어머니는 딸을 미련 없이 출가시켜도 된다는 그분의 말씀을 듣고 더는 미련을 갖지 않았습니다. 그 길로 당장 출가의 길을 나섰습니다. 할아버지와 할머니께서는 모두 반대하셨지만 인사드리고, 1982년 2월 15일 밤 11시 40분 부산행 마지막 열차를 타고 출가하였습니다.

법당에서 기도하는 아이들

3. 3천배 지장기도 가피를 받다

마지막 부산행 열차를 타고 떠난 출가길, 감았던 눈을 떠보니 어느덧 부산을 지나 구포역에 도착했습니다. 목적지인 김해로 가는 교통편이라고는 새벽 버스뿐이었습니다. 구포다리를 건너가는데 창밖 너머로 보이는 다리가 어찌나 서글프고 추워 보이던지, '이제부터 내 인생은 새로운 길에서 다시 시작하는구나'고 생각하며 마치 속세를 떠나 먼 어딘가로 건너가는 것처럼 그렇게 구포다리를 건너 김해에 닿았습니다.

마침내 들어선 절의 일주문, 이곳에 오기 위해 그동안 그렇게 힘이 들었는지 아팠는지 모를 일이었습니다. 그날로 시작한 행자 생활, 수행의 길 위에서 머리만 깎으면 금방 성불하여 큰스님이 되는 줄 알았는데 그 꿈은 그게 아니었습니다. 수행생활, 기다림의 시간이 길었던 만큼 고달프고 힘든 사찰 생활이 고맙기만 했습니다. 땔나무를 해오고 물을 길어다 밥을 지어 대중공양을 올리면서 틈틈이 염불공부와 기도를 놓지 않았습니다. 행자시절이 눈 깜짝할 사이에 끝나고 『초발심자경문』을 다 외워 사미니계를 받을 수 있었지만, 출가의 세계도 모든 것이 순조롭게 흘러갈 수 없었습니다.

사미니계를 받고 실의에 빠져 어찌해야 할지 마음을 잡을 수 없던 한때가 있었습니다. 다행히 선배스님이 나의 길을 잘 선택하도록 인도해 주었습니다. 1983년 10월 동안거 때 선배스님은 방황하는 필자를 보고 업장을 모두 소멸해야 끝까지 중노릇 잘한다면서 모든 고통과 고뇌를 이겨내야 하고 특히 하심하는 마음으로 기도해야 한다면서 첩첩산중으로 데려다 준 곳이 보성 대원사였습니다. 지금은 절까지 차가 들어가고 관광사찰이지만, 그때는 아주 골짜기였습니다.

"절 밖으로 나갈 생각 말고 기도해야 모든 업장을 소멸할 수 있습니다."

일심으로 기도하다 보면 길이 보일 것이라며 필자를 보성 대원사에 데려다 놓고 뒤돌아보지도 않은 채 떠나던 선배스님. 기도가 무엇인지도 모르는 채 그렇게 동안거 지장보살 백일기도에 들어간 필자는 오로지 '지혜총명 업장소멸'의 원을 세우고 매일 3천 배 절을 올렸습니다. 하루 네 번씩 사분정근四分精勤을 하면서 기도정진에 들어갔습니다.

그 당시에 절 사정이 넉넉지 않아 쌀이 없어 밥은 한 끼만 먹고 나머지는 누룽지나 감자 등으로 끼니를 떼웠습니다. 새벽기도에 배가 고파 허기지면 부처님 탁자 밑에 가을에 따 놓았던 홍시 한두 개로 배고픔을 채웠고, 1천 배를 하고 난 뒤엔 기진맥진한 채로 법당을 나오곤 했습니다. 사분정진에 새벽에 1천 배, 사시기도에도 1천 배, 오후 기도에 7백 배, 저녁에는 3백 배 하면서 하루의 절을 마치곤 하였습니다. 그 시절 대원사는 사찰이 얼마나 가난하고 어려웠던지 주지스님께서는 걸망을 어깨에 메고 걸어서 산길을 내려가더니, 며칠 만에 갓바위에서 누룽지를 탁발해 오셨습니다.

기도하는 대중을 위해 양식을 구해 온 주지스님. 저녁에 쌀뜨물을 받아 그걸로 아침에 누룽지 죽을 끓여 먹던 시절. 주지스님은 정말로 지장보살님 같은 분이었습니다. 기도 열심히 한다고 먼 길을 마다하지 않고 오가시며 양식거리를 챙겨주시던 송광사 보성 큰스님이 지금도 너무 그립습니다. 행자 때부터 기도하는 필자를 보면 "야야, 중노릇 잘 할 거래." 하시면서 찰밥을 들고 오시던 모습, 자상하게 말 한마디 던지고 가시던 그 모습이 40년 세월이 흐른 지금도 눈에 선하게 그려집니다. 열악한 환경이었지만 보성 큰스님과 주지스님의 정성은 정말 눈물겨웠습니다. 보살의 마음이 아니면 그러한 배려는 할 수 없는 것입니다.

　그 시절, 샤워 목욕탕 시설은 상상할 수도 없었습니다. 한 달에 두 번 가마솥에 물을 끓여 목욕하는데, 목욕탕은 따로 없었기에 후원 입구에 긴 비닐을 천장에 매달아 숨만 쉴 수 있도록 구멍을 뚫고서 그 안에서 고무다라에 따뜻한 물을 받아 때를 불려 씻는 것이 전부였습니다. 화장실에 가면 목욕재계를 해야 하니까 넓은 밭에 호미로 구덩이 파고 그날 볼 일을 보고 묻었습니다. 그것이 농사의 밑거름으로 쓰였던 것입니다.

　필자는 모든 생각을 내려놓고 오직 기도에만 전념했습니다. 하지만 내 지친 몸은 그 기도의 원력조차 받쳐 주질 않았습니다. 그래도 무릎 꿇고 하루하루 3천 배 절을 하였습니다.

　배슬여빙拜膝如氷이라도　무련화심無戀火心하고,
　아장여절餓腸如絕이라도　무구식념無求食念할지니라.

절하는 무릎이 얼음장 같을지라도 불을 생각하지 말고,
굶주린 창자가 끊어지는 듯해도 밥 구할 생각하지 말지니라.

백일기도 하면서 매일 같이 되뇌이던 원효스님의 『발심수행장』의 한 구절입니다. 아무리 무릎의 통증이 심하고 배가 고파도 이 구절을 떠올리며 새벽부터 저녁때까지 정진하였습니다. 그러나 마음과 달리 말을 듣지 않는 몸은 탈이 나기 마련입니다. 추운 겨울 절하다 보면 감기에 걸리기 일쑤였습니다. 땀이 나는 상태에서 찬 공기를 맞으면 당연히 감기는 끊임없이 찾아오고, 반 철이 지나자 무릎이 고장나고 말았습니다. 지친 다리는 일어나기조차 힘든데 독감마저 심해 너무 괴로웠습니다. 기도 중이라 절문 밖을 나갈 수 없었고, 병원은 꿈도 꿀 수 없었습니다.

그러던 어느 날 ROTC장교 후보생들이 교육훈련 중 산등성이를 넘어왔습니다. 필자는 염치 불구하고 그들에게 "다리가 너무 아픈데 약 좀 구해다 줄 수 있어요?"라고 부탁했습니다. 다음날 장교후보생이 약을 갖다 주었지만, 그토록 어렵게 구한 약도 소용없었습니다. "기도 중에 아픈 것은 기도로 이겨야지 약에 의지해서 나으려는 마음을 내서는 안 된다."며 "기도 힘으로 해야지!" 하면서 어른스님께서 꾸짖음과 함께 약을 가지고 가버렸습니다. 약을 가져가는 순간 너무 서운하기도 하였으나 그 약이 독하여 위장을 버릴 수 있다는 말에 마음을 돌리고 나니, 주지스님께서 산에서 캐낸 약초를 달여 주었습니다.

몸살기가 심하여 이튿날 아침 눈을 뜰 수 없을 정도로 몸이 많이 아팠습니다. 발한이 심하게 나는 것이 꼭 죽을 것만 같아 기도에 못 들어가고 누워있는 나를 생각하니 서러워 견딜 수 없었습니다. 땀을 내야 한다는 생각에 두꺼운 이불을 뒤집어쓴 채 지장보살님께 기도로 매달렸습니다.

"지장보살님, 제가 너무 아파서 기도에 못 들어가겠어요. 얼른 일어나서 기도해야 하는데 어떻게 하죠? 지장보살님, 도와주세요."

이렇게 간절하게 염원하는데, 어디서 불어오는 바람이 비닐 문 사이 틈으로 스며드는 느낌을 받았습니다. 그런데 그 바람은 흔히 느껴보지 못한 바람이었습니다. 그 바람은 산소 같은 청량한 바람이었습니다. 이불을 뒤집어 쓰고 누워있는 상태에서 그 바람은 코 끝으로 들어와 몸속을 휘젓다가 빠져나갔습니다. 불과 몇 분도 안 돼 사라져 버렸습니다. 믿을 수 없을 만큼 순식간에 아픈 것이 싹 나았습니다.

"부처님! 지장보살님! 감사합니다."

곧장 법당으로 올라가 기도하는 내 마음의 환희를 경험하고 나서는 부처님의 가피력이 분명 있다는 사실을 깨달았습니다. 또 하나의 신기한 기억은 내 헌식獻食을 받아먹던 작은 목탁새*입니다.

---

* 까막딱따구리를 말한다. 오래된 나무에서 서식한다. 최근 멸종위기야생동식물 2급 및 천연기념물 제242호로 지정되었다. 번식기가 되면 속이 텅 빈 고사목을 연속적으로 두들기는데, 그 소리가 마치 목탁소리처럼 들린다고 해서 '목탁새'라고 부른다.

사시기도에 맞춰 헌식 때마다 매일 같은 시간에 목탁새가 날아와 덜어놓은 밥을 먹고 가곤 했습니다. 약속이나 한 듯이 어김없이 찾아와 먹고 갔습니다.

대원사에서의 고된 수행과 백일기도를 회향하면서 평생 수행생활의 지표를 알게 되었습니다. '신심과 기도의 힘이 나의 수행 길에 크게 도움되겠구나' 하는 확신을 갖게 된 소중한 3천배 기도정진의 시간이었습니다. 요즘도 설법하면서 신도님들에게 가끔씩 자랑하는 얘기입니다.

"스님이 지금 이렇게 절을 운영하면서 수행을 이어갈 수 있는 것은 옛날에 적금을 많이 해놓은 가피 덕분입니다."

이 얘기를 액면 그대로 들은 신도님들은 필자가 정말 돈을 많이 적립하여 지금 이렇게 살고 있는 줄 착각하곤 합니다. 대원사에서 부처님의 기도가피를 받아 기도적금하게 된 것을 의미하거니와, 그 적금은 돈으로 살 수도 없고 배고픔의 처절한 경험도 살 수 없을 것입니다. 그래서 지금도 신도님들에게 자랑삼아 말하기를 "그 시절 배고픔을 달래며 부처님 앞에서 열심히 기도정진 한 가피 때문에 오늘 이 자리에 스님이 있는 것"이라고 말합니다.

4. 고향 땅 당도하니 할아버지 운명소식

청송은 깊은 계곡인데 신흥종교가 많은 곳으로 알려져 있는 곳이기도 합니다. 주왕산은 큰 바위로 둘러싼 정말 깊은 계곡입니다. 산중에서 기도에 전념하다가 어느 날 갑자기 아무 이유도 없이 대구시내로 나가보고 싶다는 생각이 들었습니다. 왠지 그날은 목탁을 꼭 챙겨 길을 떠나고 싶었습니다.

그때나 지금이나 청송에서 대구를 가려면 안강을 거쳐 가는 것이 제일 빠른 지름길입니다. 안강은 필자의 고향입니다. 안강 고향 동네를 거쳐 대구로 가고 싶었습니다. 부모님은 서울에 계셨지만 그때까지도 할아버지가 사시던 곳은 안강이었습니다. 그런 고향 땅 안강을 지나가고 싶었던 것입니다.

막상 버스가 안강에 들어서니 마음이 뭉클해졌습니다. 할아버지 동네 입구에서 발길은 마음과 다르게 벌써 버스에서 내리고 있었습니다. 필자는 별반 생각없이 하차하여 구멍가게로 들어갔습니다. 가게를 지키던 할머니가 한참을 쳐다보더니 "아이고, 스님. 혹시 누구네 집 손녀딸 아닙니까?" 하며 반갑게 맞아주었습니다. "그렇다."고 하니 "그럼 할아버지가 돌아가셨다는 소식을 듣고 왔느냐?"고 물었습니다.

"할아버지가 돌아가셨다고요?"

필자는 정신 나간 사람처럼 가겟집 할머니만 물끄러미 바라보았습니다. 한참을 멍하니 있다가 가게를 나왔습니다. 그러나 선뜻 할아버지 댁으로 발걸음을 옮길 수 없었습니다. 어른들의 반대를 무릅쓰고 떠나온 출가였기 때문입니다. '출가한다고 떠나올 때 할아버지와 할머니 두 분의 마음에 상처를 주고', '아직은 사미니인데(출가한지 얼마 되지 않은 예비승려), 초상에 참석해도 괜찮은 것일까.' 얼른 판단이 서질 않았습니다. '그래도 내가 엄연한 스님인데 돌아가신 할아버지를 위해 염불과 부처님 경은 읽어 드려야 한다'는 생각에 필자는 오랜 망설임 끝에 고향집으로 들어섰습니다. 예상한대로 현실이 되어 다가왔습니다.

　　"아니, 네가 어떻게?"

　　놀라움과 반가움도 잠시였습니다. 부모님은 말할 것도 없고 가족들 모두가 승복 입은 내가 부끄럽다며 옷깃을 잡아끌어 뒤뜰에 숨긴 채 빨리 돌아가라는 말만 되풀이했습니다. 가족들에 의하여 결국 쫓겨나고 말았습니다. '출가하는 것이 그렇게 죄게 되는 일인가' 하는 마음에 '돌아가신 할아버지 영전에 아미타경 한 편도 못 들려드린다는 말인가' 생각이 미치자 눈물이 절로 솟구쳤습니다. 필자는 결국 염불도 못 해 드리고 고향집을 나섰습니다. 그때였습니다. 먼 친척 고모님뻘 되시는 분이 그 광경을 보다 못해 앞으로 나서며 한 말씀 하셨습니다.

　　"스님을 내쫓는 것은 예가 아닙니다. 집안에서 스님이 나
　　　오려면 9대가 공덕을 쌓아야 한답니다. 그런 스님을 내쫓

다니요? 이게 말이 됩니까? 그렇지 않아도 스님을 모시고
할아버지가 극락왕생하시도록 염불해드려야 도리인데,
우리 집안에 이렇게 스님이 계시다는 사실이 얼마나 고마
운 일입니까."

우여곡절 끝에 겨우 염불을 해드렸지만 쫓기듯 고향집을 나섰습
니다. 출가 후 찾아간 첫 고향 길, 할아버지의 영혼이 불러주었던
그날의 기억은 세월이 흐를수록 더욱 선명해집니다.

5. 돌아가신 아버지의 선물, 편도염을 치유하다

필자는 그렇게 돌고 돌아 운문사 강원(지금의 승가대학)에 들어가
강학講學을 공부했습니다. 1984년 사교과四敎科 공부를 익히고 있
던 때 아버지께서 암에 걸리셨다는 비보가 날아왔습니다. 어릴 적
척추장애와 소아마비에 걸린 필자를 업고 서럽게 우시던 아버지의
모습이 먼저 떠올랐습니다. 그런 아버지가 죽음에 이르니 자식이
비록 스님이더라도 찾아뵙는 게 도리라는 생각이 들었지만 한편으
로는 마음이 흔들렸습니다. 아직 사미니로서 삭발한 지 얼마 되지
않아 병문안을 가야 맞는 건지, 아니면 인륜을 저버리고 계속 모르
는 척하는 것이 옳은 것인지 망설여졌습니다.

그러다가 문득 생각했습니다. '부모님께서 나를 기르고 키워주
었기 때문에 지금의 내가 있고 출가도 하게 된 것'이라고. 그 길로
서울로 향했습니다. 죽음을 눈앞에 둔 아버지는 필자를 보자마자

"스님, 저 좀 살려 주세요."라고 애원하셨습니다. 애절하게 부탁하는 모습, 마지막으로 뭔가 매달리고 싶은 아버지에게 필자는 이렇게 말씀드렸습니다.

"아버지! 많이 아플 때마다 '지장보살님' 하고 기도하면서 염주 돌리세요."

그 말씀을 드린 후 아버지 병환을 위해 필자가 할 수 있는 일은 기도의 힘, 부처님의 가피력에 의지하는 일밖에 없다고 생각하고 곧장 기도처를 찾아 길을 나섰습니다. 병고에 시달리는 아버지의 쾌유를 위해 나선 광주시 어느 사찰 지장보살 앞에서 아버지의 완쾌를 위해 하루 3천 배 기도를 올렸습니다.

그렇게 3.7일(21일) 기도를 회향하고 운문사로 돌아와 잠을 청했습니다. 항상 소화가 잘 되지 않아 머리가 아프고 밥을 먹지 못해 소화제와 진통제로 살았습니다. 그런데 이상한 형상이 나타났습니다. 기도의 가피 때문인지 배 안에서 갑자기 무언가 툭 하고 떨어지면서 배 가운데 딱딱한 것이 없어지는 느낌을 받았습니다. 그동안 밥을 제대로 먹지 못하고 생활했는데, 아버지를 위해 기도한 것이 가피력을 받은 기분이었습니다. 그런 일이 있은 후 소화제 없이 밥 한 공기를 뚝딱 먹을 수 있게 된 것이 마치 지장보살님께서 두 번째 가피를 주셨던 게 아닌가 생각합니다. 아버지는 출가한 딸이 3천 배 기도해 준 정성에 고마운 마음을 간직하시고 1986년 2월 15일 세상을 떠나셨습니다.

필자는 항상 편도염을 달고 살다 보니 염불을 잘 못해 사찰에서 쫓겨날 때도 있었습니다. 아버지 장례식 때도 목이 아파 염불을 못하게 되자 도반스님께서 대신 염불해주는 상황이었습니다. 스님 된 자식의 도리로 돌아가신 아버지를 위해 경이라도 읽어드려야 한다는 마음에 『금강경』을 독송하는데 갑자기 수마(잠이 오는 짓)가 밀려와 경전의 글이 하나도 보이지 않아서 제대로 독송해드릴 수 없었습니다.

　겨우 1시간 동안 독경한 후 눈 감고 잠을 청하려고 하는 순간, 잔뜩 부어 있던 목이 가벼운 느낌이 드는가 싶어 침을 삼켰습니다. 설마 하는 생각에 침을 삼키는데 불편함이 없고 순간 심하던 편도염마저 사라지고 맑은 목소리를 회복했습니다. 아! 이것이 돌아가신 아버지 영전에 『금강경』을 독송해드린 공덕이 아닌가 싶었습니다. 아버지께서 나에게 큰 선물을 주셨다는 생각에 눈물이 나오고 그 기쁨은 무어라 말할 수 없었습니다.

　그때 아버지의 영전에 염불해드린 공덕으로 지금까지도 염불 목소리가 듣기 좋다는 평을 받고 있는 것은 불보살님의 기도가피의 힘이라 하겠습니다. 그렇게 세 번째 기도가피를 받은 이후 지금까지도 필자는 열심히 기도정진을 멈추지 않고 있습니다.

　아버지께서 남긴 말씀은 "지율 스님, 출가하셨으니 꼭 큰스님 되세요."라는 당부였습니다. 졸음이 오면 찬물에 세수하고 제가 힘닿는 날까지 뒷바라지를 해주시겠다는 말씀이 떠오를 때마다 생전의 아버지께 운문사 전경을 보여드리지 못한 것이 못내 아쉬움으로 남아 있습니다.

진실한 기도의 응답은 바로 부처님의 가피입니다. 세상 이치란 정직하게 노력하지 않으면 어떤 것도 성취할 수 없으며, 자신이 원하는 꿈 또한 현실이 있고 영가의 영험도 반드시 있습니다. 누군가 나를 도와준다는 생각보다 내가 그들을 위해 무엇을 해드려야 하나하는 마음이 중요합니다. 베푸는 마음이 있어야 가피를 받지 않을까요?

6. 첫 포교당 '구담사瞿曇寺'를 개설하다

1993년 9월 5일의 일입니다. 대한불교조계종 제25교구 봉선사 조실 월운 큰스님께서 필자에게 포교당 한 번 해보라고 권하시기에 "예, 한 번 해보겠습니다." 하고 서울 광진구 중곡동에 첫 포교당 '구담사瞿曇寺'를 개설했습니다. 그러나 현실은 만만치 않았습니다. 시설이라고 할 것도 없이 부서진 탁자에 전기밥솥과 중고 냉장고가 전부였습니다.

시멘트 바닥에 장판 하나 깔고 전기장판으로 생활하다보니 추운 겨울 이불에서 벗어나면 입김이 하얗게 피어올랐습니다. 겨우 2평짜리 보일러 방을 만들어 그나마 따뜻한 겨울잠을 청할 수 있었던 것만으로도 행복한 삶이었습니다. 어떻게 살아가야 할지 아무런 생각이 없었고, 끼니를 채울 쌀마저 없는 상황에서 우연히 지인을 만났습니다. 그분의 도움으로 생활정보지 「벼룩시장」을 보고 중고품을 하나하나 사들여 살림을 모으기 시작했습니다.

　출가 이후 독립적으로 개설한 첫 포교당의 생활은 그렇게 시작
되었습니다. 천도재가 들어오면 『금강경』 100독을 염송하면서 정
성을 다해 모셨습니다. 필자를 더 사로잡은 것은 목아박물관 박찬
수 관장님이 전해준 한마디였습니다.

　　"스님, 우리나라에서는 왜 수자령水子靈에 관심을 안 두는
　　지 이해가 되질 않습니다."
　　"수자령이 뭔데요?"
　　"낙태되어 태어나지 못하고 엄마 뱃속에서 죽은 아기의
　　영혼을 말하는 것입니다."
　　"아기 영가요?"

일본에서는 유산流産이나 낙태落胎로 죽은 아기의 영혼을 수자령水子靈이라 부르며, 수자령을 위해 천도를 많이 한다는 것이었습니다. 필자는 처음 듣는 얘기였습니다. 그때만 해도 우리나라에서는 태아영가의 천도에 대해서 관심조차 없을 때입니다.

"그 애들도 생명 아니겠습니까?"

필자는 기도 중에 보이던 그 무엇을 떠올렸습니다.

'낙태된 영가, 바로 이것이었어! 태아영가 천도야말로 내가 할 일이구나.'

필자는 그동안 기도 중에 나타나던 그 무엇이 태아영가란 것을 확신했습니다. '아들, 딸 구별 말고 둘만 낳아 잘 기르자' '둘도 많다. 하나만 낳아 잘 기르자' 등 산업화시대에 국가적으로 출산을 제한하는 표어가 등장한 이래 당연한 듯 낙태로 스러져 간 아기들, 소문 없이 어둠의 세계로 흘러간 아기들, 그 아기들의 원망과 원한에 찬 목소리가 귓가를 떠나지 않았습니다.

그래서 처음으로 태아영가 천도재를 입재했습니다.

7. 태아영가와 기도인연 맺게 된 사연

포교당 생활 3년쯤 되자 몸에 이상신호가 왔습니다. 허약체질에 계속된 기도와 끊이지 않는 천도재로 지친 몸은 만신창이가 되어 가고 있었습니다. 갑상선 기능저하증이 오더니 혈압도 85에 50까지 떨어졌습니다. 담당의사는 단호했습니다.

"포교당을 접고 목숨을 구할래요? 아니면 그냥 포교당을 하다가 죽으실래요?"

둘 중 하나를 택하라는 의사의 말에 어쩔 수 없이 포교당을 접을 수밖에 없었습니다. 의사의 말이 아니더라도 더 이상 버틸 수 있는 몸이 아니란 것을 필자는 너무나 잘 알고 있었습니다. 포교당을 정리하고 강원도 설악산 ○○○사찰로 기도하러 들어갔습니다. 사찰 노스님께서는 소금과 김치 한 통만 주고는 다른 기도처로 떠났습니다. 49일을 버티며 매일 사분정근과 『금강경』 30독讀의 용맹정진기도를 시작했습니다.

그때의 생각은 당장의 병마를 이겨내는 것도 중요하지만, 하루 빨리 기도의 힘을 갖추어 태아영가를 천도해야 한다는 간절함에 사무쳐 있었습니다. 스스로의 힘으로 낙태아 영혼들의 원결을 풀고 엄마의 마음에 위안을 줄 수 있다면 더 바랄 것이 없었습니다. 그렇게 49일간의 수행을 마쳤으나 거기서 멈추지 않고 다시 기도에 들어갔습니다.

이번에는 '신묘장구대다라니 10만 독讀' 기도를 목표로 세웠습니다. 천수대비주 10만 독讀을 하면 마음에 자비광명이 솟아나 멀었던 눈도 트인다고 전해오듯이 오로지 태아영가 천도를 위한 지혜의 눈이 열리기만을 서원한 기도였습니다. 하지만 중생의 번뇌장은 견고했습니다. 거기에서도 장애를 맞아 더는 기도할 수 없었습니다. 결국 5만 독을 마치고 떠나와 삼각산 ○○○사찰 바위굴에서 백일기도를 하며 10만 독을 마칠 수 있었습니다.

삼각산 ○○○사찰 백일기도는 지금 돌이켜보아도 꿈만 같은 일이었습니다. 고통의 극한이 지나가자 기도하는 자신도 바위굴도 산정의 소나무까지도 모두가 하나였습니다. 소위 물아일체物我一體의 환희로운 순간, 기도하는 자신이 따로 있지 않았고 물 흐르듯 10만 독이 이루어졌습니다. 마치 흰나비가 살랑살랑 날아와 앉을 듯 말 듯하며 마음이 평화로움을 느낄 때, 비로소 영靈의 세계를 확실히 알 수 있었습니다. 부처님의 가피는 그렇게 수많은 시련과 장애를 넘어선 뒤에야 눈앞에 나타났습니다. 영가들의 원결을 풀어주는 힘을 받게 된 것입니다.

그 당시 기도 중 잠깐 낮잠을 자는데 꿈에 '내가 지금 미륵불 앞에 묻혀 있는데 꺼내달라'고 하시는 음성을 들었습니다. 꿈에서 깨어 미륵불이 계신 곳으로 가서 자세히 살펴보니 신기하게도 작은 동자 석불상이 땅에 묻혀 있었습니다. 그 길로 동자 석불상을 모셔왔습니다. 이 몽중의 인연은 태아영가 천도도량을 열게 되는 가피로 이어졌습니다. 더욱이 천수대비주와 금강경 기도는 태아영가 천도의 확신을 주었습니다.

밤샘 기도로 얼굴이 퉁퉁 붓고 몸이 말을 듣지 않을 때면 '내가 왜 이 일을 시작했을까?' 하고 후회한 적도 한두 번이 아니었습니다. 어디 그뿐인가요. 지금은 많이 바뀌었지만, 영가천도를 정통불교와 달리 보는 왜곡된 시선도 더욱 감내하기 어렵게 만들었습니다. 처음 태아영가 천도를 시작할 때는 막무가내로 절에 들어와 조계종 간판을 떼라고 호통치는 스님까지 있었습니다. 태아영가 천도가 도대체 얼마나 큰 죄이기에 그렇게까지 대놓고 방해해야만 했는지, 시련이 말이 아니었습니다. 수많은 날을 경전과 씨름하며 영가천도의 근거를 찾고자 했던 것은 그런 인식을 깨뜨리기 위해서였습니다.

그 무렵 나를 일깨워준 큰스님의 말씀은 숙명처럼 태아영가와의 인연을 포기하지 않도록 인도해주었습니다. 전남 곡성 태안사에 주석하셨던, 지금은 입적하신 청화淸華 큰스님입니다. 죽은 낙태영혼을 위해 천도재 하는 것이 죄가 됩니까? 하고 여쭙자, 청화 큰스님께서 다음과 같이 일러주셨습니다.

"수좌가 기도하는 영가들의 세계와 우리가 사는 세상을
둘로 보지 마세요. 그 태아도 생명이 있는 것입니다."

청화 큰스님의 말씀은 필자에게 경종을 울려주었습니다. 큰스
님께서 생명을 존중히 여기라는 말씀이 없었다면 아마도 태아영
가 천도의 길로 들어서는 일을 포기했을지도 모릅니다. 이젠 업보
처럼 소명처럼 일대사인연으로 받아들인 태아영가 천도의 길을
가고 있는 이유는 선명합니다. 어둠 속에서 떠도는 낙태아들의 영
혼과 그 영가들로 인해 고통 받는 엄마들 때문입니다. 새 삶을 찾
지 못하고 있는 태아영가들의 안타까운 외침을 도저히 외면할 수
없습니다.

애자모 지장보살 탱화

8. 국내 유일의 애자모 지장보살과 귀자모신

　구담사 자모암은 아기를 포근히 감싸주는 듯한 따뜻한 애자모 지장보살님을 바위에 통째로 조각해 자비와 아름다움의 상징을 묘사했습니다. 애자모 지장보살님은 아기를 사랑하고 수호하는 보살입니다. 아기동자가 에워싸고 있으며 항상 따뜻한 보살핌으로 아기의 영혼을 인도해 주십니다.

　구담사 자모암이 영험 있는 도량으로 널리 알려진 것은 애자모 지장보살님의 공덕에 의해서입니다. 애자모는 본래 아기들을 잡아먹는 귀녀귀자모로서, 흔히 귀자모신鬼子母神이라고 합니다. 부처님께 귀의참회한 후부터 아기들을 보호해주는 자비스러운 어머니로 변화한 신적神的 존재입니다. 그래서 낙태 당한 아기의 입장에서 본다면 자신을 낙태시킨 엄마이기도 합니다.

귀자모는 야차녀夜叉女로도 불립니다. 이름에서 알 수 있듯이 아기들을 잡아먹는 귀신이었습니다. 악신惡神이었던 귀자모가 아기들을 지켜주는 선신善神이 된 것은 부처님께 귀의한 후부터입니다. 부처님의 가르침을 받고 자신의 잘못을 참회한 귀자모는 이후 출산과 육아를 지켜주는 선신이 되어 불교권 전역에 걸쳐서 많은 여인들의 귀의를 받는 존재가 되었습니다. 인도에서는 하리띠Hariti 또는 하리따Harita라고 불리며, 한자문화권에서는 환희모歡喜母·애자모愛子母·천모天母·공덕천功德天 등으로 번역되었습니다. 일본에서는 귀자모신鬼子母神으로 잘 알려져 있습니다.

『잡보장경』에 수록된 귀자모에 대한 이야기를 옮기면 다음과 같습니다.

옛날 왕사성 교외에 귀자모라 불리는 여인이 있었습니다. 이 여인에게는 1만 명의 자식이 있었는데 막내아들의 이름이 애자愛子였습니다. 귀자모는 삿된 원을 품고 성에 들어가 다른 사람의 어린아이들을 빼앗아 산 채로 먹었습니다. 사람들이 이 여인을 야차녀라 부르며 두려워하자 여러 사문들과 아난이 이 일을 부처님께 말씀드렸습니다.

"음식을 탁발하려 마을에 나갔다가 거리와 마을에서 슬피 통곡하는 많은 사람들을 보았습니다. 슬피 우는 사람들에게 '당신들은 무엇 때문에 그렇게 슬피 웁니까?'라고 묻자, 그들은 '살아있는 우리 자식을 잃었는데 시신이 어디 있는지, 어디에서 어떻게 죽었는지조차 알지 못합니다'라고 대답했습니다. 한 집안에 그치지 않고 마을사람 모두가 이처럼 자식을 잃고 슬피 울고 있었습니다."

그러자 부처님께서 신통력을 발휘해 발우로 귀자모의 막내아들인 애자를 덮어 감추었습니다. 귀자모는 막내아들이 사라지자 7일간 천하를 찾아 헤매었으나 찾지 못하자 마침내 정신이 나가 머리를 산발한 채 저잣거리에서 가슴을 치면서 미친 듯 울부짖었습니다. 이때 부처님께서 사문을 그녀에게 보내 다음과 같이 묻도록 하셨습니다.

"무슨 일 때문에 저잣거리에서 산발한 채 슬피 통곡합니까?"

귀자모가 사문에게 대답했습니다.
"자식을 잃었기 때문에 통곡하고 있습니다."

사문이 말했습니다.
"당신이 참으로 자식을 찾고 싶다면 부처님께 여쭤보십시오.

애자모 관세음보살

출가와 태아영가 인연담 59

부처님께서는 미래나 과거의 일을 훤히 아시는 분이니 당신이 가서 아뢰면 자식을 찾을 수 있을 것입니다."

거의 광란에 빠져있던 귀자모는 부처님이 일체지一切智를 갖추셨다는 말씀을 듣고 기뻐서 사문의 뒤를 따라갔습니다. 부처님의 처소에 이른 귀자모는 기쁜 마음으로 앞으로 나아가 부처님께 예를 드리고 자신의 아들이 어디 있는지를 여쭈었습니다.

"너에게는 1만 명의 아들이 있는데 겨우 하나의 아들을 잃고서 어찌해 그다지도 고뇌하는가, 세상사람들은 어떤 이는 한 아이를 두고, 또 어떤 이는 다섯이나 셋을 두고 있기도 한다. 그런데 네가 잡아먹었으니 그 부모들의 비통함은 어떠하겠느냐?"

귀자모가 부처님께 말씀드렸습니다.
"제가 만약 지금 막내아들을 찾는다면 다시는 세상사람들의 아이들을 잡아먹지 않겠습니다."

부처님께서 곧 귀자모에게 말씀하셨습니다.
"그대의 자식이 살아 있다면 그대는 스스로 참회하겠는가? 만약 스스로 참회할 수 있다면 마땅히 그대의 자식을 되돌려 줄 것이다."
"제가 진실로 참회하겠습니다."

부처님께서는 이 말을 듣고 귀자모에게 발우 밑에 있는 아들을 볼 수 있게 했습니다. 귀자모가 신력神力을 다해 막내아들을

귀자모신

잡아당겼으나 구하지 못하자 다시 부처님 앞에 조아렸습니다.

부처님께서 말씀하셨습니다.
"네가 지금 능히 삼귀의와 오계를 받아서 수명을 마칠 때까지 살생하지 않는다면 마땅히 네 자식은 돌아오리라."

귀자모는 즉시 부처님 말씀을 받들어 삼귀의와 오계를 받아 지녔습니다. 귀자모는 세상의 모든 아이들을 지키고 보호하겠노라 서원을 세웠고, 이로써 애자모愛子母가 되었습니다.

구담사 자모암은 이러한 귀자모신를 '애자모 지장보살'로 조성해 태아영가의 수호신으로 모신 것입니다. 애자모 지장보살님은 구담사 자모암의 상징입니다. 이로 인해 구담사 자모암은
▶ 태아영가의 천도를 위해 기도하는 도량
▶ 태아가 유산되지 않고 건강하게 태어나도록 기도하는 도량
▶ 아기를 갖고 싶은 엄마에게 인연을 빨리 맺어 주는 기도도량으로 널리 알려져 전국 각지에서 불자들의 발길이 끊이지 않는 도량으로 우뚝 서게 되었습니다.

제2장
태아영가 천도의 개념과 이해

수자령水子靈의 의미와 출처

삼도하 건너 불계佛界에 이르는 길

천도공양의 7가지 의의

천도공양의 공덕

중음세계와 49재의 의미

참회기도와 그 인과성因果性

독경讀經 기도의 위신력

태아가 엄마 뱃속에서 죽게 되는 경우는 낙태落胎와 유산流産으로 분류됩니다. 낙태라 함은 부모가 엄마 뱃속의 생명을 인위적으로 죽인 행위를 말하며, 낙태된 태아를 낙태영가落胎靈駕라고도 부릅니다. 유산이라 함은 태아가 엄마 뱃속에서 의도치 않게 생명을 잃은 경우이며, 유산된 태아를 유산영가流産靈駕라고도 부릅니다. 갓 태어난 아이를 영아嬰兒라고 하는데, 그래서 태어나자마자 죽은 아이를 영아영가嬰兒靈駕라고도 일컫습니다.

이처럼 태아가 엄마 뱃속에서 죽게 되거나 태어난 즉시 죽게 된 세 가지 생명의 영혼을 가리켜 모두 '태아영가'라고 정의합니다. 달리 '망태아亡胎兒의 영혼'이라고 부르기도 합니다. 태아영가라는 명칭은 불전佛典에서 그 전거를 찾을 수 있으며, 우리나라에서는 필자가 처음으로 사용하기 시작한 용어로서 지금은 불교계의 표준 용어로 정착되었습니다.

필자가 태아영가라는 용어를 대중적으로 사용하기 이전에 우리나라 불교계에서는 대체로 '수자령水子靈'이라는 말을 사용했습니다. '수자'라는 용어는 오랫동안 필자를 힘들게 한 개념입니다. 경전을 아무리 뒤져봐도 찾을 수 없거니와, 그도 그럴 것이 이웃나라 일본에서 사용하고 있는 용어였기 때문입니다.

태아영가에 대한 개념과 그 이해를 모색하는 과정에서 '수자령'이라는 용어의 의미와 그 출처를 먼저 살펴보고자 하는 까닭은 그 때문입니다.

1. '수자령水子靈'의 의미와 출처

낙태아 또는 유산아를 일본에서는 미즈꼬, 즉 수자水子라고 부릅니다. '수자령水子靈'은 수자에서 파생된 용어로 수자영혼 또는 수자영가를 뜻합니다.

수자水子는 다른 말로 '치자稚子'라고도 합니다. 수자를 일컫는 미즈꼬는 일본의 고어로서, 예로부터 사산아 또는 유산아의 의미로 사용되었습니다. 낙태된 아이를 수자라고 부른것은 태아가 엄마 뱃속에서 양수에의지하고 있다가 세상으로 나오지 못하거나, 태어나자마자 죽은 영아를바다나 강물에 흘려보냈기 때문이라고 합니다. 또 다른 의견은 수자에 대한 생각은 오직 생각뿐이지 부모도세상도 볼 수 없는 아이라는 의미를부여하는 설도 있습니다. 수자령은

일본 수자령

이렇듯 이 세상의 빛을 보지 못하고 엄마의 태胎 안에서 명命을 다하고 저 세상의 어둠으로 사라져간 영혼을 일컫는 일본적 해석이라고 이해할 수 있습니다.

일본에서는 수자령을 다음과 같이 설명하고 있습니다.

수자水子는 태아가 엄마 뱃속에서 양수에 둘러싸인 것을 형상화한 것입니다. 수자를 강가에 버려 죽게 했기 때문에 이 수자령을 '부모나 세상을 더 이상 볼 수 없는 수자영혼' 이라고 표현합니다.

　수자령은 엄마 뱃속의 생명이 죽임을 당한 채로 강가에 버려져 묘나 위패도 없이 떠도는 까닭에 의지처가 없습니다. 특히 비업非業의 죽음이기 때문에 그대로 영계靈界에 들어가지 못하고 현계現界와 영계靈界 사이에 있는 중유中有를 떠돌게 됩니다. 낙태한 가정에 재앙이 깃들고 낙태한 부모나 자식, 가까운 사람들에게 장애가 오는 이유는 그 때문입니다.

　일본의 수자령 도량에서는 아가들의 영혼을 형상화한 모습을 많이 볼 수 있습니다. 돌로 만든 수자지장보살님과 동자童子에게 빨간 턱받이를 한 형상도 볼 수 있습니다. '그 턱받이는 너무도 덧없이 생명을 잃은 태아의 명복을 비는 간절한 부모의 마음에서 망태아의 영혼을 천도해주고 행복을 비는 뜻이 담긴 것이라고 합니다.'

　일본의 수자지장보살님은 괴로움을 당하고 구원을 바라는 중생을 위해 언제든지 자비로운 마음으로 감싸주는 수호신 같은 존재로 알려져 있습니다. 일본에서는 지장보살님이 수자지장이 되어 서민들의 신앙으로 자리잡았는데, 마을 어귀에서 오고가는 사람들한테 참배를 받는다고 합니다. 또한 수자를 위해 탑과 동자상으로 꾸민 '수자공원' 을 조성해 사람 몸 받아 태어나기를 염원하는 수자령들을 위로해 주고 있습니다. 자식을 생각하는 부모의 애틋한 정과 서러움을 지장보살님께 의탁해서 조금이나마 달래보려는 애절함이 수자지장신앙으로 승화된 것으로 볼 수 있습니다.

일본의 수자지장신앙은 1604년에 이르러 토속신앙인 도조신道
祖神 신앙과 융합되어 어느 마을에 가든지 길목마다 수자지장보살
을 모시고 받들던 관습에서 비롯된 이래 오늘날과 같은 일반서민
신앙으로 발전했습니다.

필자는 1993년 포교당을 개원하고 태아영가를 천도하게 되는
인연을 접했으나, 전례가 없다 보니 태아영가의 위패 쓰는 방법을
알 수 없었습니다. 중앙승가대학에 다니던 시절이었는데, 큰스님
께 자문을 요청했지만 묵묵부답이었습니다. 그러던 어느 날『금강
경』독송기도 중에 문득 뇌리를 스치는 게 있었는데, '태아영가 위
패를 이렇게 쓰면 되겠구나' 하는 생각이 떠올랐습니다.

그래도 위패 쓰는 방법을 확인하기 위해 수자령 천도로 유명하
다는 일본사찰 몇 군데를 견문답사했습니다. 도쿄에 위치한 한적
한 마을의 한 사찰을 찾았는데, 필자가 구상한 위패와 거의 유사한
형식의 위패를 올리고 있는 것을 확인할 수 있었습니다. 마침 태아
영가의 부모가 되는 부부가 위패에 자신들의 본관과 이름을 적어
놓고 참회기도하고 있는 모습을 보았습니다.

필자는 너무 놀랐습니다. 아무한테도 물어본 적이 없고 오로지
기도에서 받은 영험으로 위패를 봉안했는데, 오래 전부터 수자령
천도를 지내온 일본 사찰들도 똑같은 위패를 쓴다는 사실을 알고
'영靈의 세계는 다 통하는구나, 기도의 힘이란 게 이렇게 큰 것이

구나' 하는 것을 알았습니다

의례의식의 형식을 제대로 갖춘 수자령 천도재를 살펴볼 수 있었던 곳은 일본 자운산 지장사였습니다. 지장사의 수자령 천도의식은 필자가 몸담고 있는 구담사 자모암에서 올리는 재와 거의 비슷했습니다. 구담사 자모암과 다른 점이 있다면 대중이 함께 올리는 합동천도재가 아니라 신도들이 개별적으로 지낸다는 것입니다. 아기용품을 올리는 의식도 동일했습니다. 아기들 장난감, 사경한글, 옷과 과자, 책과 노트, 연필, 색연필과 스케치북까지 아기들이 좋아하는 온갖 물품들을 올리는 모습을 보았습니다. 지금은 흔히 볼 수 없지만, 구담사 자모암에서 초창기 태아영가 천도의식을 행할 때만 하더라도 기도하면서 엄마들끼리 서로 경쟁하듯 이것저것 다양한 아기용품을 올릴 때가 행복했다고 합니다.

일본 지장사를 신도님들과 함께 두 번째 탐방했던 날에는 수자령의 가족과 친척들이 동참해 참회기도를 올리고 있었습니다. 참으로 인상적인 모습을 보았는데, 가족들이 모여 수자동자상에게 바가지로 물을 부어 깨끗이 목욕 씻겨 주는 모습이었습니다.

"실례지만 아기의 엄마가 되는지요?"
"아닙니다. 세상을 먼저 떠난 부모님 대신 기도하고 목욕시켜 주는 것입니다. 이 수자령이 내 형제이기 때문에 한 해도 거르지 않고 정성껏 돌보시던 부모님을 생각해 천도 의식을 행하고 있는 것입니다."

부모가 돌아가셔도 자식들이 찾아와 태어나지도 못한 형제영가를 위해 빨간 턱받이도 바꾸어 주고 목욕도 시켜준다는 일본 불자님들의 모습에 적잖이 놀라지 않을 수 없었습니다. 하지만 우리 부모는 낙태한 행위를 비밀로 여기고 자식에게도 쉬쉬하는 경우가 있어 부모의 태아영가 천도재를 할 수가 없었습니다. 그래도 간혹 돌아가신 부모의 태아영가를 위해 망부(亡父)와 망모(亡母)로 올리는 분이 있습니다.

일본 지장사. 형제들이 수자령에게 목욕재계 하는 모습

2. 삼도하 건너 불계佛界에 이르는 길

태아영가 천도는 대체로 지장보살을 모시고 봉행합니다. 때로는 관세음보살을 모시는 경우도 있으나, 지장보살을 모신 역사는 상당히 오래 전부터입니다. 지장보살의 공덕과 영험이 가장 크다고 믿었기 때문입니다. 지장보살은 인자하고 온화한 분이라는 생각에서 그 모습만 보아도 마음이 편안해집니다.

이와 관련해 일본불교의 사례를 살펴보겠습니다. 일본은 어느 마을에 가든지 눈에 띄는 불상이 수자지장보살입니다. 강가에 버려진 수자령은 강가 모래밭에 모여 '삼도하三途河'를 건너야 불계佛界에 이를 수 있다고 합니다. 세상의 빛을 보지 못하고 죽은 수자의 영혼들은 아무도 없는 황량한 강가 모래밭에서 모래탑을 쌓아 그 공덕으로라도 강을 건너고자 하지만, 그 소망을 이루지 못하고 다시 모래탑을 쌓는 일을 반복하고 있다는 슬픈 사연의 이야기가 전해옵니다.

부모에게 버림받은 생명들의 한 맺힌 영혼은 추운 강가 모래밭에서 지장동요를 부른다고 합니다. '화찬, 즉 '추운 강가 모래밭의 지장가요'와 가엾은 그 아기들을 감싸주는 '지장보살님을 찬탄하는' 이야기가 전하는데 내용은 다음과 같습니다.

저승으로 갈 수 없는 가엾은 수자영가들은 이승과 저승 사이 삼도三途 강가의 황량한 모래밭에서 강을 건너지 못한 채 헤매고 있습니다. 더 가슴이 아픈 건 이승의 햇빛을 보지 못하고 죽은 어린 영혼들이 아무도 없는 강가에서 탑을 쌓은 공덕으로 강을 건너고자 열심히 모래밭에서 모래알로 탑을 쌓고 있다는 것입니다.

부모·자식 간의 인연이 두텁지 못해 햇빛도 보지 못하고 죽어간 핏덩이들이 삼도의 강가 모래밭에서 "이 모래알 하나는 어머니를 위해서, 또 하나는 아버지를 위해서…" 고사리 같은 손으로 모래알 하나 쌓고 합장하면서 어머니를 생각하고, 또 하나를 쌓고 합장하면서 아버지를 생각합니다. 또 한 층은 형제들을 위해서 쌓으며 언제나 자신들을 따뜻하게 품어주고 반갑게 맞이해 줄 부모형제를 한없이 기다립니다.

그러나 밤이 깊어가고 어느덧 새벽이 오면 지옥의 귀신이 찾아와 밤새도록 쌓아올린 탑을 일시에 무너뜨리고 가버립니다. 수자의 영혼은 탑을 다 쌓아 그 공덕으로라도 이 강을 건너가려는 간절한 소망으로 탑을 쌓았지만, 다 쌓아갈 만하면 짓궂은 도깨비들이 나타나서 쇠방망이로 와르르 부수어 버리고 호통을 칩니다. 수자의 영혼은 애써 쌓아올린 탑이 부서지는 것을 보고 하염없이 웁니다. 그때 지장보살님이 나타나 수자영혼들을 옷자락으로 감싸줍니다.

"너희들은 부모에게 버림받아 단명한 것이다. 이승과 저승은 아주 다른 세계여서 아무리 탑을 쌓는다 하더라도 너희가 원하는 대로 이전의 부모를 만날 수는 없다. 그러

니 울지 말고 이제부터라도 명부세계를 주관하는 지장보
살인 나를 부모로 생각하고 의지하여라. 그러면 너희 마
음이 내게 전달되어 다음 생에는 좋은 부모를 만나게 될
것이다."

수자영가 앞에 나타난 지장보살이 바로 수자지장보살님입니다.
수자지장보살님은 자비와 인자한 마음으로 법의法衣를 펼쳐 어린
영가들을 포근히 감싸서 삼도천을 건너 다음 생에 태어날 수 있도
록 인도해 주십니다.

이러한 지장보살신앙과 관련하여 구담사 자모암은 올라오는 입
구에 육六지장보살님을 모셔놓았습니다. 그것은 육도중생의 구제를
기원하는 의미를 담고 있습니다. 아기를 안은 육지장보살님은 금계
포란金鷄抱卵 형태로 사이좋게 아기를 포근히 에워싸고 있습니다.

구담사 자모암을 찾는 신도들은 법당 참배보다 앞서 의레껏 아

삼도하를 도는 모습. 사찰을 찾는 신도들은 태아영가를 상징하는 아기동자상을 목욕시킨 후 가슴에 꼭
안고 삼도천을 돌면서 다음 생에 꼭 좋은 인연으로 태어나기를 발원합니다.

기동자를 목욕시킨 후 꼭 안고 삼도천을 돕니다. 구담사 자모암에 삼도하를 건너가는 다리를 만들어 놓은 것은 태아영가들이 강을 건너 불계佛界에 이르게 함으로써 다음 생에 좋은 인연을 맺도록 한다는 상징적인 의미를 담고 있습니다.

엄마가 아기동자를 목욕시켜주는 이유는 아기가 태어나서 '으앙' 하고 울음을 터뜨릴 때 제일 먼저 아기를 안고 그 몸을 깨끗이 씻어 주는 것을 상징하며, 죽은 직후에 염할 때도 깨끗이 몸을 닦아주고 옷을 입혀 보내는 것과 같은 이치입니다.

태아영가는 결과적으로 좋지 않은 인연과 책임지기 싫어하는 부모의 거부로 생명을 잃은 어린 영혼입니다. 더욱 중요한 것은 낙태당한 태아도 영혼이 있다는 사실입니다. 태아의 영혼은 부모의 공양 없이는 삼도천을 건너갈 수 없기 때문에 부모가 천도공양을 통해 참회하는 마음으로 아기동자를 품에 꼭 안고 삼도천 다리를 건너가면, 태아영가는 비로소 수자지장보살님의 손을 잡고 다음 생의 인연을 만날 수 있는 것입니다.

태아영가는 깊은 원한을 품고 있습니다. 엄마의 어두운 근문根門 (자궁)에서 세상으로 나오지 못하고 다시 저승이라는 어둠 속으로 흘러 들어갔기 때문입니다. 낙태의 죄업을 가슴속에 간직한 채 낙태아의 영혼도 함께 비밀리에 묻어 버리는 것은 얼마나 슬픈 일이겠습니까? 태아영가의 입장에서 보면 아무도 자신을 위해 천도공양 해주지 않은 채 언제 태어날지 모르는 인연을 기다리는 것이 그저 안타깝기만 할 것입니다.

태아영가의 위패는 엄마의 자궁을 상징하는 아기집을 만들어놓고 있습니다. 그것은 태아가 아기집에서 자라기 때문에 태아영가의 위패는 꼭 집이 있어야 한다는 것을 상징합니다. 『타태경』 등 불전에서 근문根門(아기집)이라고 표현하고 있는 까닭이 그와 같습니다. 아기동자상에 엄마·아빠의 본관과 이름을 정확히 기록한 위패를 올리는 이유도 그것입니다.

도량의 애자모 지장보살님 주변에는 아기동자상으로 가득합니다. 모두가 태아영가를 상징하는 아기동자들입니다. 계절 따라 고운 옷으로 갈아 입으며 애자모 지장보살님의 사랑과 보살핌을 받고 있습니다. 정성이 가득 담긴 옷은 모두 아기엄마들이 직접 준비해서 입힌 것입니다. 행여 추울까봐 한 땀 한 땀 정성스레 뜨개질한 옷을 입은 아기, 한복집에서 맞춰온 알록달록한 한복을 입은 아기, 목도리를 두른 아기, 인형을 안고 있는 아기 등등 필자는 오늘도 그 아기동자들을 쓰다듬으며 엄마들의 마음을 생각하면 가슴이 또 아려옵니다. 엄마들은 아기동자를 품에 앉고 대화를 나눕니다.

"아가야, 미안하다."

얼마나 많은 사연을 간직한 엄마들인가요? 「엄마·아빠 참회의 글」을 읽으면서 「아가야 미안하다」 노래를 부르면 그칠 줄 모르고 쏟아내는 눈물. 엄마는 낙태한 아이를 애써 잊고 살았던 지난 잘못을 진심으로 참회합니다. 속죄의 참회기도문과 노래를 부르면서 오늘도 어김없이 참회기도를 올립니다. 엄마들의 그런 정성 때문에 필자도 태아영가들을 위해 부처님 앞에서 기도를 멈추지 못하

석불아기 3년 위패 단

고, 그 아기들이 다음 생에서는 꼭 좋은 인연의 몸 받기를 간절히 축원 발원합니다.

3. 천도공양의 7가지 의의

돌아보건대, 낙태는 작금의 심각한 사회문제로 떠오른 저출산의 배경과 무관하지 않습니다. 경제와 교육 등 육아의 현실적인 문제를 해결하기 힘든 한국사회의 구조적인 문제로 말미암아 출산에 대한 부정적 인식이 곧 낙태로 이어지고 있기 때문입니다. 물론 개방된 성 인식이 혼전임신을 야기하고, 이는 자연스럽게 낙태로 이어지는 악순환도 부정할 수 없는 현실입니다.

낙태된 아이의 영혼이 있을까? 하고 반문하는 사람이 있습니다.

믿고 싶지 않는 마음이 더 클뿐더러, 태아를 생명체로 보지 않는 인식 때문일 것입니다. 이미 형성된 생명체를 죽였다는 죄의식을 갖지 못하고 그저 작은 핏덩이에 불과한 것이라고 생각하는 것입니다.

　물론 낙태한 사연은 저마다 다르겠지만 대체로 원하지 않는 임신과 원하는 성별이 아니라는 이유로 태아를 지워버리는 경우가 대부분일 것입니다. 하지만 낙태는 엄마 뱃속에서 이미 형체를 형성한 생명을 강제로 지운 살생행위입니다. 태아가 생명체라는 사실은 죽임을 당한 낙태아에게도 영혼이 깃들어 있다는 사실을 말해줍니다. 따라서 이 어린 영혼을 달래어 행여 있을 원결을 풀어주는 천도공양은 반드시 필요한 의식절차라 하겠습니다.

　낙태행위 또는 유산의 경험이 있거나 영아를 잃는 아픔을 체험한 부모는 태아영가를 천도하는 의식공양을 반드시 봉행하시길 기원합니다. 그 배경에는 매우 현실적이고도 사상성이 깃든 몇 가지 의의를 살필 수 있습니다.

　첫째, 태아영가에게 진심으로 참회하고 속죄하는 일입니다. 유산이나 출산 직후의 사망과는 달리 낙태는 부모가 강제로 출산을 저지한 것이므로 진심으로 참회하지 않으면 안 됩니다. 단지 천도공양만 올린다고 해서 태아영가의 원결을 원만히 해결할 수는 없는 이치입니다. 낙태를 자행한 사람의 자식이 어느 날부터인가 "아빠, 도와줘! 엄마, 도와줘!" 하는 비통한 꿈을 꾸거나, 한밤중에 울고불고 하거나, 혹은 "무서워! 무서워!" 하는 악몽을 꾼다면 이는 낙태당한 태아영가가 그 자식을 통해 슬픔이나 분노를 분출하고 있는 것으로 이해할 수 있습니다. 따라서 태아영가의 전생과 금생의 나쁜 인연을 소멸시켜 마침내 이고득락離苦得樂케 함으로써 부모와 그 가정의 안녕과 평화를 도모하기 위해서는 한순간 잘못된 생각으로 저지른 죄업을 진심으로 참회하고 속죄하는 방법밖에 없습니다.

둘째, 태아영가에 대한 천도발원과 참회기도를 일상으로 하는 것입니다. 태아영가의 묘나 납골당을 독립적으로 시설하지 않았기 때문에 아기동자의 위패를 모셔놓고 부모의 이름을 올려 낙태영혼의 안식처를 제공해줘야 합니다.

셋째, 동일한 엄마와 아빠 사이에서 낙태된 태아영가 천도는 부모가 함께 공양을 올리고 참회기도합니다. 엄마는 같은데 아빠가 다른 태아영가 천도는 별도로 지냅니다. 마찬가지로 아빠는 같은데 엄마가 다른 경우의 태아영가 천도도 별도로 영가위패를 올려서 지냅니다.

이는 다음의 사례를 통해서도 알 수 있습니다.

어느 날, 아들을 군대에 보낸 어머니가 상담을 요청해왔습니다. 아들이 입대하기 전에 사귀었던 여자친구가 임신했는데, 결혼할 수 없는 형편에 낙태하고 헤어졌다고 합니다. 어머니는 아들의 이야기를 듣고 마음이 꺼림칙했나 봅니다. "스님, 제가 아들을 대신해 태아영가를 천도해주면 안 되는지요?"라고 상담해왔고, 필자가 "안 된다."고 하니까 그 어머니는 "내 아들의 문제인데 왜 안 되느냐."고 되물었습니다. 필자는 다시 "태아영가와 직접적인 인연관계가 있는 사람은 아들과 그 여자친구이지 어머니가 아니기 때문이지요."라고 설명해주었습니다.

넷째, 태아영가 천도기도를 입재한 사찰의 스님께서는 매일 반야심경과 즘부다라니, 참회진언[옴 살바 못자 모지 사다야 사바하]과 해원결진언[모든 원결을 푸는 진언: 옴 삼다라 가닥 사바하]를 독송하고 지장보살 염불을 하게 됩니다. 엄마·아빠는 태아영가의 천도를 비는 발원을 일상화하고 참회공양을 지속하는 것이 매우 중요합니다.

다섯째, 엄마·아빠는 태아영가에게 속죄하는 마음으로 매일 기도할 때마다 영가 한 명당 기도보시금을 올리는 게 좋습니다. 엄마는 정성으로 매일 집에서 올리는 것이 좋고, 혹은 대중불사大衆佛事에 보시하면 그 공덕으로 기도를 원만하게 성취할 수 있습니다.

여섯째, 깊은 신심으로 보살행을 실천하는 일입니다. 매일 한 번씩 선한 일을 공들여 행하고, 또한 대중공양을 올리는 행위는 태아영가에 대한 참회공양을 철저히 하는 좋은 방법입니다. 유산이나 혹은 태어나자마자 죽은 영아는 낙태한 경우와는 다르지만, 엄마·아빠는 무사히 낳지 못한 책임을 지고 영아영가와 유산영가에게도 태아영가를 천도하는 마음과 동일하게 공양하는 것이 좋습니다.

일곱째, 인과因果의 도리를 바로 아는 일입니다. 태가영가를 위한 참회기도와 공양을 계속하는 일은 엄마·아빠의 업장을 소멸하는 인연으로 작용해 심각한 병이 낫거나 자녀의 심한 반항심과 그로인한 정신적인 고통에서 벗어나기도 하며, 자녀들은 건강하고 가정도 행복한 삶을 누릴 수 있습니다.

4. 천도공양의 공덕

태아영가 천도공양에 즈음해 먼저 생각할 것은, 태아영가는 부모를 위시한 조상의 영령靈과 현재 살아있는 사람의 영령靈이 갖는 존엄처럼 똑같이 존귀한 존재라는 사실을 인식하는 일입니다. 부모를 위시한 조상영가는 현세에서 인연상응因緣相應의 생애를 보내고 일생을 마친 영혼들입니다. 반면에 태아영가는 유산의 경우 부모의 부주의에 의해서, 낙태의 경우 좋지 않은 인연이 작용해 부모의 거부에 의해서 생명을 잃고 세상으로 나오지 못한 영혼이라는 점에서 단순한 천도의식이 아닌 엄마·아빠의 진실한 참회가 요구됩니다.

중음계[중유中有]에 떠도는 낙태아의 영혼이 엄마·아빠의 천도공양을 받지 못하면 살아있는 형제들이 대체로 13세, 15세, 17세, 18세, 23세 내지 그 이후에도 가족을 괴롭힌다고 합니다. 특히 13세 전후나 18세 무렵에 가장 심한 재앙을 일으킨다고 합니다. 낙태아의 영혼은 먼저 자식을 괴롭히고, 다음에는 엄마를 괴롭혀 건강에 이상이 생기도록 합니다. 자신은 태어나지 못하고 죽었는데 사랑받는 다른 형제들을 보면서 시기질투심에 학업이나 취업에 장애를 주거나, 혹은 혼기가 차서 혼인을 하고 싶어도 이루어질 수 없도록 방해합니다. 자식이 온갖 장애를 겪으며 마치 빙의憑依된 사람처럼 다른 행동을 하는 까닭이 그것입니다. 이처럼 부모가 병든 것도, 자녀의 입학시험과 결혼문제, 사업과 교통사고 등 모든 고난이 낙태의 업보와 연관이 있습니다. 고통과 그리움에 사무친 낙태아의 영혼은 엄마·아빠의 천도공양을 받고 삼도천을 건너 다시 태어나고자 했던 소망을 그렇게 해서라도 부모에게 전달하는 것입니다.

태아영가 분유

태아영가 과자

태아영가 기저귀

　따라서 태아영가의 원결을 풀고자 한다면 우선 엄마·아빠의 참회가 철저하지 않으면 안 됩니다. "어떤 이유로든 단 하나밖에 없는 너의 생명을 빼앗아서 잘못했다. 낳아서 다른 형제와 똑같이 사랑을 받고 행복하게 살아야 했는데…." 하면서 진심으로 참회해야 합니다. 태아영가에게도 다른 형제와 마찬가지로 자신에게 맛있는 과자나 분유·우유·옷과 용돈 등 필요한 용품을 올려 서운한 마음을 갖지 않게 하여야 합니다.

　천도공양은 영가는 물론이고 이생에 남은 사람에게도 공덕으로 작용합니다. 천도공양을 받은 영계인靈界人은 슬픔이나 분노 등 고통에서 벗어나 편안해질 수 있으며, 다음 생에는 행복한 환경에서 다시 태어날 수 있습니다. 현세에서 공양을 잘 하는 사람은 본인도, 가족도, 인연 있는 사람도 바르게 판단할 수 있는 지혜가 생겨 좋은 길을 선택할 수 있습니다. 이처럼 천도공양은 '지금' 행복할 수 있는 방편이며, 사후에도 영계의 좋은 곳에 태어날 수 있도록 작용합니다. 태아영가를 위로하고 천도공양을 올려야 하는 이유들입니다.

5. 중음세계와 49재의 의미

　49재는 사람이 죽은 날로부터 매 7일마다 7주 49일 동안 영혼이 좋은 곳에 태어나도록 발원기도하는 천도의식遷度儀式입니다. 달리 칠칠재七七齋라고도 합니다. 발원기도의 기간을 49일로 정한 것은, 죽은 사람의 영혼은 49일 동안 중음中陰의 세계에 머무는데, 이 기간에 다음 생을 받을 연緣을 만나게 된다고 보는 불교의 윤회사상에 따른 것입니다. 짧게는 죽은 뒤 7일 만에 다음 생을 받는다는 논리도 있습니다. 일반적으로는 죽은 뒤 7일마다 명부시왕의 심판을 받으며 49일째에 염라대왕의 최종 심판을 받아 다음 생이 정해진다고 합니다. 이때 더 좋은 생을 받도록 부처님께 공양을 올리는 의식이 49재입니다.

　『잡아함』에 "중음중생이 모태에 든다."고 한 것도 중유가 수태受胎의 주체라는 사실을 말해줍니다. 불교에서는 지극한 선업을 지었거나 극단적인 악업을 지은 사람이 죽으면 곧바로 다음 생을 받기 때문에 중음세계가 없다고 합니다. 하지만 대부분의 중생은 이 중음에 머물다가 다음 생의 과보를 받습니다. 중음을 떠도는 영혼이 생전의 업장을 소멸하고 더 좋은 생을 받도록 기원하는 의식이 바로 49재입니다.

　영가는 중음세계에 머물면서 매 7일을 분기점으로 다시 태어날 인연을 기다리고 있습니다. 그때마다 인연을 얻지 못하면 7일씩을 거듭하며 7.7일(49일)까지 머무르다가 다음 생을 받게 됩니다. 이

기간에 전생의 업장을 소멸하지 못하면 영원히 중음세계를 떠돌 수밖에 없습니다. 영가는 스스로 업장을 소멸할 능력이 없으므로 살아있는 사람의 기도공덕에 힘입어 자신의 업장을 소멸시킬 수 있습니다.

부파불교의 대표적인 논서論書인 『아비달마 대비바사론』은 중음세계와 관련하여 상세히 논술하고 있는데, 그 내용의 일단을 옮기면 다음과 같습니다.

"사람이 중간 몸으로서 만약 다시 태어나는 인연을 얻지 못하면 7일을 한도로 하여 머무르되 태어날 인연을 얻게 되리라고 결정된 것은 아니다. 만약 7일을 한도로 하여 인연을 얻지 못하면 죽었다가 다시 나서 7일을 한도로 하여 머무른다. 이렇게 차츰차츰 하여 아직 인연을 얻지 못하면 7·7일까지 머무르게 되는데 이로부터 이후는 틀림없이 인연을 얻는다. 또 이 중간 몸이 7일이 되어 죽은 뒤에는 혹은 이 종류에서 나기도 하고, 만약 다른 업으로 말미암아 바뀌기도 한다."

필자의 경험으로 볼 때 악연의 고리가 깊은 영가는 49일의 기도만으로 천도되지 않습니다. 태아영가의 경우가 그렇습니다. 3년 동안 49재 천도기도를 일곱 번이나 지내주어도 끝나지 않는 경우가 있고, 또 다른 부모는 10년간 기도한 뒤에야 비로소 태아영가를 천도한 경우도 있었습니다. 태아영가의 원결은 실로 생각 이상으로 복잡하게 얽혀있는 것입니다. 낙태되지 않았다면 우리와 같은 생명체로 태어날 수 있었기 때문입니다.

구담사 자모암 태아영가 49재

구담사 자모암은 매년 3월과 6월 그리고 9월에 세 번의 49재 참회기도를 봉행합니다.

입재는 매년 3월, 6월, 9월 첫째 일요일이고, 이날은 태아영가 천도재 참회기도에 동참하신 분들이 처음으로 기도를 시작하는 날입니다.

3재는 부처님 경전에 의지하여 참회참법기도와 108배 정진을 합니다. 이때 부처님께 꽃·향·과일·물·초·공양미 등의 육법공양을 올리고, 다음과 같이 참회육법공양기도를 올립니다.

"향 탕수를 머리에 뿌려 업장이 씻어지고, 꽃향기와 함께 나의 번뇌도 없어지고 마음이 편안해집니다."

이밖에도 과자·사탕·초코파이 등을 태아영가들에게 공양 올리면서 기도합니다.

5재는 태아영가의 몸을 깨끗이 씻겨 주는 기도를 합니다. 이것은 낙태아의 영혼을 깨끗하게 목욕재계沐浴齋戒하고 새 옷을 입혀주는 의식입니다. 칫솔과 치약과 비누, 그리고 수건을 비롯해 미리 준비해 놓은 깨끗한 옷과 신발과 양말을 보이지 않는 낙태아의 영혼에게 입혀주고 신겨주는 한편, 기도염불을 통해 낙태아의 영혼이 재를 올리는 부모의 마음을 알고 좋은 곳으로 가게 하는 것입니다. 그동안 씻지 못한 태아영가들을 깨끗이 목욕시킨 후 부처님 전에 인사 올리는 것은 다음 생에 좋은 인연을 만날 수 있도록 하기 위해서입니다. 태아영가들은 특히 옷과 신발에 집착이 많은 편입니다. 우리 생각으로는 태아가 완전하게 형태를 갖추지도 않고 태어나지도 않았는데 대체 무슨 옷과 신발이 필요한가 하고 궁금하게 여기실 수 있습니다. 그러나 영靈의 세계에서 태아영가들은 그렇지 않습니다. 태아영가에게 올린 물건들은 기도가 끝나면 모두 미혼모나 보육원 또는 노숙자들에게 나누어 줍니다.

7재는 49일 동안 진행한 부모의 참회기도를 회향합니다. 어둠 속에 묻혀버린 태아영가에게 진심으로 뉘우치면서 태아영가가 다음 생에는 좋은 인연을 만날 수 있도록 진심으로 회향발원하는 것입니다.

기도발원은 엄마·아빠의 이름과 함께 '아가야 미안하다'며 합장축원하고, 생축기도 발원제자는 본인이나 자녀분 중 생년월일과 함께 △시험합격성취 △학업지혜총명성취 △일체병고액난 △무장무애 △병고속득쾌차 △인연배필 △취업원만 △건강발원 등 소원을 발원합니다.

아기목욕

못난 엄마가

아가들아,
내일이면 6번째 49재가 끝나는구나.
어느새 2년이 지나고 내년 3월에는 드디어 회향迴向을 하는구나.
한편으로는 아쉽고 서운한 마음이 든다.
기도한다고 하면서도 막상 제대로 챙기지 못한 것 같아
미안한 마음도 함께 드는구나.

엄마는 죽을 때까지, 이 세상 눈감는 날까지,
첫째와 둘째에게 계속 미안할 거야.
특히 순했던 둘째에게 더 많이 미안하고 죄스럽구나.
그래서 계속 용서를 빌거야.
오늘 이 자리를 빌려 너희들에게 다시한 번 용서를 빈다.
내년이면 너희들과 이별을 해야 하지만 그것은 형식일 뿐, 엄마는 너희
들을 가슴에 고이 간직한 채 두 아기가
극락왕생하기를 바란다.

아가들아,
이 엄마는 가끔 너희들이 어디쯤 머물고 있을까 하고 생각한단다.
엄마는 만약 너희들이 새로 태어날 부모와 인연을 맺지 못하고 구천을
떠돌고 있다면 속히 아미타불의 광명을 얻어
극락왕생하기를 바란단다.

그리고 늘 행복하고 건강하고 사랑받기를 빌고 또 빈다.

앞으로 살아가면서 너희들에게 진 빚을 갚을게.

사랑하는 나의 아기들아!
극락왕생하고 부디 좋은 곳에 태어나 사랑 많이 받고 행복하기를
바란다.
엄마가 낙태의 인과응보를 좀 더 일찍 알았다면 너희들을 그렇게
불행하게 하지는 않았을 텐데….

미안하다, 아기들아!

6. 참회기도와 그 인과성因果性

태아영가 천도재는 부모의 잘못으로 낙태와 유산 또는 태어나자
마자 죽은 영아를 위해 죄의식을 참회기도하는 천도공양의식입니다.

참회懺悔는 '지은 죄를 진심으로 뉘우치고 다시는 범하지 않겠
다는 다짐과 실천'을 의미하는 불교전문용어입니다. 참회는 참懺
과 회悔로 분리해 파악할 수 있습니다. '참'은 과거의 지은 죄를 스
스로 철저하게 뉘우치는 것이고, '회'는 사죄赦罪를 구하고 다시는
범하지 않겠다고 다짐하는 것입니다. 경전에는 "고통의 씨앗인 악
업을 소멸하는 길은 참회가 제일이다. 진정한 참회는 첫째는 악업
과 죄를 짓지 않음이요, 둘째는 능히 몸과 마음 다 바쳐 악업을 뉘
우치고 참회하는 것"이라고 강조했습니다.

참회는 두 가지의 마음 작용으로 설명하기도 합니다. 무엇이 두 가지의 마음인가. 첫째는 참懺이요, 둘째는 괴愧입니다. 참은 자신의 죄나 허물을 스스로 부끄러워하는 마음작용으로 여러 가지 선을 행하여 스스로의 수치羞恥와 원결을 멸하는 것을 말합니다. 괴는 자신의 죄나 허물에 대하여 남을 의식하여 부끄러워하는 마음작용으로 다른 사람에 대한 결박을 풀고 사람들을 향하여 스스로 드러내는 것입니다.

참회는 또한 이참理懺과 사참事懺으로 구별합니다. '이참'은 지은 죄의 실상을 깨달아 다시는 재범하지 않는 처절한 참회를 말하고, '사참'은 부처님께 절을 하거나 독경하거나 참회진언을 외우는 등 행위와 동작으로 참회하는 것입니다.

사찰에서는 참회하는 방법을 설명하고 있는 책으로 중국 당나라 선도(善導, 613~681)스님이 저술한 『왕생예찬往生禮讚』을 주로 독송합니다.

이 책에서 선도스님은 참회를 다음과 같이 설명하고 있습니다.

"상품참회上品懺悔는 눈에서 피가 흐르고 몸의 털구멍에서 피가 터져 나오는 참회입니다. 중품참회中品懺悔는 눈에서 피가 나오고 몸의 털구멍에서 뜨거운 진물이 흘러내리는 참회입니다. 하품참회下品懺悔는 눈과 코에서 피가 나오는 참회입니다. 하루에 3천배를 하고서는 눈에서 피가 흐르지 않습니다."

참회란 얼마나 철저한 결심이 수반되어야 하는 것인지 새삼 부끄러움을 느낍니다. 참회와 용서의 깊은 뜻을 알고 나면 우리가 참회해야 할 일들이 너무 많고 크나큰 책임감을 느낍니다. 지난 세월의 과오를 참회하는 것도 중요하거니와, 다가올 날의 죄와 악을 짓지 않겠다는 각오와 수행도 더욱 절실하다고 할 수 있습니다.

인과因果는 원인과 결과를 말합니다. 결과를 낳게 하는 것이 인因이고, 그 인에 의해 생기는 것이 과果입니다. 선업善業의 원인은 반드시 선과善果를 낳고, 악업惡業의 원인은 반드시 악과惡果를 낳습니다. 이것을 선인선과善因善果 악인악과惡因惡果라고 하며, 상응相應하는 인과因果의 이치가 엄연하여 조금도 흩어지지 않는 것을 인과응보因果應報라고 합니다. 이는 윤회전생사상輪廻轉生思想과 결부되어 사람으로 다시 태어나기도 하고 육도六道에 윤회하면서 과보를 받기도 합니다.

『잡아함』에 수록된 부처님의 말씀에 따르면, 인因에 상응한 과보는 현세現世에서도 받고 혹은 내세來世에서도 받는다고 합니다.

욕지전생사 금생수자시 欲知前生事 今生受者是
욕지래생사 금생작자시 欲知來生事 今生作者是

전생의 일을 알고자 하는가. 금생에 받는 것 그대로니라.
내생의 일을 알고자 하는가. 금생에 닦는 것 그대로니라.

불교에서는 인과응보의 시간적 개념을 다음과 같이 설명하고 있습니다.

첫째, 순현보順現報입니다. 금생에 업을 지어 금생에서 받는 과보를 말합니다. 순현법수順現法受라고도 합니다. 금생에 매우 선한 행위나 매우 악한 행위를 하게 되면 금생에 그 과보를 받게 되는 이치입니다.

둘째, 순생보順生報입니다. 금생에 업을 짓고 다음 생에서 받는 과보입니다. 순차생수順次生受라고도 합니다.

셋째, 순후보順後報입니다. 전생의 업보를 금생에 안 받고 금생의 업보를 내생에 받지 않는 경우입니다. 다시 말해, 다음 생 이후에 받는 과보를 말합니다. 인과법으로 본다면 우리의 생명도 인因으로 시작해 반드시 과果를 받는다는 것을 의미합니다. 순후차수(順後次受)라고도 합니다.

넷째, 순부정보順不定報입니다. 받는 시기와 내용이 결정되지 않은 것을 말합니다. 아직 인연이 닿지 않았기 때문입니다. 즉, 언제

받을지 모르는 부정업不定業이 이에 해당합니다. 하지만 언젠가 때를 만나면 반드시 과보를 받게 되는 것이 순리입니다.

이 밖에 무보無報가 있습니다. 과보가 없는 것을 말합니다. 불교에서 정의하고 있는 업의 구조, 즉 의도된 행위나 의지적 작용에 해당되지 않는 행위로써 업을 형성하지 않는 까닭에 과보도 따르지 않는 경우입니다.

이러한 과보의 시기와 필연성을 경전에서는 다음과 같이 네 가지로 설명합니다.

첫째, 시정보부정時定報不定입니다. 과보를 받는 시기는 금생이든 내생이든 내생 이후든 결정되어 바꿀 수 없지만, 업의 경중輕重에 따라 과보는 바뀔 수 있는 경우입니다.

둘째, 보정시부정報定時不定입니다. 지은 업에 따라 과보는 결정되어 바꿀 수 없으나, 받을 시기는 바뀔 수 있다는 의미입니다.

셋째, 시보구정時報具定입니다. 지은 업에 따라 과보가 결정되어 있거니와, 받는 시기도 결정되어 있는 경우를 말합니다.

넷째, 시보구부정時報具不定입니다. 지은 업이 일정치 않아 받을 시기와 과보도 일정치 않은 경우입니다.

경전은 또한 이렇게 설하고 있습니다.

"만일 과보가 결정되어 응당 뒤에 받게 되더라도 그 업을 바
꾸어 현재에 받을 수 있나니 무슨 까닭인가? 착한 마음과 지
혜의 인연에 때문에 나쁜 과보가 확정되었더라도 곧 바뀌어
가볍게 받을 수 있기 때문이니라."

우리는 태아영가의 말할
수 없는 고통과 분노와 슬픔
등 악연의 고리를 만들어놓
고도 업장을 소멸하겠다는
마음조차 내지 않고 살아오
고 있습니다. 태아영가의 원
결을 풀어주고 다음 생에는
꼭 좋은 인연을 만날 수 있기를 참회발원하는 절차가 바로 태아영
가 천도재입니다.

7. 독경讀經 기도의 위신력

업장소멸을 위해 진심으로 참회기도하면서 독경讀經[간경看經과
사경寫經]하는 정성을 다하는 것도 매우 효과 있는 일입니다. 밤에
독경하는 시간을 갖지 못하는 분은 아침시간을 들여 독경기도를 올
려도 괜찮습니다. 가족의 누군가가 아플 때에는 부모가 독경하면서
공양을 정성껏 올리고, 병원에 입원한 분이 침대 위에서 독경하거

나 조상이나 죽은 이의 명복을 비는 것도 질병 치유에 효력이 큽니다.

필자는 본인이나 가족의 질병과 번뇌 등에 대하여 상당수의 상담 사례를 갖고 있습니다. 그분들에게 "매일 조

독경

석으로 30분씩 독경하세요."라고 말합니다. 기도하면 업장이 소멸되고 하루가 행복해집니다. 또한 독경기도는 "『반야심경』과 『츰부다라니』 한 편, 『지장경』 한 편을 수지독송하세요."라고 합니다.

필자는 지난 30여 년의 세월동안 태아영가 천도를 위해 많은 시행착오를 겪었지만, 기도원력으로 원願을 차곡차곡 성취해오고 있습니다. 지금도 기도정진을 멈추지 않고 있습니다. 필자의 기도원력으로 태아영가가 저승의 어둠 속에서 벗어나 다시 윤회환생하여 해맑게 웃을 수 있는 인연을 만날 수 있다면 더할 나위 없는 수행의 기도공덕이라 생각하기 때문입니다. 필자는 다시금 "금강경 1만독"의 독경기도 원력을 세워 계속 정진하겠습니다.

독경기도의 원력가피를 받은 사례를 살펴보겠습니다.

어느 날 한 부부가 찾아왔습니다. 어느 스님께 상담했더니 낙태아의 영가 장애를 치유해야 한다고 하면서 필자

를 소개시켜 주시길래 찾아왔다고 합니다.

부부는 딸의 행동이 도저히 납득이 가지 않아 그 이유를 알고 싶다고 했습니다. 딸은 공부를 잘해서 명문대학 진학을 기대했지만 뜻대로 되지 않아 외국유학을 보냈습니다. 그런데 기대와 달리 유학생활을 엉망으로 보내는 바람에 학업을 끝맺지 못하고 그만 중간에 귀국했다고 합니다. 집에 와서도 밤만 되면 소리 없이 밖으로 나가 술을 마시고 인사불성이 된 채 돌아와서는 아버지와 얼굴도 마주치지 않고 대화마저도 하지 않는다고 하소연했습니다.

그래서 딸이 태어날 때의 전후사정을 물어봤습니다. 부부가 하소연한 사연인즉 이렇습니다.

'부부가 딸을 먼저 낳다 보니 이후로 임신할 때마다 시어머니가 병원에 데려가 태아의 성별을 검사하도록 해서 아들이 아니면 낙태시키고, 또 아이를 가지면 똑같은 일을 계속 반복했다는 것입니다. 아들을 낳을 때까지 낙태행위를 거듭하다보니 어느 때부터인가는 유산이 되어 결국 아이를 가질 수 없는 처지가 되었습니다. 끝내는 낙태가 아니라 계속 유산이 되는 바람에 업만 쌓고 결국에는 딸만 키우게 되었던 것입니다. 4대 독자 외동아들이기에 집안의 대를 이어야 하는 데 시어머니 욕심으로 더 이상 손자를 보지 못하게 되었습니다. 그렇게 본의 아니게 외동딸만 얻게 되었고, 할머니의 아들 욕심 때문에 엄마 뱃속에서 죽어간 아이들이

아빠에게 원결을 품고 딸로 하여금 대화는커녕 오히려 보기 싫어서 피하기만 하는 상황이 되었던 것입니다.'

필자와의 상담을 통해 낙태의 무서운 업보를 알게 된 남편거사는 백일 동안 참회와 함께 딸을 위한 광명진언을 독송하고 독경과 사경寫經기도를 시작했습니다. 하루도 빠지지 않고 새벽기도를 하고 출근하는 거사의 정성은 정말 대단했습니다.

아내와 딸에게 미안하고 죄스러운 마음에 일심으로 정진한 기도공덕일까요? 딸은 아빠를 용서하고 화목하고 단란한 가정생활로 돌아왔습니다. 그 덕분에 지금은 성실한 사위를 만나 외손자를 낳고 잘 살고 있다고 합니다. 이들 부부도 딸과 외손자를 그리워하는 마음에 지방에서 살고 있는 딸집에까지 기꺼이 오르내리는 자애로운 할머니·할아버지가 되어 행복함 삶을 살고 있습니다.

태아영가에게 밝히는 태아 등

인연因緣

청담 큰스님

금생今生은 전생前生의 연속이며 무한無限한 내생來生의 연결이고, 금생에 주어진 환경이나 운명은 전생에 지은 원인으로부터 맺어진 결과이며, 금생에서 선악善惡 간에 하고 있는 우리의 행동은 다 내생에 받을 결과에 대한 원인이 됩니다.

이 육체를 가지고는 천년만년을 살 수 없으므로 육체가 부서지면 다시 소가 되고 개가 되고 사람이 되고 합니다. 그런데 이렇게 태어나는 것도 다 자기 마음대로 되지 않습니다. 왜냐하면, 전생에 지은 인연대로 끌려가기 때문입니다

그런데 인연이란 말은 묘한 뜻을 가지고 있습니다. 우리가 언제든지 무엇을 해도 친한 사람하고만 같이 합니다. 사람이 수천 명이 모여서 이야기하고 구경하다가 헤어져 나갈 때도 친한 사람끼리 짝지어 나갑니다. 죽어 가는 길도 자기가 친한 길로, 인연 지은 곳으로 따라갑니다.

초면에 아무런 이유도 없이 마음이 끌리는 사람이 있습니다. 그를 만나면 재미가 있고 항상 얼굴이 보고 싶고 내 마음속에 상대방의 얼굴이 환히 드러나는 그런 사람이 있습니다. 반대로 처음부터 미운 사람이 있습니다. 얼굴이 아무리 미남이고 미녀라도 싫어집니다.

첫눈에 당장 싫어져서 주는 것도 받기 싫고 돈을 주어도 받기 싫습니다.

그러나 그 이유는 잘 모릅니다. 적어도 금생에는 그 이유를 찾을 수 없습니다. 전생에 인因을 지어 가지고 금생에 과果를 받는 것이기 때문입니다. 금생에 복福을 지어서 당장 금생에 그 과보를 받을 수도 있지만, 이 경우는 전생에 복을 지은 밑천이 많은 사람이어야 합니다.

사실 공자나 예수가 한 말과 생각과 행동은 선善이었습니다. 그러나 뜻대로 못하고 죽어간 것이 예수, 공자입니다. 공자 자신도 초상난 집 개처럼 푸대접을 당했다고 말했습니다. 예수도 자기 제자에게 배신을 당했고 처참한 최후를 당했습니다. 이것은 다 전생에 죄만 많이 짓다가 금생에 왔기 때문에 그럴 수밖에 없습니다.

우리가 기도를 하고 참회를 한다는 것은 전생이나 금생에 이미 저지른 과오를 씻어내고 갚아버리는 수행입니다. 인과의 과보를 다른 방법으로는 벗어날 수 없으므로 오직 마음의 힘을 다해서 지극히 참회하고 마음을 깨쳐서 큰 능력을 갖추신 불보살님께 발원하여 가피(구원)을 구하는 수밖에 도리가 없습니다.

그런데 금생에 아무리 기도를 해도 성취되지 않는 사람이 있습니다. 이것은 전생에 죄가 원체 커서 그렇습니다. 이런 사람은 더욱 더 참회하고 기도를 해야 합니다. '금생에는 날마다 기도만 하다가 죽으리라. 그래서 후생에는 팔자를 고치리라. 내생에도 안 되면 내생

에는 기도만 하는 인간으로 태어나서 기도만 자꾸 하리라.' 이렇게 결심을 해야 합니다

참다운 기도를 해가지고 죄罪를 참회한 뒤에야 비로소 복을 받을 수 있습니다. 불교를 잘 믿으면 내생에 극락간다고 합니다. 그러나 아주 잘 하면 금생에서부터 복을 받고 잘 살게 됩니다. 욕심만 버리고 살면 됩니다. 우리는 오욕락이 필요 없으므로 모든 것을 다 포기해 버리자는 것입니다, 그러면 무엇 때문에 일을 하느냐고 물을 것입니다.

없는 사람 배고픈 사람 먹여 주고, 헐벗은 사람 입혀 주고, 병든 사람 구해주기 위해서 농사짓고 장사하는 것입니다. 내 마음은 아무 것도 필요 없기 때문입니다.

법당에서 기도하는 동자승

제3장
불전佛典에 나타난 수태受胎와 낙태落胎

태아의 과학적 고찰
낙태의 의학적 교유
부처님과 제자의 낙태 문답 : 율장을 중심으로
전생의 지은과 후생의 과보

'태아胎兒'라 함은 세 살 어린애도 잘 알고 있듯이 엄마 뱃속의 아이를 말합니다. 수태受胎는 태아를 잉태孕胎한 것이고, 낙태落胎 [타태:墮胎]는 태아를 인위적으로 죽인 것을 의미합니다.

수태 직후 태아가 성장하는 과정과 낙태의 부당함 등에 대한 부처님의 지혜로운 가르침을 담고 있는 불전佛典은 적지 않습니다. 대표적인 경·율·론 삼장三藏을 일별하면 『불설포태경』·『대보적경』「불설입태장회」·『타태경』·『대장일람집』「탁태품」·『사분율』·『십송율』·『근본설일체유부비나야』·『아비달마구사론』·『아비담비바사론』·『유가사지론』 등을 들 수 있습니다.

이 불전들은 한결같이 태아의 인연구조와 낙태의 행위가 불러오는 막중한 업보業報 등을 자세히 기술하고 있습니다. 태아의 생명성과 낙태의 위중한 인식이 갈수록 희박해지고 있는 작금의 현실에 엄중한 경책警策을 주는 부처님의 금언金言이 아닐 수 없습니다.

잠자는 동자승

1. 태아의 인연구조

불교의 태아관胎兒觀은 수태受胎되는 순간부터 이미 생명체를 지닌 인간으로 인정한다는 것입니다. 현대 태아학의 관점에서 보면 '수정설'에 해당한다고 볼 수 있습니다. 연기설緣起說을 기준으로 보면 수태는 전생의 업에 따라 식識이 모태로 들어가는 것이며, 이때부터 하나의 생명체로서 다시 일생을 시작한다는 것입니다. 이는 곧, 인간의 생명은 한 생애로 끝나는 것이 아니라 끊임없는 연기적 존재로서 상속相續하고 있다는 것을 말합니다. 십이연기의 무명無明으로 인한 자신의 업의 구조에 따라 윤회전생輪廻轉生하기 때문에 수태의 순간에 이미 전생의 정신적인 요소도 함께 하고 있다는 것입니다.

이는 불교에서 인간의 존재양상을 네 가지로 설명하고 있는 '사유설四有說'을 들여다보면 쉽게 알 수 있습니다. 사유설은 인간을 오온五蘊의 존재로서 생유生有-본유本有-사유死有-중유中有 등 네 단계로 시설施設한 것을 말합니다. 생유는 생명을 받는 첫 찰나의 존재로, 생유의 식識이 생기면서 그 즉시 오온의 인연화합으로써 태胎를 이룬다고 보는 것입니다. 본유는 생유로부터 죽는 순간을 의미하는 사유 직전까지의 일생을 뜻하므로 이는 모태에 들어가 생명을 받는 첫 찰나, 즉 생유의 순간부터 이미 생명체로 인정한다는 것을 나타냅니다. 중유는 사유 이후부터 생유 이전까지의 중간 존재를 말합니다. 아직 인연이 화합하지 못했기 때문에 다음 생을 받기 전에 임시 머무는 존재로서 인연이 화합하면 곧바로 생유의 식을 받게 됩니다. 이는 중유라고 하는 중음신이 몸에 드는 찰나를 수태와 동시로 보는 입장입니다.

다시 말해 중유는 전생의 업을 가진 수태의 주체이면서 동시에 윤회전생의 주체라 할 수 있습니다. 이러한 중유의 성질을 살펴보면, 뜻에 따라 태어나고, 정혈精血에 의지하지 않고, 외부에 인연이 합하여 성립되고, 항상 태어날 곳을 찾아 살피기를 좋아하며, 향기를 먹고 살며, 인간의 육안에는 보이지 않고, 아무리 먼 곳이라도 볼 수 있으며, 한순간에 날아갈 수 있고, 물질이라고는 볼 수 없는 정신적인 요소의 존재입니다. 또한 중유는 공간에서 다니다가 구애求愛를 받지 않고 자신의 업력과 생처生處가 서로 화합하였을 때, 그 즉시 생처인 인연의 세계로 달려가 부모의 인연을 만남으로써 중생의 몸을 받게 되는 것입니다.

이를 『아비달마 구사론』에서는 이렇게 설명하고 있습니다.

"모태에 들어가는 것은 요컨대 세 가지의 사실이 함께 현재 나타났기 때문이니, 첫 번째로는 어머니의 몸의 시기가 적당한 것이며[구유求有], 두 번째로는 아버지와 어머니의 교애交愛가 화합하는 것이며[의성意成], 세 번째로는 건달바가 바로 나타나는 것[식향食香]이다."

여기서 건달바는 곧 중음신을 뜻하는 바, 따라서 중유의 몸을 배제하고서 그 어떤 건달바도 존재할 수 없다는 사실을 말해줍니다. 앞서 존재했던 본유의 온蘊은 이미 죽어 괴멸했는데 '무엇이 바로 나타나 어머니의 태에 들겠는가'에 대한 명쾌한 답을 주고 있는 것입니다. 다시 말해 아버지의 정精과 어머니의 혈血, 그리고 중음신[건달바]이라는 세 가지 요건이 화합함으로써 비로소 수태가 이루어진다는 이치입니다.

부처님께서는 이러한 수태[입태入胎]와 관련된 내용을 『불설포태경』에서 자세히 설하고 있습니다.

어느 때 부처님께서는 사위국舍衛國 기수급고독원祇樹給孤獨園을 유행하고 계셨다. 그때 현자 난타難陀(Nanda)는 선정에 들어 사유思惟하고 있다가 곧 일어나 부처님께 나아갔다. 그리고 5백 비구들도 부처님께서 계신 곳에 나아가 그 발아래에 머리를 조아리고 한쪽에 앉아 있었다.

부처님께서 난타와 비구들에게 말씀하셨다.
"너희들을 위해 법法을 설하리라. 이 가르침은 처음 말도 좋고 중간 말도 좋으며 끝의 말도 좋으니라. 그 뜻을 분별해 보면 범행梵行을 깨끗이 닦는 것이 미묘하게 두루 갖추어져 있다. 너희들을 위해 사람이 어머니의 태를 받아 나는 때를 설명하리라. 자세히 듣고 잘 생각하라."
"예, 세존이시여."
현자 난타는 분부대로 듣고 있었다.

부처님께서 난타에게 말씀하셨다.

"무엇 때문에 어머니가 태를 받지 못하는가? 부모가 더러운 마음을 일으켜 인연이 회합할 때, 어머니에 대해 아름답다는 마음이 생겨 좋은 곳이라는 생각을 가지고 중음신中陰神이 와 그 앞에 이르렀을 때 어머니가 정기精氣를 잃거나, 혹은 어머니는 정기를 잃지 않는데 아버지가 잃거나, 혹은 아버지는 청정한데 어머니가 청정하지 않거나, 혹은 어머니는 정결한데 아버지가 불결하거나, 혹은 어머니가 그때에 태 안이 막히면 결국에는 태를 받지[受胎수태] 못하게 된다.

이와 같은 결과는 어머니가 찬 기운이 성하거나, 혹은 그때 소리가 가까우면 이 정기가 멸하는 수가 있으며, 혹은 너무 충만하거나, 혹은 약藥과 같거나, 혹은 열매와 같거나, 혹은 필발씨[蓽茇中子필발중자]와 같거나, 혹은 날 과일과 같거나, 혹은 새 눈[鳥目조목]과 같거나, 혹은 의사懿沙의 눈과 같거나, 혹은 사갈舍竭의 눈과 같거나, 혹은 축가祝伽의 눈과 같거나, 혹은 눈동자와 같거나, 혹은 나뭇잎과 같거나, 혹은 때[垢구]가 뭉친 것과 같은 경우이다. 혹은 깊거나, 위가 깊거나, 혹은 기우器祐가 없거나, 혹은 음성에 가깝거나, 혹은 단단한 씨가 구슬과 같고, 혹은 벌레에 먹히고, 혹은 왼쪽이 가깝거나, 혹은 오른쪽이 가깝거나, 혹은 대청大淸하거나, 혹은 너무 갑자기 쏟아지거나, 혹은 고르지 못하여 왼쪽이 마땅하나 반대로 오른쪽에서 나오거나, 혹은 물병[水瓶수병]과 같거나, 혹은 과일씨와 같거나, 혹은 낭당狼唐과 같거나, 혹은 여러 흠[衆瑕중하]이 있거나, 혹은 온갖 냉증이 있거나, 혹은 열이 많거나, 부모가 아무리 노력해도 오는 중음신이 비천하거나, 혹은 오는 중음신은 귀한데 부모가 비천하면 그 때문에 생生을 서로 만나지 못하게 된다. 그러나 행이 같고 뜻이 같으며, 귀하고 천함이 같고, 마음이 서로 같으면 곧 어머니 태에 들어간다.

무엇 때문에 어머니가 태를 받지 못하는가? 그 전에 착잡한 일이나 조화되지 않은 일들이 없어 뜻이 같고, 행이 같으며, 귀함과 천함이 같으며, 전생의 인연이면 응당 자식을 낳을 것이니, 오는 중음신이 마땅히 부모를 만나 자식이 될 것이다. 그러나 그때에 정신이 두 가지 마음을 품어 생각하는 바가 각기 다르면 이와 같은 일은 화합하지 않아 태에 들어갈 수 없는 것이다."

부처님께서 또 아난阿難(Ānanda)에게 말씀하셨다.
"어떻게 어머니의 태에 들어가 있을 수 있는가? 그가 박복한 사람이면 스스로 생각하기를 '물과 찬바람이 있고, 지금 하늘에서 비가 내리며, 대중은 와서 나를 때릴 것이다. 나는 저 풀더미 속으로 들어가거나, 잎이 우거진 풀덤불 속으로 들어가거나, 혹은 계곡 깊은 골짜기로 들어가거나, 혹은 높은 산으로 올라가야 하리라. 그러나 나는 저 찬바람과 큰 비와 대중을 벗어날 수가 없다'고 하고 방으로 들어간다. 그러나 복이 많고 세력이 있으면 스스로 생각하기를 '지금 찬바람이 불고, 하늘에서 큰 비가 내리며, 대중과 함께 나는 저 집 위의 큰 강당에 올라가거나 단층집의 의자에 앉아 있으리라'고 생각한다."

부처님께서 아난에게 말씀하셨다.

"중음신이 어머니 태에 들 때에는 그 생각이 여러 가지로 각기 다르니라."

부처님께서 아난에게 말씀하셨다.

"중음신이 그 태에 들면 곧 탯집[藏장]을 이룬다. 그 태를 이룬다는 것은 부모의 부정不淨한 정精을 떠난 것이 아니며, 부모의 부정이 의지할 곳을 빌어 인연이 화합해서 포태胞胎를 받는 것이다. 그러므로 그것은 부모가 아니지만 부모를 떠나지도 않는 것이다. 아난아, 비유하면 타락[酪락]을 담는 병과 같다. 타락병에 우유를 넣으면 타락을 담았던 인연으로 혹은 생소生蘇가 되지만 그것 하나만으로는 그렇게 소蘇가 될 수 없고, 생소가 타락에서 나온 것도 아니지만 또한 타락을 떠난 것도 아니며, 인연이 화합해서 생소가 되는 것이니라. 이와 같아서 아난아, 부모의 부정을 좇아 몸이 된 것이 아니지만 부모의 부정을 떠나 몸이 된 것도 아니며, 부모가 반연攀緣이 됨으로 인해 포태가 되는 것이니라."

부처님께서는 또한 『대보적경』 「불설입태장회佛說入胎藏會」에서 수태된 이후 태아의 성장과정과 출산의 인연구조를 상세하게 설하고 있습니다. 다음에 인용한 내용은 『대보적경 불설입태장회』의 내용을 약술略述한 『대장일람집』 권1 제3문, 15 「탁태품」에서 옮겨 온 것입니다.

『보적경』에서 말하였다.

"이 모든 중생들이 태胎에 의탁해서 어머니 뱃속에 있는데, 서른여덟 번의 7일 동안 스물아홉 가지의 업풍業風이 불면서 차례대로 성취한다.

첫 번째 7일에는 그 형상이 젖과 같으며,
두 번째 7일에는 그 형상이 응고된 젖과 같으며,
세 번째 7일에는 그 형상이 약 공이[藥杵약저]와 같으며,
네 번째 7일에는 신발이 매달린 것과 같으며,
다섯 번째 7일에는 머리와 팔과 폐가 나뉘며,
여섯 번째 7일에는 팔꿈치가 서로 보며,
일곱 번째 7일에는 손과 발과 손바닥·발바닥이 나타나며,
여덟 번째 7일에는 손가락과 발가락 스무 개가 나타나며,
아홉 번째 7일에는 아홉 개의 구멍이 비로소 나타나며,
열 번째 7일에는 음성이 구족하며,
열한 번째 7일에는 아홉 개의 구멍이 개통하며,
열두 번째 7일에는 장과 관절에 구멍이 생기며,
열세 번째 7일에는 배고프고 목마른 상태가 생기며,
열네 번째 7일에는 9만 개의 힘줄이 생기며,
열다섯 번째 7일에는 8만 개의 맥脈이 생기며,
열여섯 번째 7일에는 들이쉬고 내쉬는 숨이 통하고,
열일곱 번째 7일에는 식도食道가 점점 넓어지고,
열여덟 번째·열아홉 번째 7일에는 6근根이 구족하고,
스무 번째 7일에는 골절骨節이 두루 생기며,
스물한 번째와 스물두 번째와 스물세 번째 7일에는 피와

살과 피부가 생기며,

스물네 번째와 스물다섯 번째 7일에는 피와 살과 피부가
자라나고,

스물여섯 번째 7일에는 머리털과 손톱·발톱이 생기며,

스물일곱 번째 7일에는 선과 악의 모습이 나뉘고,

스물여덟 번째 7일에는 여덟 가지 상념[八想팔상]이 망령되
이 생기고,

스물아홉 번째와 서른 번째 7일에는 흑黑과 백白이 업을
따르고,

서른한 번째에서 서른여섯 번째까지의 7일에는 몸의 모습
이 갖춰지고,

서른일곱 번째 7일에는 염
念과 욕欲이 생겨나고,

서른여덟 번째 7일에는 만
10개월이 되어 어머니의
산문産門을 향해서 거꾸로
태어난다."

『대장일람집』「탁태품」의 원문 출처인 『대보적경』「불설입태장
회」에는 출산예정일을 앞둔 서른여덟 번째 7일 동안 태아의 움직
임을 보다 자세히 기술하고 있습니다.

"난타야, 서른여덟 번째 7일 동안에도 어머니의 태 속에는 바
람이 있으니, 그 이름을 남화藍花라 하는데 이 바람이 태 속
에 있는 아이로 하여금 몸을 움직여 아래를 향하면서 두 팔을

길게 펴고 산문産門을 향해 나아가게 하며, 그 다음에 또 바람이 있으니, 그 이름을 취하趣下라 하는 데 업의 힘 때문에 이 바람이 태 속의 아이에게 불어서 머리를 아래로 향하고 두 다리를 위로 향하면서 장차 산문으로 나오려고 하느니라.

〈중략〉

난타야, 만일 저 태 속에 있는 아이가 착한 업이 감응하여 생기게 되었다면 가령 뒤바뀐다 해도 그의 어머니를 손상하지도 않고 안온하게 출생하며 모진 고통은 받지 않게 되느니라. 난타야, 설령 예사로운 일로서 이런 재액이 없다 해도 서른여덟 번째 7일이 되어 출산하려 할 때면 그 어머니는 큰 고통을 받게 되어 생명이 거의 죽을 뻔 해야 비로소 태에서 나오게 되느니라."

『유가사지론』 권1 '의지' 편에서도 수태와 관련하여 다음과 같이 논論하고 있습니다.

"세 가지 것[삼처三處]이 앞에 나타나므로 말미암아 어머니의 태 안에 들어갈 수 있나니, 첫째 그 어머니가 알맞으면서 또 시기가 되었어야 하고, 둘째 부모가 어울려서 함께 음행을 하여야 하고, 셋째 건달바가 바로 앞에 나타나 있어야 한다.

또, 세 가지의 장애가 없을 것이니, 아이 낳는 곳[산처産處]에 허물이 되는 일이요, 종자에 허물이 되는 일이요, 전생의 업에 허물이 되는 일이다.

무엇이 아이 낳는 곳의 허물이냐 하면, 만약 아이 낳는 곳에

풍병·열병으로 두드러기가 나면 혹은 그 안에 삼씨 또는 보리씨[마맥과麻麥果] 같은 것이 있기도 하고 혹은 그 문이 수레와 소리같은 현상이 되기도 하며, 현상이 굽어져 있고 더럽고 흐리기도 하나니, 이러한 것들이 아이 낳는 곳의 허물인 줄 알아야 한다.

무엇이 종자의 허물이냐 하면, 아버지는 부정한 물[부정수不淨水]이 나오는데 어머니는 나오지 않거나, 혹은 어머니는 나오는데 아버지는 나오지 않기도 하고, 혹은 다 같이 나오지 않기도 하며, 혹은 아버지의 정수精水가 썩었거나, 혹은 어머니 것이 썩었거나, 혹은 모두가 썩었거나 하는 것이니, 이와 같은 것들이 종자의 허물인 줄 알아야 한다.

무엇이 전생 업의 허물이냐 하면, 혹은 아버지 또는 어머니가 아들 낳을 업을 짓지 않았고 더 자라게 하지도 않았거나 혹은 둘이 다 없었으며, 혹은 그 유정이 부모 얻을 업을 짓지 않았고 더 자라게 하지도 않았으며, 혹은 그 부모에게 다른 아들을 얻을 업을 지었고 자라게 하였거나, 혹은 그 유정에게 다른 부모를 만날 업을 지었고 자라게 한 것이며, 혹은 큰 성바지[대종엽大宗葉]를 만날 업이거나 혹은 큰 성바지가 아닌 업을 만나는 것이니, 이와 같은 것들이 전생 업의 허물인 줄 알아야 한다.

만약 이와 같은 세 가지의 허물이 없고, 세 가지 것이 앞에 나타난다면, 어머니의 태 안에 들어가게 된다. 그는 곧 중간 몸의 처소에서 스스로 자기와 같은 무리의 유정들이 기뻐하며 희롱하는 따위를 보고, 날 데에 대하여 나아가려는 욕심을 낸다. 그는 그때에 그의 부모가 함께 삿된 행을 행하면서 내는 정혈精血을 보고 뒤바뀜을 일으킨다. 뒤바뀜을 일으킨다 함은 부모가 삿된 행을 하는 것을 보는 때에 '부모가 이런 삿된 행을 행하는구나'라고 하지 않고 곧 뒤바뀐 생각을 일으키어 '자기 스스로가 행한다'고 보면서 자신이 행하는 줄로 본 뒤에는 곧 탐냄을 낸다.

만약 여자가 되려고 하면 그는 곧 아버지에게 탐을 내며, 만약 남자가 되려고 하면 그는 곧 어머니에게 탐을 내는 것이 역시 그러한데, 곧 가까이 가서는 만약 남자라면 아버지에게 대한 마음이 또한 그러하다. 이런 욕심을 낸 뒤에, 혹은 남자만이 보이기도 하나니, 그와 같고 그와 같이 하여 점점 부모의 다른 부분은 보이지 않고 다만 남녀의 근根만이 보이면 곧 이곳에서 걸리게 된다. 죽고 나고 하는 도리가 이러한 줄 알아야 한다.

만약 복이 얇은 이면, 하천한 집에 태어나려 하면서 그는 죽는 때와 태 안에 들어가는 때에는 갖가지의 몹시 어수선한 소리를 들으며 스스로가 망령되이 우거진 숲과 대나무며 갈대 따위의 속으로 들어간다고 본다. 만약 복이 많은 이면, 높고 귀한 집에 태어나려 하면서 그는 그때 스스로 고요함과 아름다움과 뜻에 맞는 음성을 들으며 스스로 허망하게 궁전에 오름을 보는 따위의 뜻에 맞는 형상이 나타난다.

그때 부모는 탐냄이 모두 지극하여 맨 나중에는 저마다 한 방울

씩의 짙은 정혈을 내는데, 둘의 방울은 뒤섞여져서 어머니의 태안에 머무르며 합하여 한 덩이가 되나니, 마치 끓인 젖이 엉기어 맺혀진 때와 같다. 이곳에, 온갖 종자의 이숙이 소속되고 집수執受의 의지할 바인 아라야식이 섞여서 의탁하게 된다.

어떻게 섞여서 의탁하느냐 하면, 여기에 나온 짙은 정혈이 한 덩이로 합쳐서 이루어지면 뒤바뀐 인연과 함께 중간 몸은 같이 없어지는데, 없어짐과 동시에 곧 온갖 종자 앎[일체종자식一切種子識]의 공능의 힘으로 말미암아 다른 미세한 감관[근根]과 원소[대종大種]는 섞여지며 생기고, 그 나머지 감관의 동분同分은 정혈精血과 섞여서 뭉쳐지며 생긴다. 이러할 때를 '의식이 이미 머무르고 맺혀 생긴 것이 계속한다'고 하나니, 곧 이를 갈라람羯羅藍의 자리라고 한다."

　이상의 불전들에 따르면 불교의 태아관은 수태 직후부터 생명체로 인정하고 있을 뿐만 아니라, 태아를 주체적인 존재로 보고 있다는 것입니다. 아울러 수태의 세 가지 조건과 함께 세 가지 장애가 없어야 함을 제시하고 있는 바, 장애 가운데 종자와 전생의 업에 허물이 없어야 함을 특히 강조하고 있습니다. 종자의 허물이라 함은 아버지와 어머니의 정수精水가 적당하거나 청결하지 못한 것이요, 전생업의 허물이라 함은 전생에 부모와 자식 간의 상호인연이 될 수 없는 불선업을 저지른 것을 말합니다. 아무튼 이들 불전을 통해서 '태아'라는 술어가 불교의 보편적 개념이라는 사실을 알 수 있습니다.

『아비담 비바사론』 권36 '인품' 편에서도 수태와 관련하여 논論하고 있는데, 논서의 내용을 옮기면 다음과 같습니다.

불경에서 설하기를 "세 가지 일이 화합하는 까닭에 모태에 들수 있다. 첫째는 부모가 모두 염심을 갖춰 함께 한곳에서 회합해야 하고, 둘째는 그 어머니인 경우 병이 없고 시기가 적절해야 하며, 셋째는 건달바가 눈앞에 드러나야 한다."라고 하였다. '세 가지 일이 화합하기 때문이다'고 함에서 (세 가지 일이란) 이른바 아버지와 어머니 그리고 건달바가 화합해야 함을 말한다. 부모가 모두 염심을 갖춰야 한다는 것은 음욕심이 눈앞에 드러나는 것을 말한다. 함께 한곳에서 회합해야 한다는 것은 음욕심으로 함께 회합하는 것을 말한다. 그 어머니가 병이 없어야 한다는 것은 그 어머니가 기쁠 때이다. 비니자毘尼者는 "그 어머니가 음욕심으로 마음을 흐리는 것이 마치 하늘에서 비가 내릴 때에 하천의 물이 모두 흐려짐과 같은데, 이것도

엄마가 아기 목욕해 주는 모습

또한 마찬가지이다."고 하였고, 또한 "풍風·냉冷·열熱 등의 모든 병이 없어야 한다."라고 하였다.

시기가 적절해야 한다는 것은, 여인이 경수經水가 적당할 때를 만나야 한다는 것이다. 만일 경수가 많거나 적으면 잉태되지 못하며, 경수가 적어서 마르면 잉태되지 않는다. 부모의 정精과 혈血이 구분된 연후에야 잉태된다. 이것을 '적절한 시기를 만난다'고 하며, 또한 유신有身이라 부른다.

건달바가 눈앞에 드러난다는 것은 중유가 나타나는 것으로, 어떤 경우에는 애착을 일으키며, 어떤 경우에는 성냄을 일으킨다. 가령, 이것이 남자의 경우에는 그 어머니에게 애착하고 아버지에게는 성을 낸다. 저 중유는 생각하기를, '만일 이 남자가 없었다면 내가 당연히 이 여인과 서로 회합會合하였을 것이'고 하는 데, 이때에 다시 다음과 같이 전도된 생각을 일으킨다.

'저 사람이 멀리 떠나면, 자신을 드러내어 이 여인과 더불어 함께 회합하리라.'

그리고는 부모가 회합함에 소유한 정기精氣를 자신의 유有로 보고, 보고 나서 즐거운 마음을 일으킨다. 즐거운 마음을 일으키기 때문에 미혹하여지고, 미혹하여지기 때문에 중유가 무겁게 바뀌어 다시 이동할 수 없게 되는데, 이때에 스스로 자신의 몸이 그 어머니의 오른쪽 옆구리에서 얼굴을 어머니의 등쪽으로 향하고 앉은 것을 본다.

가령, 이것이 여자인 경우에는 아버지에게 애착하고 어머니에게는 성을 낸다. 저 중유는 생각하기를 '만일 이 여인이 없었다면 내가 당연히 저 남자와 함께 서로 회합하였을 것이다'고 하는 데, 이때에 다시 다음과 같이 전도된 생각을 일으킨다.

'저 여인이 멀리 떠나면 자신을 드러내어 이 남자와 함께 회합하리라.'

그리고는 부모가 회합함에 소유한 정기를 자신으로 보고, 보고 나서 즐거운 마음을 일으키며, 즐거운 마음을 일으키기 때문에 미혹하여진다. 미혹하여지므로 중유는 무겁게 바뀌어 이동할 수 없게 되는데, 이때에 스스로 자신의 몸이 어머니의 왼쪽 옆구리에서 얼굴을 어머니의 배 쪽으로 향하고 앉은 것을 본다.

일체의 중생은 모두 이와 같은 전도된 생각을 하고 모태에 들어간다. 오직 보살만이 제외되는데 보살은 태에 들어갈 때에 이 사람이 나의 어머니이고, 이 사람이 나의 아버지라는 것을 알고 어머니에게 어머니라는 생각을 내고, 아버지에게 아버지라는 생각을 낸다.

한편, 『유가사지론』에 의하면 착한 일을 많이 하여 장차 선도善道에 태어날 사람은 죽을 때 하체로부터 점차 냉촉冷觸해지면서 머리에 이르렀을 때 곧 죽게 되며, 악한 일을 많이 하여 장차 악도惡道에 태어날 사람은 머리가 먼저 냉촉해지면서 복부에 이르렀을 때 곧 죽게 된다고 합니다.

하지만 인간의 최후의 죽음은 육체가 아니라 마음이라고 합니다. 육체가 점차 굳어지고 또 차가와지며 모든 기능이 마비되었다고 죽은 것은 아닙니다. 마지막으로 차가와지는 냉촉의 기운이 마음에 이르렀을 때 최후로 영혼이 육체로부터 떠나게 되며, 곧 중유中有[중음中陰]로서 머물게 됩니다. 중유는 후생의 몸을 아직 받지 않은 중간세계의 존재로서 몸을 갖지 않고 영혼만이 있는 세계입니다. 이 중유의 존재는 후생의 몸을 받을 때까지 과거의 지은 업력業力으로 유지되며 활동하게 됩니다. 중유의 존재, 즉 중음신中陰神은 7일 만에 태어나기도 하고 49일 만에 태어나기도 한다고 합니다.

이러한 과정을 인과적因果的으로 따져보면 본유本有의 업력은 곧 사유死有에서 나타나고, 사유死有의 업력은 중유中有에서 더욱 나타나며, 중유의 업력은 다시 생유生有에서 자연스럽게 나타난다는 것을 알게 해줍니다. 이것은 곧, 업력이 소멸되지 않는 한 언제까지 윤회전생輪廻轉生을 거듭한다는 것을 말해주며, 그 업의 존재에 대한 증명으로서 『밀린다왕문경(Milinda-pañha)』은 태아와 그 업의 구조를 반증의 사례로 제시하고 있습니다. 윤회전생의 주체라고 할 수 있는 중음신이 새로운 생명체로 거듭난 존재가 바로 태아이고, 그렇기 때문에 낙태의 죄업이 무겁다는 사실을 거듭 확인해주는 내용이라 하겠습니다. 『밀린다왕문경』의 내용을 옮기면 다음과 같습니다.

밀린다 왕은 물었다.
"나가세나 존자여, 그대들 불교인들은 '지옥불은 자연불보다도 훨씬 더 강렬하다. 자연불 속에 던져진 조약돌은 하루 동안 태워도 녹지 않지만, 큰 집채만 한 바위도 지옥불 속에 들어가면 순식간에 녹아 버린다'고 말합니다. 나는 그 말을 믿지 않습니다. 또, 한편 그대들은 '지옥에 태어난 생명체는 수십만 년 동안 지옥불 속에서 타더라도 녹아 없어지는 일이 없다'고 말합니다. 나는 그런 말도 믿지 않습니다."

나가세나 장로는 대답했다.
"대왕이여, 어떻게 생각합니까? 암상어와 암악어와 암거북과 암공작과 암비둘기들은 단단한 돌이나 자갈이나 모래를 먹습니까?"
"존자여, 그렇습니다."
"그렇다면, 그 돌이나 자갈이나 모래는 뱃속에 들어가면 녹아 버립니까?"
"그렇습니다. 녹아 버립니다."
"그렇다면, 뱃속에 든 그들의 태아胎兒도 녹습니까?"
"그렇지 않습니다."
"어째서 녹지 않습니까?"
"존자여, 업의 제약制約에 의하여 녹지 않는다고 생각합니다."
"대왕이여, 마찬가지로 지옥에 태어나는 생명체는 수천 년 동안 지옥(의 불) 속에 있어도 숙업宿業의 제약에 의하여 녹지 않습니다. 지옥에 있는 생명체는 거기서 태어나 거기서 성장하고 또 거기서 죽습니다. 대왕이여, 그러므로 세존께서는 '그는 악업惡業이 소멸될 때까지는 죽지 않는다'고 말씀하셨습니다."
〈중략〉

"또 한 번 비유를 들어 주십시오."
"대왕이여, 어떻게 생각합니까? 요나카인의 부녀자와 크샤트

리야의 부녀자와 바라문의 부녀자와 궁성의 부녀자들은 단단한 과자와 고기를 먹습니까?"

"그렇습니다. 그들은 단단한 것을 먹습니다."

"단단한 것들이 뱃속에 들어 있을 때 녹지 않습니까?"

"아닙니다. 녹습니다."

"그러면, 그들의 뱃속에 든 어린애도 녹습니까?"

"그렇지 않습니다."

"어째서 녹지 않습니까?"

"존자여, 숙업의 제약에 의하여 녹지 않는다고 생각합니다."

"대왕이여, 마찬가지로 지옥에 있는 생명체는 수천 년 동안 태우더라도 숙업의 제약 때문에 녹지 않습니다. 만일, 지옥에 태어나면 그들은 거기서 성장하고 거기서 죽습니다. 대왕이여, 그래서 세존께서는 '그는 악업이 소멸되지 않는 한 죽지 않는다'고 말씀하셨습니다."

"잘 알겠습니다. 나아가세나 존자여."

아기 노는 모습

2. 낙태의 과보와 교훈

낙태는 생명체로 움트게 했던 부모에 의해 강제로 생명을 빼앗긴 것을 말합니다. 혹자 중에는 "이 세상에 태어나지 않았으니까 생명도 없고 영혼도 없는데 낙태가 무슨 문제냐?"고 말하는 사람들도 있습니다. 참으로 무책임한 말이 아닐 수 없으며, 뱃속의 아이에게 전혀 미안한 마음을 갖지 않은 자세라 할 수 있습니다.

분명히 뱃속에서 생명체가 움직이는데 그 생명체를 버린다는 행위는 살생과 다르지 않습니다. 임신 3개월 된 태아는 오체가 분명하고, 4개월 된 태아는 웃는 것이 카메라에 찍힌다는 사실을 지금은 어렵지 않게 확인할 수 있습니다. 낙태를 가장 많이 한다는 시기인 3개월 된 태아는 이미 오체를 갖추고 있는 것입니다. 그 생명을 인위적으로 죽이는 것이 어찌 살생이 아니겠습니까.

부처님께서는 낙태落胎[타태墮胎]의 과보와 관련하여 『잡아함』권19 『타태경』에서 이렇게 설하고 있습니다.

어느 때 부처님께서는 왕사성의 가란다죽원에 계셨고, 존자 대목건련은 존자 륵차나와 함께 기사굴산에 있었다. 존자 륵차나는 이른 아침에 존자 대목건련이 있는 곳으로 찾아가 존자 대목건련에게 말했다.

"우리 함께 기사굴산을 떠나 왕사성으로 들어가 걸식하십시다."

존자 대목건련은 잠자코 허락하고서, 곧 함께 걸식하러 기사굴산을 떠나 왕사성으로 들어갔다. 가다가 어느 곳에 이르자, 존자 대목건련은 마음에 무슨 생각을 하다가 빙그레 미소를 지었다. 존자 륵차나는 존자 대목건련이 미소짓는 것을 보고 곧 물었다.

존자여, 부처님이나 부처님의 성문 제자가 빙그레 미소를 지을 때에는 반드시 까닭이 있습니다. 존자께서는 지금 무슨 까닭으로 미소를 지으셨습니까?"
존자 대목건련이 말하였다.
"지금은 그 질문을 할 때가 아닙니다. 우선 걸식을 한 뒤에, 돌아가 세존 앞에서 그 일을 물어야 그것이 때에 맞는 질문일 것입니다."

존자 대목건련은 존자 륵차나와 함께 성으로 들어가 걸식하고 난 뒤에 돌아와, 발을 씻고 옷과 발우를 챙긴 뒤에, 부처님께서 계신 곳으로 나아가 그 발에 머리를 조아리고 한쪽에 물러나 앉았다. 존자 륵차나가 존자 대목건련에게 물었다.

"나는 오늘 이른 아침에 당신과 함께 걸식하러 왕사성으로 들어갔었는데, 어느 곳에서 당신은 미소를 지으셨습니다. 그래서 내가 곧 당신에게 미소 지은 까닭을 묻자, 당신은 지금은 질문할 때가 아니라고 내게 대답하셨습니다. 그래서 나는 이제 당신에게 묻나니 무슨 까닭으로 빙그레 미소 지으셨습니까?"

존자 대목건련이 륵차나에게 말하였다.

나는 길에서 온몸에 피부가 없어 형상이 순전히 살덩이 같은 큰 몸집을 가진 어떤 중생이 허공으로 날아가는 것을 보았습니다. 까마귀·소리개·수리·독수리·늑대·굶주린 개들이 그를 따라가 잡아채 뜯어먹고, 혹은 옆구리 깊숙한 곳의 내장을 꺼내먹는데, 그는 그 온갖 핍박에 괴로워하면서 울부짖고 있었습니다. 나는 곧 이렇게 생각했습니다. '저 중생은 저런 몸을 받아 저렇게 유익하지 않은 고통을 받고 있구나.'"

부처님께서 여러 비구들에게 말씀하셨다.

"그 중생은 과거 세상에 이 왕사성에서 스스로 낙태落胎를 했었느니라. 그 죄로 말미암아 지옥에 떨어져 이미 백천 세 동안 한량없는 고통을 받았고, 죄가 남은 까닭에 지금 저런 몸을 받아 계속해서 그 고통을 받는 것이다. 비구들아, 대목건련이 본 것은 진실하여 틀리지 않나니, 그렇게 받아 지녀야 하느니라."

부처님께서 이 경을 말씀하시자, 여러 비구들은 부처님 말씀을 듣고 기뻐하며 받들어 행하였다.

이 경전은 낙태행위가 어떠한 과보로 나타나고 있는지에 대한 교훈을 통해 생명을 중히 여기지 않는 듯한 작금의 세태에 경종을 울리는 부처님의 귀한 가르침을 확인해줍니다.

낙태로 죽임을 당한 아이의 영혼을 보편적으로 '태아영가' 라고 부릅니다. 한마디로 엄마 뱃속에서 생명체로 존재하다가 죽은 영혼입니다. 유산流産의 경우도 마찬가지입니다. 불교에서는 이처럼 낙태 또는 유산된 아이와 태어나자마자 죽은 영아를 모두 태胎를 받았으나 곧 죽은 생명이라는 점에서 구별 없이 '태아영가'라고 부릅니다.

우리는 흔히 유산된 아이의 영혼은 태아영가가 아니라고 생각합니다. 인위적인 낙태가 아니고 엄마가 주의를 했어도 의도치 않은 이유로 태내에서 죽었기 때문입니다. 하지만 유산은 낙태의 경우처럼 자의가 아니더라도 낙태에 상응하는 인과응보因果應報라고 말합니다. 그래서 유산된 아이는 영아嬰兒나 유아幼兒와는 달리 깊은 원한을 품고 있다고 합니다. 영아나 유아는 비록 짧긴 하지만 한 번은 세상의 빛을 보고 공기도 마셔 보고 엄마 젖가슴의 따뜻함을 느껴보았지만, 유산된 아이는 어두운 자궁에서 다시 저승이라는 어둠 속으로 물 흐르듯 그대로 흘러갔기 때문입니다.

불전에 따르면 전생에 낙태했거나 낙태하라고 권유했던 과보로써 금생에 태내에서 죽게 되어 복수하는 현상을 유산으로 볼 수 있다고 합니다. 이는 곧, 낙태의 과보는 금생에만 나타나는 것이 아니라 다음 생에 나타나기도 한다는 사실을 일러주는 교훈이라 하겠습니다. 그처럼 생명은 과거·현재·미래의 삼세에 걸쳐 윤회하는 것입니다.

이와 관련하여 『대보적경』 「불설입태장회」에서 다음과 같은 부처님의 말씀을 확인할 수 있습니다.

"난타야, 만일 그 태에 있는 아이가 전생 몸으로 수많은 나쁜 업을 지었거나 남에게 낙태落胎를 하게 하였다면 이 인연으로 말미암아 장차 나오려 할 때에 손과 다리가 멋대로 놓이고 움직여지지 않아 곧 어머니의 뱃속에서 죽게 되느니라.

그때 어떤 지혜 있는 여인이나 용한 의사가 따뜻한 소유蘇油나 혹은 느릅나무 껍질 즙이나 혹은 그 밖의 미끄러운 물질을 그의 손 위에다 바르고 곧 날카롭고 창 끝 같은 얇은 칼을 가운데 손가락에 끼고, 저 속이 마치 똥 누는 뒷간 같고 캄캄하고 더러운 냄새가 나는 나쁜 구덩이요 한량없는 벌레가 살고 있으며, 냄새나는 즙이 늘 줄줄 흐르고 정기와 피가 썩어서 몹시 싫증이 나며, 나쁜 업으로 된 부스럼 같은 것이 얇은 가죽에 싸여 있는 저 더러운 데에 손을 밀어 넣어서 날카로운 칼로써 그 아이 몸을 조각조각 저미어 끊으면서 빼내는 것이므로 그 어머니는 이로 말미암아 마음에 달갑지 않은 극심한 고통을 받으면서 이로 인하여 죽게도 되며 설령 산다 해도 죽는 것과 다름이 없게 되느니라."

이 경전의 말씀과 비슷한 내용을 『아비달마구사론』 권9, 「분별세품分別世品」에서도 확인할 수 있습니다.

" '제온諸蘊은 업이 인기引起한 순서대로 더욱 증장하여 상속하며, 다시 번뇌와 업의 힘에 의해 다른 세간으로 나아가게 된다.' 이를테면 인기된 일체 제온의 증장과 상속에 길고 짧음[修促수촉]이 있어 그 양이 같지 않은 것은 목숨[壽수]을 인기하는 업인業因에 차별이 있기 때문이다. 즉, 능히 인기하는 업의 세력이 증장하거나 미약해짐에 따라 [인기된 수명이나 신근 등은] 다 같이 그러한 때에 순서대로 증장하게 되는 것이다.

순서가 어떠한가? 성교聖教에서 말하고 있는 바와 같다. 최초에는 갈라람羯羅藍이고, 다음은 알부담頞部曇이며, 이로부터 폐시閉尸가 생겨나고, 폐시에서 건남鍵南이 생겨난다. 다음이 발라사가鉢羅奢佉이며, 그 후 머리카락과 터럭과 손톱 등과 아울러 색의 근根과 형상이 점차로 더욱 증가하게 되는 것이다.

즉, 모태 중에서 다섯 상태로 존재하는 것을 말하니, 첫 번째는 갈라람의 상태이며, 두 번째는 알부담의 상태이며, 세 번째는 폐시의 상태이며, 네 번째는 건남의 상태이며, 다섯 번째는 발라사거의 상태이다. 그리고 이러한 모태 중의 화살[箭전, 아이를 말함]은 점차로 증장하여 이윽고 유색有色의 근과 형상이 원만하게 된 상태에서 업에 의해 일어난 이숙의 풍력風力으로 말미암아 모태 중의 화살은 산문産門으로 나아가게 된다. 그리고 마치 딱딱하게 굳어진 변을 양에 넘치게 볼 때처럼 속이 답답하고도 껄끄럽게[悶澀민삽] 산문으로부터 떨어져 나오니, 그때의 극심한 고통은 참기가 어렵다.

그런데 그 어머니가 혹 어느 때 몸가짐[威儀위의]과 음식을 분수에 넘치게 취하거나 혹은 그 아이가 지은 숙세의 죄업의 힘으로 말미암아 태내에서 죽기도 한다. 그때 해산의 법도[産法산법]에 대해 매우 능통하고 애기를 잘 받을 줄 아는 여인이나 혹은 의사가 있으면 따뜻하게 소유酥油나 섬말리睒末梨나무의

즙을 손에 바르고 작고 예리한 칼을 잡고 [탯집의 아이를 끄집어내게 된다.] 그러나 그 속은 항문[糞坑분갱] 속처럼 악취가 지독하고 더러운 것들로 가득 찼으며, 어두컴컴한 곳으로 이루 헤아릴 수 없는 수천의 벌레들이 우글거린다. 또한 항상 나쁜 액체가 흘러나와 반드시 잘 대처해야 한다. 즉 정혈精血과 기름 때로 썩어 문드러져 부정不淨이 흘러넘치며 비루하고 더러워 차마 보기 어려운데, 구멍이 뚫려 누설되는 얇은 거죽[皮피]이 그 위를 덮고 있다. 즉, 숙업에 의해 인기된 [이와 같은] 몸 (어머니의 몸)의 창공瘡孔(産門산문, 자궁을 말함) 속으로 [손을 넣어 태아의] 지절支節을 분해하여 밖으로 끄집어내어야 하는 것이다. 그리고 이 태아는 숙세에 지은 순후수업順後受業을 받게 되는데, 그가 나아가는 취趣에 대해서는 참으로 알기 어렵다."

경·론에 수록된 이 내용은 태아가 때가 되어 세상으로 나오고자 할 때 머리부터 자궁 밖으로 나와야 하는 데, 전생에 남에게 낙태를 권하거나 낙태하고도 업장을 소멸하지 않으면 그 과보로 태어날 때 머리 대신 거꾸로 다리가 먼저 나오는 현상이 일어남으로써 결국 태 안에서 죽게 되는 것을 말합니다. 지금은 의술이 발달해 제왕절개수술로서 산고産苦를 해결하지만, 옛 시절에는 유산이나 낙태의 경우 태아의 고통은 물론이고 산모도 극심한 고통 속에서 생명의 존망存亡을 감내했던 사실을 명시하고 있는 내용이라 하겠습니다.

또한 『장수멸죄호제동자다라니경長壽滅罪護諸童子陀羅尼經』은 낙태의 죄업에 대한 부처님의 말씀을 직접적으로 언급하고 있습니다.

어느 때 왕사성 기사굴산에서 1,250인의 비구와 1만2,000명의 보살이 있는 자리에서 문수보살이 부처님께 일체중생의 장수멸죄법에 대하여 여쭈었습니다. 이에 부처님께서는 과거세의 보광정견여래普光正見如來와 전도부인顚倒夫人에 대한 이야기를 상기시키면서 낙태의 죄업에 대해 크나큰 교훈을 주고 있습니다.

내용인즉, 과거세 무구청정국無垢淸淨國에 보광정견여래가 있었는데, 이때 전도부인이 출가를 구하면서 죄업을 참회했습니다. 부인이 참회한 내용은 가법家法 때문에 자식을 낳지 못했는데, 잉태한 지 8개월 만에 독약을 먹고 태를 상하게 하여 죽였다는 것입니다. 부인은 죽은 아이를 낳았는데 이미 사람의 모습을 갖추고 있었다고 합니다.

부인은 그 후 어떤 지혜 있는 사람을 만나 살태殺胎를 하게 되면 현세에는 중병重病의 과보와 단명短命의 과보를 받게 되며, 내세에는 아비지옥에 떨어진다는 소리를 듣고 보광정견여래를 찾아와 발로참회하고 출가를 허락해 달라고 요청했습니다.

이때 보광정견여래는 전도부인에게 살부殺父 · 살모殺母 · 살태殺胎 · 출불신혈出佛身血 · 파화합승破和合僧의 다섯 가지 죄는 참회해도 그 죄를 면하기 어려우며, 반드시 무간지옥에 떨어진다고 엄하게 문책했습니다. 여래께서는 계속해서 "너는 태아를 죽였으니 마땅히 무간지옥의 고통을 받아야 한다. 만약 나의 말이 거짓이라면 부처라고 이름하지 않으리라[아약망설 불명위불我若妄說不名爲佛]."고 단언했습니다. 다만, 부처님과 그 가르침에 의지해 지성으로 참회하고, 『장수경』을 수지受持 · 독송讀誦 · 서사書寫 · 자서自書 · 견인서遣人書 하며, 건달바를 지성으로 천도공양하면 죄업이 소멸되고 이고득락離苦得樂한다고 일러주었습니다.

이처럼 부처님께서는 이름을 걸고 낙태에 대한 과보를 일깨워주고 있습니다. 부처님께서는 입태入胎를 고苦로 보고 이로부터 중생의 끝없는 번뇌를 걱정했지만, 그 또한 육도윤회의 한 과果이기에 인위적인 행으로 인해 법계를 흩트리는 것에는 무간지옥의 고통을 받아야 한다고 경책했습니다. 낙태의 업이 얼마나 무겁고 큰지 새삼 강조하지 않아도 능히 알 수 있는 대목입니다.

3. 부처님과 제자의 낙태 문답 : 율장을 중심으로

낙태가 살생죄업殺生罪業에 해당된다는 사실은 율장에서도 한결같이 지적하고 있습니다.

승가는 부처님 재세 시부터 가장 무거운 죄목으로 4바라이四波羅夷를 제정한 바, 지금의 5계 가운데 살생 · 투도 · 음행 · 망어 네 가지를 말합니다. 이 4바라이는 범犯할 경우 승단에서 영원히 추방되어 출가수행자로서의 자격을 상실한다는 취지를 담고 있습니다. 오늘날 교단법으로 보면 멸빈滅擯이고, 사회법으로 보면 사형死刑에 해당합니다. 율장에 수록된 낙태와 관련하여 부처님과 제자들의 문답을 살펴봄으로써 낙태업의 지중함과 교훈을 되새겨보고자 합니다.

먼저 『사분율』권56, 36「조부調部」편에 수록된 부처님과 제자의 문답 내용을 살펴보겠습니다.

"이때에 어떤 부인이 남편이 밖에 나간 틈에 남의 아기를 배었다. 그는 바로 항상 자기 집에서 공양하던 비구에게 가서 말하기를 "우리 남편이 없는 틈에 남의 아기를 뱄는데, 내게 약을 주어 떼어 주십시오."라고 하니 비구는 곧 음식에다 주문[呪食주식]하여 낙태시켰다.

그 비구가 이를 의심하니 부처님께서 물으셨다.

"너는 무슨 마음이었느냐?"

"죽이려는 마음이었습니다."

"그러면 바라이波羅夷니라."

〈중략〉

이때에 어떤 부인이 남편이 없는 사이에 남의 아기를 배고, 항상 공양하던 비구니에게 가서 말하기를 "스님, 내 남편이 없는 사이에 남의 아기를 배었으니, 나에게 약을 주어 떼어 주십시오."라고 하였다.

이에 그 비구니는 말하기를 "부인, 나는 약을 모릅니다. 이리 오시오. 배를 주물러 드리리다." 하고 곧 배를 주물러서 낙태시켰다.

그 비구니가 이를 의심하니 부처님께서 말씀하셨다.

"너는 무슨 마음으로 그랬느냐?"

"죽이려는 마음이었습니다."

"그러면 바라이니라."

이때에 어떤 부인이 남편이 없는 사이에 남의 아기를 배고 항상 공양하던 비구니에게 가서 말하기를 "스님, 나는 남편이 없는 사이에 남의 아기를 배었으니 나에게 약을 주어 떼어 주십시오."라고 하였다.

이에 비구니가 말하기를 "나는 약을 모릅니다. 이리 오시오. 내가 깨물어 드리리다." 하고 태 있는 자리를 깨물어서 낙태시켰다. 그 비구니가 이를 의심하니 부처님께서 말씀하셨다.

"너는 무슨 마음으로 그랬느냐?"

"죽이려는 마음이었습니다."

"그러면 바라이니라."

부처님과 제자의 이 문답은 오늘날에도 적잖은 시사점을 던져주는 내용이라 하겠습니다. 이 율장에서 사례를 들고 있는 임신은 부부간이 아닌, 이른바 외도外道로 인한 부정不淨한 임신입니다. 그런데도 부처님께서는 '낙태는 곧 살생'이라는 답을 제시하면서 바라이죄로 다루고 있습니다. 생명은 무엇보다도 소중하다는 점을 강조한 것으로 이해할 수 있습니다. 바라이죄는 오늘날 멸빈滅擯을 뜻하며, 사회법으로는 사형死刑에 해당합니다. 교단에서 영원히 추방되는 가장 무거운 죄로서, 비구계에는 4바라이가 있고 비구니계에는 8바라이가 있습니다.

부처님께서는 『십송율』 권2, 「초송」편 '명사바라이법明四波羅夷法'에서도 다음과 같이 낙태에 대한 설명과 함께 엄중한 경책警策을 주고 있습니다.

부처님께서 비구들에게 말씀하셨다.
"타태墮胎[낙태]란 무엇인가? 비구가 임신한 여인에게 하혈하게 하는 약이나 코에 넣는 약이나 관장약을 준다거나, 혈맥에 침을 놓거나 눈물을 흘리게 하거나 피를 말리는 약을 먹이면서 '이로 말미암아 이 여인이 죽게 될 것이다'라고 생각하여 여인이 죽으면 바라이波羅夷요, 즉시 죽지 않았더라도 뒤에 이로 인해 죽었다면 역시 바라이요, 즉시 죽지도 않고 뒤에도 이로 인해 죽지 않았다면 투란차偸蘭遮[바라이 또는 승잔 미수죄]이다. 만약 이 비구가 그 어미를 죽이기 위하여 낙태를 시켜 어미가 죽으면 바라이요, 태아가 죽으면 투란차요, 어미와 태아가 모두 죽으면 바라이요, 모두 죽지 않으면 투란차이다. 만약 비구가 태아를 죽이기 위해 낙태법을 써서 태아가 죽으면 바라이요, 어미가 죽으면 투란차요, 태아와 어미가 모두 죽으면 바라이요, 모두 죽지 않으면 투란차이다. 이러한 것을 타태라 한다.

안복按腹이란 무엇인가? 비구가 임신한 여인에게 힘든 일을 시킨다거나, 무거운 물건을 들게 하거나, 수레 앞에서 달리게 하거나, 높은 벼락 위에 올라가게 하고서 '이로 말미암아 이 여인이 죽게 될 것이다'라고 생각하여 여인이 죽으면 바라이요, 즉시 죽지는 않았더라도 뒤에 이로 인해 죽었다면 역시 바라이요, 즉시 죽지도 않고 뒤에도 이로 인해 죽지 않았다면 투란차이다. 만약 이 비구가 그 어미를 죽이기 위하여 안복법을 써서 어미가 죽으면 바라이요, 태아가 죽으면 투란차요, 어미와 태아가 모두 죽으면 바라이요, 모두 죽지 않으면 투란차이다. 만약 비구가 태아를 죽이기 위해 안복법을 써서 태아가 죽으면 바라이요, 어미가 죽으면 투란차요, 태아와 어미가 모두 죽으면 바라이요, 모두 죽지 않으면 투란차이다. 이러한 것을 안복이라 한다.〈중략〉

태중胎中에서 막 이근二根을 받았다는 것은 신근身根과 명근命根이 생긴 가라라迦羅羅[수정 후 7일까지의 상태] 시기를 뜻한다. 이때 죽일 마음으로 수단을 써서 죽이려 해 죽으면 바라이요, 즉시 죽지는 않더라도 뒤에 이로 인해 죽었다면 역시 바라이요, 즉시 죽지도 않고 뒤에도 이로 인해 죽지 않았다면 투란차이다."

『십송율』에서 밝히고 있는 부처님의 이 말씀은 이유야 어떻든 간에 태아를 죽이는 일은 바라이죄를 범한 것이므로 살생에 해당하는 범계행위라는 사실을 말해줍니다.

부처님께서는 또 다른 율장『근본설일체유부비나야』권7,「단인명학처斷人命學處」편에서도 인위적인 낙태의 중죄를 설하고 있습니다. 율장의 내용을 옮기면 다음과 같습니다.

부처님께서 말씀하셨다.
"어떤 것이 태를 떨어뜨려 죽이는 것인가 하면 비구가 태를 품은 어머니를 죽이고자 하고 자식을 죽이지 아니하려 하여 곧 그 배를 밟아서 만약 어머니가 죽고 태는 죽지 아니하였으면 비구는 투란차를 범한 것이고, 만약 태가 죽고 어머니는 죽지 아니하였으면 투란차를 범한 것이다. 만약 둘이 다 죽었으면 어머니를 죽인 것에 있어서는 바라이를 범한 것이다. 만약 둘이 다 죽지 아니하였으면 투란차를 범한 것이다. 만약 비구가 태를 죽이고자 하고 어머니는 죽이지 아니하고자 하여 곧 그 배를 밟아서 만약 태가 죽고 어머니는 죽지 아니하였으면 비구는 바라이를 범한 것이고, 만약 어머니가 죽고 태만 죽지 아니하였으면 투란차를 범한 것이다. 만약 둘이 다 죽었으면 바라이를 범한 것이다. 만약 둘이 다 죽지 아니하였으면 투란차를 범한 것이다."

4. 전생의 업인과 현생의 과보

수태 및 낙태와 관련하여 본 장 2절 '낙태의 과보와 교훈'에서 이미 생명은 과거·현재·미래의 삼세에 걸쳐 윤회전생한다는 사실을 밝힌 바 있습니다. 이는 곧 전생에 낙태했거나 낙태하라고 권유했던 살생행위의 과보가 금생에 나타나는데, 그 업보가 바로 유산을 위시해 각종 장애와 빙의현상이라고 볼 수 있습니다.

한 인간이 일생을 여법하게 잘 산다는 것은 수태로부터 태아의 성장과정을 거쳐 출생과 이후 이생을 마감할 때까지 본유의 삶을 별다른 고통과 장애 없이 원만하게 사는 삶을 의미합니다. 이 본유의 삶을 결정짓는 원인이 바로 전생에 행한 업의 형태입니다.

따라서 업인과보業因果報의 다양한 모습을 현실의 삶과 비교하면 어떤 형태로든 악업을 행하지 않고 선업을 증장하는 일이 무엇보다 중요하다는 사실을 알 수 있습니다. 불교의 유명한 경구經句인 『잡아함』의 '욕지전생사 금생수자시 욕지내생사 금생작자시欲知前生事 今生受者是 欲知來生事 今生作者是' 또는 '선인선과 악인악과善因善果 惡因惡果' 내지 '자업자득自業自得'의 교훈이 모두 그것입니다.

부처님께서는 『대보적경』 「불설입태장회」에서 태아의 성장과정을 설하면서 전생의 업인에 따른 현생의 과보를 아주 친절하게 설명해주고 있습니다. 태아의 머리칼과 털과 손발톱이 모두 완성되는 시기인 수태 이후 스물일곱 번째 7일 동안에 전생의 업의 구조에 따라 태생 이후에 받게 되는 선의 과보와 악의 과보가 결정된다는 것을 다음과 같이 묘사하고 있습니다.

"난타야, 그 태에 있는 아이가 전생에 나쁜 업을 지었으며 간탐을 부리고 인색하였으며 모든 재물에 몹시 집착하여 보시하기를 좋아하지 않았고 부모와 스승과 어른의 말씀과 가르침을 받지 않았었다면 몸과 말과 뜻으로 지었던 착하지 않은 업이 밤낮으로 더욱 자라서 이러한 과보를 받게 되느니라.

즉 인간으로 태어나도 받게 되는 과보가 모두 마음에 맞지 않을 것이니, 만일 세간 사람들이 긴 것을 좋아하면 그 반대로 짧게 되고 짧은 것을 좋아하면 그 반대로 길게 되며, 거친 것을 좋아하면 그 반대로 가늘게 되고 가는 것을 좋아하면 그 반대로 거칠게 되며, 팔다리의 마디뼈가 가까운 것을 좋아하면 그 반대로 서로가 떨어지게 되고 서로 떨어진 것을 좋아하면 그 반대로 서로 가깝게 되느니라.

또 세간 사람들이 많은 것을 좋아하면 그 반대로 적게 되고 적은 것을 좋아하면 그 반대로 많게 되며, 살찐 것을 좋아하면 반대로 야위게 되고 야윈 것을 좋아하면 반대로 살찌게 되며, 겁내는 것을 좋아하면 반대로 용감하게 되고 용감한 것을 좋아하면 반대로 겁이 많게 되며, 흰 것을 좋아하면 반대로 검게 되고 검은 것을 좋아하면 반대로 희게 되느니라.

난타야, 또 나쁜 업으로 말미암아 얻는 나쁜 과보는 귀머거리·소경·벙어리며 어리석고 누추한 이가 되게 하고 그가 내는 음성은 사람들이 듣기를 싫어하며 손발이 오그라들어서 마치 아귀와 같이 되므로 친족들조차 모두가 미워하여 서로 보려고도 하지 않거늘 하물며 다른 사람들이겠느냐? 그리고 모든 3업(業)으로써 남을 향해 말할 때에도 다른 이들이 믿고 듣지도 않고 뜻에 두지도 않나니, 왜냐하면 그가 전생에 지은 모든 악업으로 말미암아 이러한 과보를 얻기 때문이니라.

난타야, 그 태 속에 있는 아이가 전생에 복된 일을 닦고 보시를 좋아하고 간탐하지 않았으며 가난한 이들을 가엾이 여기고 모든 재물에 아끼는 마음이 없었으면 그가 지었던 착한 업이 밤낮으로 점점 자라서 마땅히 훌륭한 과보를 받을 것이니라.

즉 인간에 태어나서 얻게 되는 과보가 모두 다 마음에 맞을 것
이니, 만일 세간 사람들이 긴 것을 좋아하면 길게 되고 짧은 것
을 좋아하면 짧게 되며, 거칠고 가는 것도 법도에 맞고 팔다리
의 마디도 적당하며, 많고 적고 살찌고 야위고 용감하고 겁이
많고 얼굴빛에 이르기까지 모두 사랑하지 않는 이가 없으며, 여
섯 감관도 완전하게 갖추고 단정함이 남들보다 뛰어나며, 말씨
가 분명하고 음성이 청아하며 사람의 몸매가 모두 갖추어져서
보는 이들이 기뻐하게 되느니라. 그리고 3업(業)으로 남을 향하
여 말할 때에도 다른 이들이 모두 믿고 받아 공경하는 생각으로
마음에 새겨두나니, 왜냐하면 그가 전생에 지은 모든 착한 업으
로 말미암아 이러한 과보를 얻기 때문이니라."

　이 경전의 말씀은 한마디로 악업을 행하면 마음이 원하는 반대
의 것을 취하게 되고, 선을 행하면 마음이 원하는 대로 성취하는
삶을 살 수 있다는 것입니다. 하물며 악업 가운데 가장 무겁다는
살생죄업의 낙태행위를 별다른 죄의식 없이 자행하고서도 지극한
참회기도로써 업장業障을 소멸하지 않는다면 어찌 마음의 성취를
바랄 수 있겠습니까? 부처님의 인과의 가르침을 무겁고 귀하게 받
아 지녀야 하는 까닭이 그것입니다.

방안에서 노는 아이들

제4장
태아영가 천도기도 영험담靈驗譚
-상담사례를 중심으로-

본문 제3장을 통해 불전佛典에 나타난 수태受胎 및 낙태落胎와 관련한 부처님의 가르침을 살펴본 바, 낙태는 인간이 저지를 수 있는 행위 가운데 가장 무거운 살생죄업의 하나임을 확인할 수 있었습니다. 이를 삼세인과三世因果라는 업의 구조로 접근하면 지금 현실의 삶에서 나타나는 다양한 장애와 유산의 원인도 낙태와 깊이 관련 있다는 반성과 참회가 요구된다고 하겠습니다.

태아는 부모를 매개체로 엄마 뱃속에 수태한 생명체입니다. 태아는 엄마 뱃속에서 잘 성장할 때 비로소 세상에 태어날 수 있습니다. 그래서 부모는 인因이요 자식은 과果인 것입니다. 낙태되거나 유산된 아이는 인因은 만났으나 과果의 열매를 맺지 못한 경우입니다. 태아가 10개월 동안 엄마 뱃속에서 잘 자라고 건강하게 태어났을 때 비로소 인과의 작용이 여법하게 이루어진 것이라 할 수 있습니다. 좋은 인과로 태어난 아이는 부모의 사랑 속에서 행복하게 자라지만, 인과를 잘 가꾸지 못해 태아가 태어나지 못하면 원결怨結을 맺게 되는 또 다른 원인으로 작용합니다.

수태와 관련하여 불전에서는 대체로 부모의 정자와 난자 이외에도 식識이나 식신識神, 또는 중유中有라고 하는 정신적인 요소가 반드시 필요하다고 강조합니다. 이로 보아 수태의 주체는 중유임에 틀림없습니다. 『증일아함增一阿含』에서 "모母에게 욕심이 있어 부모가 함께 자더라도 밖에서 식識이 들어오지 않으면 수태하지 못한다. 부모가 병이 없고, 식신識神이 들어오고, 부모가 아기를 얻을 상을 갖추었으면 수태된다."거나, 『구사론俱舍論』에서 "식識이 만일 들어가지 아니하면 태가 더 자라서 커지겠는가?"라고 설한 것에서도 알 수 있듯이 식識, 즉 중유가 수태의 주체로서 생명체의 성장을 주도하는 요소임을 확인할 수 있습니다. 중유는 중음신中陰神이라고도 합니다.

중유가 수태의 주체라 함은 곧, 전생업前生業을 가진 윤회전생輪廻轉生의 주체라는 사실을 말해줍니다. 경전에 나타난 중유의 특성을 살펴보면, 뜻에 따라 태어나고, 정혈精血에 의지하지 않고, 외부의 인연이 합하여 성립되고, 항상 태어날 곳을 찾아 살피기를 좋아하며, 향기를 먹고 살며, 인간의 육안에는 보이지 않고, 아무리 먼 곳이라도 볼 수 있으며, 한순간에 날아갈 수 있고, 물질이라고는 볼 수 없는 정신적인 요소로서의 성질을 나타내고 있습니다.

특히 중유는 구애求愛를 받지 않고 자신의 업력과 생처生處가 서로 화합하였을 때, 그 즉시 생처인 인연의 세계로 달려가 부모의 인연을 만남으로써 중생의 몸을 받게 됩니다. 『아비달마 구사론』에서는 이러한 수태의 과정을 다음과 같이 밝히고 있습니다.

"모태에 들어가는 것은 요컨대 세 가지의 사실이 함께 현재 나타났기 때문이니, 첫 번째로는 어머니의 몸의 시기가 적당한 것이며[구유求有], 두 번째로는 아버지와 어머니의 교애交愛가 화합하는 것이며[의성意成], 세 번째로는 건달바가 바로 나타나는 것[식향食香]이다."

이처럼 불전에서는 부모와 태아가 지은 업력이 서로 같고 화합하여 모든 조건이 친숙해야만 태아가 수태되고 비로소 태어날 수 있다고 설하고 있습니다. 이른 바 삼사화합三事和合이 그것이며, 이를 『아비담 비바사론』에서는 다음과 같이 설명하고 있습니다.

　　불경佛經에서 설하기를,
　　"세 가지 일이 화합和合하는 까닭에 모태에 들 수 있다. 첫째는 부모가 모두 염심染心을 갖춰 함께 한곳에서 회합會合해야 하고, 둘째는 그 어머니인 경우 병이 없고 시기가 적절해야 하며, 셋째는 건달바가 눈앞에 드러나야 한다."라고 하였다.

　　'세 가지 일이 화합하기 때문이다' 고 함에서 (세 가지 일이란) 이른바 아버지와 어머니 그리고 건달바가 화합해야 함을 말한다. 부모가 모두 염심을 갖춰야 한다는 것은 음욕심이 눈앞에 드러나는 것을 말한다. 함께 한곳에서 회합해야 한다는 것은 음욕심으로 함께 회합하는 것을 말한다. 그 어머니가 병이 없어야 한다는 것은 그 어머니가 기쁠 때이다.

　　비니자毘尼者는 "그 어머니가 음욕심으로 마음을 흐리는 것이 마치 하늘에서 비가 내릴 때에 하천의 물이 모두 흐려짐과 같은데, 이것도 또한 마찬가지이다."고 하였고, 또한 "풍風·냉冷·열熱 등의 모든 병이 없어야 한다."라고 하였다.

　　시기가 적절해야 한다는 것은, 여인이 경수經水가 적당할 "때를 만나야 한다는 것이다." 만일 경수가 많거나 적으면 잉태되지 못하며, 경수가 적어서 마르면 잉태되지 않는다. 부모의 정精과 혈血이 구분된 연후에야 잉태된다. 이것을 '적절한 시기를 만난다'고 하며, 또한 유신有身이라고 부른다.

건달바가 눈앞에 드러난다는 것은 중유가 나타나는 것으로, 어떤 경우에는 애착을 일으키며, 어떤 경우에는 성냄을 일으킨다.

『유가사지론』(권2, 본지분, '의지' 편)에서도 태아의 성장과정과 수태 직후 인간생명의 단계를 상세히 밝혀놓고 있습니다. 태아의 성장과정을 보면 이렇습니다.

"이 온갖 종자알음알이[種子識종자식]는, 열반에 든 이는 온갖 종자가 모두 다 완전하게 갖추어지지만, 열반에 들지 않는 이는 세 가지의 보리종자菩提鐘子를 궐闕한다. 나게 되는 곳을 따라서 자체自體 안에는 다른 체體의 종자가 다 따르나니, 그러므로 욕계의 자체에도 색계·무색계의 일체종자一切種子가 있으며, 이와 똑같이 색계의 자체에도 욕계·무색계의 일체종자가 있으며, 무색계의 자체에도 욕계·색계의 일체종자가 있는 것이다.

또, 갈라람[수태부터 7일간]이 점점 자라는 때에는 이름[名명]과 물질[色색]이 함께 똑같이 더욱 자라고 함께 점차로 넓고 크게 되나니, 이렇게 더욱 자라서 몸[依止의지]이 완전하여진다.

〈중략〉

이 태아는 여덟 단계로 차별이 되나니 무엇이 여덟 단계인가. 첫째 갈라람羯羅籃 단계요, 둘째 알부담遏部曇 단계요, 셋째 폐시閉尸 단계요, 넷째 건남鍵南 단계요, 다섯째 발라사거鉢

羅睺佉 단계요, 여섯째 발모조髮毛爪 단계요, 일곱째 근根의 단계요, 여덟째 형形의 단계를 말한다."

이 논서에서 설명하고 있는 태아의 성장과정 여덟 단계의 의미는 다음과 같습니다.

첫째, '갈라람'은 이미 엉켜 맺혀서 안에서도 어슴푸레한 상태를

말합니다. 전생의 영혼[중음신]이 부모의 정액과 화합하여 어머니 태 안에 태어나는 최초의 인간으로 수태 직후 7일간을 의미합니다.

둘째, '알부담'은 안팎이 타락駝酪과 같고 아직 살덩이에 이르지 못한 상태를 말합니다. 갈라람에서 응결된 부모의 정액과 마음의 액심額心이 점차 응고되어 엷은 살결이 형성되고 또 그 위에 살결이 덮어지는 시기를 의미합니다.

셋째, '폐시'는 이미 살덩어리가 되어서 아주 보들보들하고 살결이 더욱 견고하게 응고되어 혈육이 생기는 상태를 말합니다. 육체가 형성되는 기간으로 임신 3주차 7일간을 의미합니다.

넷째, '건남'은 이미 단단하여 두텁고 조금 만질만한 상태를 말합니다. 인간형을 갖춘 육체를 뜻하는 것으로 임신 4주차 7일간을 의미합니다.

다섯째, '발라사거'는 살 뭉치가 더욱 커져서 팔다리의 형상이 나타나는 시기이고, 여섯째, '발모조'는 머리카락과 터럭과 손발톱이 나타나는 시기이며, 일곱째, '근'은 눈을 비롯한 6근의 감각기관이 생기는

단계이며, 여덟째, '형'은 지금까지 일곱 단계의 의지처가 분명히 나타나는 등 어머니로부터 태어나기까지 태내의 상태를 의미합니다.

이 논서는 또한 인간생명이 수태 직후부터 태어나 일생을 살아가기까지의 단계를 설명하고 있는데, 옮기면 이렇습니다.

> "무엇을 여덟 가지의 단계라 하는가. 태에 있는 단계[處胎位처
> 태위], 태어나는 단계[出生位출생위], 젖먹이 단계[嬰孩位영해위],
> 어린아이 단계[童子位동자위], 소년의 단계[少年位소년위], 중년의
> 단계[中年位중년위], 늙은이 단계[老年位노년위], 아주 늙은 단계
> [耄熟位모숙위]를 말한다.
> 태에 있는 단계라 함은 갈라람 등을 말하며, 태어나는 단계라
> 함은 이로부터 아주 늙은 자리에 이르기까지이며, 젖먹이 단
> 계라 함은 아직 놀려 다니거나 재미있게 즐길 수 없는 시기이
> 며, 어린아이 단계라 함은 그런 일을 할 수 있는 시기이며,
> 소년의 단계라 함은 욕심 등을 받아 쓸 수 있는 서른 살까지
> 이며, 중년의 단계라 함은 이 시기로부터 쉰 살까지이며, 늙
> 은이 단계라 함은 이 시기로부터 일흔 살까지이며, 이로부터
> 이후를 아주 늙은이 단계라 한다."

불전에 수록된 이러한 내용들을 종합해 볼 때 수태를 위해서는 정자와 난자 이외에 식識이라는 정신적인 요소, 즉 중유[중음신]가 필요하다는 사실을 거듭 확인할 수 있습니다. 이렇듯 한 사람의 생명을 잉태하기 위해서는 세 가지가 화합하여 모든 조건이 친숙해야만 비로소 가능한 것입니다.

필자는 낙태 상담과 함께 유산流産에 대한 상담요청도 적지 않게 받고 있습니다. 상담자 다수는 '유산에 대해 자신이 태아를 직접 죽이지 않았다고 생각하기에 태아에게 양심의 가책을 느끼는 경우가 적습니다.' 하지만 불전에 따르면 유산은 직접 낙태한 업의 과보이거니와 전생에 낙태를 권유한 업의 과보라는 점에서, 악연의 인연구조로 보면 낙태보다 그 죄업이 작지 않다고 보아야 합니다.

유산은 이처럼 낙태로 인한 태아영가의 원결怨結과 무관하지 않는 삼세인과업三世因果業의 구조 속에서 이해할 수 있습니다. 지금 현실에서 낙태하는 살생죄업이 다음 생에는 유산이라는 큰 고통으로 나타난다는 인과응보의 실상이 그와 같습니다. 유산과 낙태는 공통적으로 태아가 엄마의 뱃속에서 죽어간 경우를 의미하지만, 이 어린 영혼은 자신이 태어나는 것과 죽는다는 것을 모르는 것이 아닙니다. 보이지 않는다고 해서 영靈의 세계가 없는 것은 아니기 때문입니다.

4유설四有說*로 정의되는 윤회사상에 입각하여 현실의 첫 관문이라 할 수 있는 생유生有의 시작은 곧, 결혼結婚에서 비롯된다고 하겠습니다. 결혼은 남녀가 만나 부부夫婦가 되는 의식입니다. 여러 하객 앞에서 부부의 인연을 선포함과 함께 백년해로百年偕老를 맹세하고 축하를 받습니다.

　　결혼한 자녀가 아기를 갖지 못해 걱정이라는 상담이 자주 들어옵니다. 부부관계를 하지만 임신이 잘 안 되는 경우는 여러 가지가 있을 수 있습니다. 남자의 정자가 너무 많거나 적어도 안 되지만, 여자의 몸이 너무 냉해도 수태하기 힘들다고 합니다. 우리가 흔히 말하는 "제가 몸이 냉한 것 같아요."가 바로 그런 경우입니다. 서로 잘 융합해야 하는데, 요즘은 몸을 움직이는 일보다 앉아서 하는 일이 많고, 냉방시설로 몸이 차가워져 임신이 힘들어진다는 것입니다. 모든 환경이 예전 어머니의 시대와는 많이 달라졌습니다. 그렇기 때문에 부부의 화합도 복덕에 들어가는 것입니다.

　　결혼은 '부부가 합방' 한다는 의미를 내포하고 있습니다. 여기에는 아기가 태어나는 날도 중요하지만, 아기를 잉태하는 순간과 마음이 더 중요하다는 메시지가 담겨 있습니다. 그래서 아기를 잉태

---

* 중생의 윤회 과정을 생유生有 · 본유本有 · 사유死有 · 중유中有의 4단계로 나눈 불교사상이다. 생유生有는 생명을 받는 첫 찰나刹那의 존재로 전생의 업의 구조에 따라 금생에 부모와 인연을 맺고 사람의 과보를 받는 것, 곧 수태[입태入胎]의 순간을 뜻한다. 본유本有는 생명을 받은 이후부터 출생과 이후 죽음 직전까지의 존재로, 살아가는 한평생을 의미한다. 사유死有는 죽는 찰나의 존재이며, 중유中有는 중생이 죽은 이후 그 업력에 따라 다음 생을 받기까지 업의 주체를 가리킨다. 중음中陰이라고도 한다. 이 중유가 수태의 주체요 윤회전생의 주체이다.

하는 순간, 즉 '입태入胎'는 가장 중요한 순간이라 할 수 있습니다. 이를 불교적 관점으로 바라보면 앞에서 설명한 바와 같이 삼사화합三事和合, 즉 구유求有 · 의성意成 · 식향食香의 동시성에 의해 수태가 가능하다는 불전의 내용과 부합한다고 하겠습니다.

그렇기 때문에 우리의 조상들은 혼인날을 정할 때 여자의 월경주기를 따져 택일했습니다. 합방 첫날을 가장 좋은 날로 잡아 원만하게 임신하기 위해서입니다. 이렇듯 좋은 날에 임신하면 건강하고 똑똑한 아기가 태어난다는 믿음으로 조상들은 결혼과 합방하는 날을 특정하여 아기의 생명을 잉태했습니다. 아기를 갖는 것이 그만큼이나 중요한 것이므로 함부로 성 관계 갖는 것을 삼갔던 것입니다. 지금은 사람들의 인식도 많이 달라지고 기술도 발달한 탓인지 미리 좋은 날을 받아 제왕절개로 출산하는 부모들도 많다고 하니, 격세지감隔世之感이라 아니할 수 없습니다.

이처럼 불교적 관점에서 태아의 개념을 이해할 경우 요즈음 사회적 이슈의 하나인 체외수정 및 배아이식 시술, 즉 '시험관 아기'도 부모의 정자와 난자가 화합하여 착상하기 때문에 태아와 다르지 않는 '생명'이라고 볼 수 있겠습니다.

아기를 갖고 싶어

정자와 난자의 표현

도 임신이 안 되어 '시험관 아기' 시술을 열 차례나 시도했으나, 계속 실패를 거듭하면서 몸은 몸대로 지치고 경제적으로도 힘들어 결국은 포기한 부부가 있습니다. 이 부부는 자신들의 힘겨운 노력에도 끝내 착상되지 못하고 떠나간 생명의 영혼을 달래기 위해 필자를 찾아왔습니다. 부부는 필자와 얘기를 나누면서 "그들도 착상되었으면 건강한 태아로 성장해 이 세상의 새 생명으로 태어났을 텐데…" 하면서 눈시울을 적셨습니다.

'시험관 아기' 시술을 시도한 또 다른 부부도 있습니다. 몇 차례의 실패를 거듭하면서 마음의 고통을 겪었지만 포기하지 않은 정성에 힘입어 마침내 임신과 출산을 성공한 기쁨을 맛보았습니다. 엄마는 그동안 시험관 아기 시술에 사용된 주사바늘을 모두 모아 침대에 하트모양으로 만들어 그 하트 안에 아기를 뉘어 놓고, 그 모습을 보면서 그간의 마음고생과 기쁨이 범벅된 눈물을 쏟아냈습니다. 아마도 기도를 올린 공덕으로 '시험관 아기'를 탄생시킨 어느 부부도 같은 심정이지 않았을까 싶습니다. 최근의 상담사례를 보면 의외로 임신하지 못해 걱정하는 분들이 적지 않습니다. 대체로 남자에게 정자의 수가 부족해 아기를 갖지 못한 경우도 있습니다. 그분들에게 '시험관 아기'는 한줄기의 빛이 될 수도 있을 것입니다.

구담사 자모암은 태아영가 천도도량이기도 하지만 아기를 잘 갖게 하는 도량입니다. 이유야 정확히 알 수 없지만, 낙태아의 영혼이 아기를 갖고

싶어 간절히 기도하는 부모의 바람을 들어주는 것이 아닌가 싶습니다. 애자모 지장보살님과 포대화상 앞에서 아기를 낳게 해 달라고 배를 일곱 번 정성껏 돌리면서 발원하면 소원을 성취합니다.

태아영가는 저승길을 혼자의 힘으로는 도저히 건너가지 못합니다. 그래서 애초에 자신의 생명을 싹틔웠던 현생의 부모에게 호소呼訴를 하게 되는데, 부모 내지 가족들에게 다양한 장애障碍를 주는 형태로 나타나는 현상이 그것입니다. 장애와 고통을 받는 당사자의 입장에서는 두터운 업장業障에 가려있어 삶이 원만하지 못한 경우라 하겠습니다.

본 장에서는 이러한 신빙성 높은 영험담을 다양한 주제로 선별 수록해 낙태 내지 유산으로 인해 극심한 장애와 고통을 겪고 있는 태아영가와 그 부모 간의 원결怨結을 소멸함으로써 상호간의 이고 득락離苦得樂을 염원하고자 합니다.

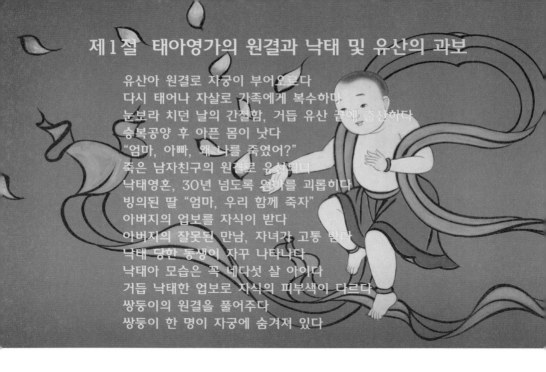

제1절 태아영가의 원결과 낙태 및 유산의 과보

유산아 원결로 자궁이 부어오르다
다시 태어나 자살로 가족에게 복수하다
눈보라 치던 날의 간절함, 거듭 유산 끝에 출산하다
승복공양 후 아픈 몸이 낫다
"엄마, 아빠, 왜 나를 죽였어?"
죽은 남자친구의 원결로 임신되다
낙태영혼, 30년 넘도록 올케를 괴롭히다
빙의된 딸 "엄마, 우리 함께 죽자"
아버지의 업보를 자식이 받다
아버지의 잘못된 만남, 자녀가 고통 받다
낙태 당한 동생이 자꾸 나타나다
낙태아 모습은 꼭 네다섯 살 아이다
거듭 낙태한 업보로 자식의 피부색이 다르다
쌍둥이의 원결을 풀어주다
쌍둥이 한 명이 자궁에 숨겨져 있다

낙태와 관계된 사람들이 모두 과보를 받는 것은 아닙니다. 낙태의 원인이 엄마 되는 여성에게만 있는 것도 아니고, 아빠 되는 남성에게 아무 탈이 없더라도 낙태아의 형제나 자매 또는 친인척 가운데 어떤 사람이 과보를 받는 경우도 있기 때문입니다. 특히 아빠되는 남성이 장애의 정도가 심하지 않은 경우에는 모르고 지나가는 수도 있습니다.

낙태와 유산의 과보를 크게 받지 않는 사람은 있지만, 그렇다고 정말 아무 탈 없이 지나가는 경우는 없습니다. 주변을 면밀히 살펴보면 알 수 있습니다. 장애가 발생했는데도 되레 둔감해서 느끼지 못하는 경우도 많습니다. 낙태한 당사자는 물론 주변에서도 아무 탈이 없다면, 그것은 아직 과보가 무르익지 않아 드러나지 않은 것으로 보아야 합니다.

또한 낙태의 명수名數가 많다고 해서 그에 따른 장애가 비례하는 것은 아닙니다. 한 번의 낙태로 큰 고통을 받는 경우도 간혹 있기 때문입니다. 분명한 사실은 낙태하기로 결정하는 순간 태아에게 직접적으로 악영향을 준다는 것입니다. 태아영가가 갖는 원결怨結의 인연구조는 그렇게 이루어집니다.

　모든 생명체는 죽는다고 해서 그것으로 끝나는 것이 아닙니다. 업의 구조로 인해 윤회의 주체로서 존재하기 때문입니다. 그렇다고 영가靈駕가 곧장 다시 생명을 받는 것은 아닙니다. 자신의 죽음과 직접 관련 있는 살아있는 사람의 천도공양이 있어야만 비로소 다음 생명을 받을 수 있습니다. 영가는 살아있는 사람의 천도공양이 없으면 어떤 형태로든 공양을 구하려는 표시를 하게 되는데, 인연 있는 사람들에게 온갖 장애와 고통을 주는 행위가 그것입니다.

　태아영가의 원결로 인한 과보는 다양하게 나타납니다. 의사도 알 수 없는 심장 관련 지병으로 고통스럽거나, 눈에 이상이 오고, 온몸이 별다른 이유 없이 쑤시고 아픕니다. 특히 엄마의 경우 유방암을 비롯한 각종 질병에 시달립니다. 낙태한 당사자에게 장애가 없으면 자녀들에게 옮겨갑니다. 자녀들이 간질병을 앓거나 노이로제로 고생하고, 부모에게 심하게 반항하거나, 심지어는 자살하려는 경우도 발생합니다. 이러한 현상은 억울하게 죽은 영혼들이 태아영가를 유혹해 일어나는 사고들입니다.

　태아영가는 세상의 여느 아이들과 똑같이 생각하고 행동합니다. 자신을 죽인 엄마·아빠를 원망하고, 밝은 세상에서 살아가는 형

법회하는 모습

제 · 자매들을 시기와 질투합니다. 태아영가에 의해 장애가 나타나는 인연관계는 첫 번째는 엄마 · 아빠이고, 두 번째는 형제 · 자매이고, 세 번째는 극히 드문 현상이지만 혈연이 닿는 사람과 그 후손들입니다.

이처럼 태아영가에게 천도공양을 올리지 않고 방치하면 낙태아의 영혼은 원결을 갖고 부모를 비롯한 자녀들에게 각종 장애를 일으키는 것입니다. 다만 자녀들의 입장에서는 부모의 업보를 자식이 받는 억울한 경우일 수 있습니다만, 태아영가의 입장에서 보면 태어났으면 형제 · 자매가 되었을 인연들인 만큼 시기질투의 첫 번째 대상일 수 있습니다. 태아영가가 자신을 낙태한 부모로부터 다음 생을 기약할 수 있는 천도공양을 받지 못한 원망과 분노를 그렇게 표출한다고 합니다.

태아영가를 위한 효율적인 기도방법은 다음과 같습니다.

첫째, 49재와 3년 기도를 일곱 번 지내주는 것도 좋습니다.

둘째, 사불寫佛, 사경寫經, 방생放生을 행합니다. 여기서 방생은 태아영가와 관련해 아이들이 따뜻하게 입고 배불리 먹을 수 있도록 분유·옷·기저귀·과자 등을 보시하는 것을 말합니다.

셋째, 부처님의 명호를 부르거나 '참회진언, 츰부다라니, 해원결진언' 등을 염송하며 참회기도합니다.

넷째, 태아영가의 이름을 적은 아기동자를 모시고 기도합니다, 예를 들어 구담사 자모암의 아기동자 벽화에 이름을 올려주면 자녀들이 건강하게 성장하고 가족들에게도 행운의 결실을 맺어준다고 믿는 것입니다.

① 유산아 원결로 자궁이 부어오르다

유산된 아기영가들의 원결로 고생했던 어느 보살님의 결혼한 딸의 사연입니다. 보살님이 필자에게 보내온 감사편지의 내용을 토대로 딸의 이야기를 구성하면 다음과 같습니다.

"스님, 아무래도 유산된 아기영가들이 제게 관심을 갖고 지켜보는 것 같아요. 3년 전 교통사고로 목을 크게 다쳤는데 처음에는 통증이 심해 하루 2시간 밖에 잘 수 없었습니다. 항상 머리부터 발끝까지 아팠어요. 자다가 일어나려고 해도 평균 1시간 이상을 통증에 시달려야만 했어요. 조금씩 나아지기는 했지만 항상 피곤하고 등이 뭉쳐서 TV를 보면서도 손으로 주무르며 풀곤 했습니다.

그런데 열심히 기도를 올리는 중에 부어오른 자궁이 물파스를 바른 것처럼 시원하더니 어느 날부터인가 등까지 시원한 거예요. 그리고 신기할 정도로 뭉친 근육도 사라졌어요. 정확한 이유는 모르겠지만 기도 중에만 자궁과 등이 시원해지는 현상이 너무 신기합니다.

유산된 아기영가들이 다음 생에서는 좋은 인연을 만나 서로 사랑하면서 아름답게 살기를 진심으로 바랍니다. 그리고 스님이 항상 잘 되기를 기도해 주셔서 얼마나 큰 힘이 되는지 모릅니다. 앞으로 더욱더 겸손함과 기도하는 마음으로 살아가겠습니다. 힘이 없거나 마음이 슬플 때 좌절하지 않고 스님의 얼굴을 떠올리면서 용기를 갖고 긍정적인 생각을 하겠습니다. 스님, 사랑합니다."

이 사연은 신도님의 결혼한 딸이 거듭 유산 후 겪은 경험담입니다. 딸은 자궁이 부어오르고 밑이 빠질 듯 아파 부부관계도 하지 못하고 결혼생활도 평탄하지 못했습니다. 무엇보다 이 사연은 누구한테도 터놓고 말할 수 없었습니다.

필자는 "그동안 따님의 자궁에 들어선 아기가 건강하지 못해 유산한 것입니다. 아기를 위해 극락왕생 상품상생하기를 진심으로 발원기도하면 그 공덕으로 분명 좋은 일이 있을 것입니다."라고 위로해 주었습니다.

"스님, 어제 생일축하 메일을 받고 너무 기뻐서 답장을 보냈는데, 전화통화가 되지 않아서 다시 메일 보냅니다. 항상 바쁘신 데도 불구하고 제 생일을 기억해 주셔서 감사합니다. 무엇보다 참회기도를 할 수 있게 해주셔서 감사합니다."

② 다시 태어나 자살로 가족에게 복수하다

태아영가가 다시 태어나 자살로서 가족에게 복수한 사례도 있습니다. 경주에서 올라와 하룻밤을 묵고 다음 날 태아영가 천도공양을 올린 어느 엄마의 사연은 너무나도 기가 막혔습니다.

"시골에서 태어나 농사지으며 시부모를 모시고 어렵게 살던 저는 첫째 아기는 병원 가서 출산했습니다. 몇 년 후 둘째가 생겨 병원에 가려고 하니 시어머니가 돈 드는데 왜 병원 가서 애를 낳느냐고 서럽게 하는 바람에 둘째는 병원에 가지 못하고 집에서 출산하기로 했습니다. 이틀이 지나서야 겨우 아기가 보이기 시작하는데 쉽게 나오지 않았습니다. 병원에 갔으면 고생을 덜 할 텐데 아무런 의료조치를 받지 못한 채 출산과정에서 너무 진을 뺀 뒤 낳은 아기는 온몸에 시퍼런 멍이 들어 있었습니다."

아기가 '응애' 한 번 울음소리를 내자 시어머니께서 탯줄을 잘랐는데 어찌된 일인지 아기는 울음소리를 그치더니 그만 숨을 거두었다고 합니다. 남편이 싸늘하게 식어버린 아기를 안고 밖으로 나가 땅에 파묻는 순간, 엄마의 온몸에 소름이 돋으면서 마치 누군가 자신을 잡아당기는 것 같았다고 합니다.

그 후 세 번째 아이를 출산했는데 그 아들은 유달리 잔병이 심한 나머지 학교도 가지 않고 정신과 치료를 받으며 생활하고 있었습니다.

"엄마, 난 할머니가 싫고 무서워 가까이 가기도 싫어."

이처럼 셋째 아들은 한 집에 살고 계시는 할머니를 피하면서 입버릇처럼 자살해야 한다는 말을 입에 달고 살았다고 합니다. 지친 엄마는 어느 날 아무런 생각 없이,

"죽고 싶으면 죽어."

하고 무심히 내뱉었는데 아들은 진짜 자살하고 말았습니다.

그 아들이 죽고 난 후 시어머니는 우연이라 할까 류머티즘 관절염으로 고통을 심하게 겪으시다 돌아가셨습니다. 그런데 설상가상으로 원결이 딸에게도 온 것 같습니다. 갑자기 멀쩡한 딸이 "엄마, 그때 왜 나를 죽였어요?" 하면서 엄마를 원망하고 욕을 퍼붓는데 마치 정신 나간 사람 같았다고 합니다.

상담하면서 전후의 인과관계를 살펴보니 태어나자마자 고통스럽게 죽은 둘째가 그 한을 풀기 위해 세 번째 자식으로 태어났지만, 자신을 죽음에 이르게 한 할머니에게 복수하기 위해 자살을 선택한 것이었습니다. 부모에게 극도의 고통을 안겨주는 것으로도 모자라 여동생에게 빙의되어 부모를 원망하는 모습을 보고 다

시 한 번 '원결'의 무서움을 깨닫게 해준 사례였습니다.

태아영가 천도기도로 집안이 평안해진 보살은 감사하다는 인사와 함께 농사지은 쌀을 보내왔습니다.

③ 눈보라 치던 날의 간절함, 거듭 유산 끝에 출산하다

저녁공양이 끝나고 상담전화가 울렸습니다.

> "스님, 아기를 가졌는데 또 유산기가 있어요. 어떻게 하면 좋아요. 한두 번도 아니고 몇 번인데 꼭 비슷한 시기에 유산을 하게 되어 걱정됩니다. 스님, 만약 이번에도 아기를 유산하면 남편과 헤어질 것 같은 느낌이 듭니다. 그래서 이 아기는 꼭 낳아야 합니다."

절박한 목소리였습니다. 사연인즉, 남편 직장이 지방에 있어 주말부부로 지내면서 가끔 합방해 겨우 임신을 하는 데, 꼭 4개월째만 되면 유산을 반복한다는 사연이었습니다. 아기를 가져야 하는데 점점 나이는 들어가고…. 이번에도 유산기가 있다 보니 하루라도 빨리 아기의 영혼을 달래어 안전하게 출산하고 싶다는 심정이었습니다. 지방에서 천리 길도 마다하지 않고 새벽열차 편으로 오셔서 기도해오던 보살님인지라, 사연을 듣고 그만 눈물이 핑 돌면서 가슴이 아프고 저렸습니다.

그해 겨울은 유독 눈이 많이 왔습니다. 교통이 마비될 정도여서 꼼짝도 못하고 절에 갇혀 있는데 저 멀리서 누군가 눈 속을 헤치며 오고 있었습니다. 전날 눈이 너무 와서 위험하니 오지 말라고 했는데, 보살님은 눈보라 따위는 전혀 무섭지 않은 것 같았습니다. 무릎까지 올라온 눈길을 아랑곳하지 않고 걸어오는 보살님의 마음은 얼마나 다급하고 간절했을까? 그렇게 오신 덕분에 보살님이 참여한 가운데 태아영가 천도기도가 이루어졌습니다.

낙태아의 영혼을 천도해주자 거짓말 같이 유산기가 없어지고 8개월 뒤에 무사히 출산했습니다. 아기는 무엇이 급한지 예정 출산일보다 조금 일찍 태어나 미리 부모에게 큰 기쁨을 주었습니다.

수화기 너머에서 떨리는 목소리로 "스님, 아들이에요."라고 말하던 보살님의 목소리를 잊을 수 없습니다. 아들 출산 후 방황하던 남편이 집 근처로 발령 받아 같이 살고 있다며 감사하다는 말도 잊지 않았습니다.

세월이 흘러 어느 해, 15년 전 눈길을 헤치며 절에 와서 천도기도를 올렸던 엄마가 찾아왔습니다. 상담하다 보면 대체로 태아영가의 원결은 열다섯 살을 전후한 사춘기에 많이 찾아오는데, 그 시기가 되면 내 아이가 아닌 전혀 다른 아이처럼 변하고 행동합니다. 이 엄마의 아들도 예외가 아닌 경우였습니다. 아마도 15년 전에 낳은 아들이 자라서 장애를 받고 있는 것 같았습니다.

그래서 엄마는 아들에게 장애가 있을까봐 해가 바뀔 때마다 조상영가 천도재를 지내주었다고 합니다. 그 정성으로 아들은 무탈

하게 잘 자라고 있다고 생각했는데, 사춘기가 되자 말도 안 듣고 엄마한테 반항한다는 것이었습니다. 공부도 소홀히 하고 게임에 빠져 하루하루를 보낸다고 하소연했습니다.

다행히 태아영가 천도공양을 올리고 진심으로 참회기도하고 나서야 아들은 회복되고 딸은 시험에 합격했다는 소식을 전해왔습니다.

④ 승복공양 후 아픈 몸이 낫다

서울 ○○○에 사는 보살님은 항상 기운이 없어서 기도하러 오면 법당에 가지 못하고 큰방의 긴 소파에 누워 있기만 했습니다. 특별히 아픈 곳은 없어도 늘 몸이 고통스럽고 무기력하다보니 양·한방치료와 민간요법 등 병을 고칠 수 있다는 방법은 다 시도해 보았다고 합니다.

좀 과장된 표현이겠지만 천도기도에 굿을 하여 들어간 돈이 강

남의 웬만한 집 한 채 값이라고 말할 정도였습니다. 할 수 있는 건 다 해보았지만 효험을 보지 못하자 마지막 심정으로 아픈 몸을 이끌고 구담사 자모암을 찾아온 분입니다.

필자가 천도기도를 해보니, 과거에 두 사람은 사랑했지만 남자의 집안이 가난하다는 이유로 친정부모가 심하게 반대했습니다. 두 사람은 결국 부부로 이어지지 못한 채 낙태하고 헤어졌습니다. 낙태아의 원결은 다른 남자와 결혼한 엄마의 몸을 평생 아프게 해 괴로움을 주는 것이었습니다. 이것이 바로 보살님께서 그동안 고통스런 삶을 살아온 인과응보라는 생각이 듭니다.

천도재를 지내자 낙태아의 영혼이 일러준 말은 놀라웠습니다. 엄마가 옛날에 사귀던 남자를 가난하다는 이유로 버렸기 때문에 그 업장을 소멸하기 위해서는 참회의 마음으로 승복 열 벌을 대중공양해야 고통이 사라질 수 있다는 것이었습니다. 보살님은 그렇게 하겠다고 약속했습니다. 실제로 승복을 보시공양한 후 보살님은 필자에게 다음과 같은 놀라운 말을 전해주었습니다.

"스님, 자비보시로 승복을 대중공양하고 난 후 꿈을 꾸었는데, 생시처럼 누군가 소금물로 제 몸을 깨끗이 씻어주는데… 몸이 개운한 느낌을 받았습니다. 꿈을 꾸고 나서는 거짓말 하나도 안 보태고 몸이 날아갈 것 같습니다. 몇 년을 고통 받고 힘들게 살았는데, 스님의 기도 덕분에 이렇게 말끔히 회복되었습니다. 너무 감사합니다."

늘 구담사 자모암에 오면 힘이 없어 법당에도 들어가지 못하고 요사채의 긴 소파에 누워 있기만 하던 ○○○ 보살님의 기도 목소리가 그날따라 매우 우렁차게 들렸습니다.

⑤ "엄마, 아빠, 왜 나를 죽였어?"

금슬이 좋은 부부가 있었습니다. 남편이 장손에다 외동이었기에 부인은 아들이 더욱 필요했습니다. 그러나 부인은 몸이 너무 약했습니다. 태기가 있을 때마다 몸속의 태아가 너무 약해 쉽게 유산되거나 낙태해야만 했습니다. 그렇게 하기를 수차례, 결국 몇 번의 낙태와 유산 뒤에 그녀는 그토록 바라던 아들을 보게 되었습니다. 이제 그들 부부는 그 무엇도 부럽지 않았습니다.

부부는 온갖 정성을 기울여 소중한 아들을 보살폈습니다. 그렇게 몇 년이 지나고…. 그날도 평소와 다름없이 고요한 밤중이었습니다. 새근새근 곤이 잠자고 있던 아들이 새파랗게 질린 채 벌떡 일어나더니 비통한 소리로 부르짖었습니다.

"아빠, 살려주세요. 엄마, 살려주세요!"

아들의 비명에 기겁을 한 부모는 얼른 아이 곁으로 달려갔습니다.

"오 얘야, 엄마·아빠 여기 있으니 안심하거라."

그러나 아무리 진정시켜도 아들은 그 소리를 듣지 못했습니다.

아들의 커다란 눈은 희멀거니 뒤집힌 채 천장을 노려보고 있었고 온몸은 뒤틀렸습니다. 부모는 그 앞에서 어찌할 바를 몰라 눈물만 흘리며 발을 동동 구를 뿐이었습니다. 그런데 한참을 울부짖던 아이가 갑자기 부모를 노려보았습니다.

"엄마, 아빠, 왜 나를 죽였어, 왜?"

그 소리는 놀랍게도 아들의 목소리가 아니라 소름끼치도록 앙칼진 어린 아기의 목소리였습니다. 아! 그것은 아주 예전에 엄마의 뱃속에서 버림받은 태아영가의 영혼이 아들의 몸에 붙어 부모를 원망하는 소리였습니다.

부부는 파랗게 질린 채 얼어버렸습니다. 부인은 그만 자리에서 쓰러지고 말았습니다. 그런 부모를 앞에 두고 아들은 비지땀을 흘리며 필사적으로 도망치려고 몸부림만 칠뿐이었습니다. 한참이 지나서야 아들의 몸부림이 잠잠해졌습니다. 허우적거리며 극도로 괴로워하던 아들이 큰 숨을 내쉬었습니다. 그리고는 한참을 또 울었습니다.

"아, 꿈이었구나. 누군가가 저를 부르며 죽이려고 했어요. 무섭고 괴로워서 죽는 줄만 알았어요."

그제서야 아들은 악몽에서 깨어났고, 잠시 후에는 비로소 아버지의 걱정스런 목소리도 제대로 들을 수 있었습니다. 아들은 그 무렵 부모의 사랑을 듬뿍 받으며 행복하게 자라고 있었고, 생명의 위해를 입을 만한 일이 없었는데, 왜 죽임을 당하는 꿈을 꾸게 된 것일까요?

이는 태아영가가 낙태 당할 때의 놀라움과 슬픔에 한(恨)이 맺혀 구천을 떠돌다가 형제를 통해 부모에게 호소한 것입니다. '자신의 억울함을 풀어 달라'고 말입니다. 태아영가는 비록 육신은 없어도 부모가 같은 형제의 입을 통해 부모를 부를 수 있다고 합니다. 우리는 여기서 비록 육신이 없는 태아영가일지라도 구천에서 살아 떠돌고 있다는 사실을 알 수 있습니다.

⑥ 죽은 남자친구의 원결로 유산되다

결혼 전에 낙태한 여성은 결혼 후 임신이 어렵거나 유산을 경험하는 경우가 많습니다. 결혼 전 딱 한 번의 낙태로 결혼 후 유산을 거듭한 여성의 사연입니다.

"저는 결혼한 지 8년차 되는 30대 중반의 주부입니다. 말씀드리기 부끄럽지만 결혼 후 9번이나 유산을 했습니다. 왜 그랬는지 이유를 모르겠습니다. 아기를 갖고 싶은 마음은 간절하나 3개월을 넘기지 못하고 유산하고 맙니다, 임신할 때마다 이번에는 꼭 낳겠다고 다짐하고 조심하면서, 의사 선생님께 각별히 부탁드려도 번번이 유산하고 마는 것입니다.

남편과 시어머니는 어서 아기를 낳으라고 재촉하지만 뜻대로 되지 않아 조급해집니다. 제가 결혼 전에 한 번 낙태한 일이 있는데, 혹시 그 낙태아 때문에 탈이 나서 계속 유산되는 건지요? 아마도 그 낙태아의 원결 때문이라는 생각이 듭니다. 꿈속에서 손발이 문드러진 아기를 보곤 하는데, 해골모습의 얼굴을 가진 아기에게 도깨비 같은 것들이 덤벼들면서 목을 조르기도 합니다. 같은 꿈이 반복되면서 한숨도 자지 못할 때가 많습니다.

당시 저희는 나이가 어렸는지라 아무것도 모르고 부부가 되기로 약속했습니다. 그런데 철없던 행복은 얼마 못가 깨지고 말았습니다. 남자친구가 갑자기 교통사고로 죽었기 때문입니다. 저는 나이도 어리고 혼자인데다 미혼모로서 아기를 키우는 것이 너무 벅차다는 생각에 4개월 된 태아를 낙태하고 말았습니다.

저는 새 출발한다는 의미로 지난 날을 모두 잊어버리고 2년 뒤 지금의 남편을 만나 결혼했지만, 계속 유산되어 자식을 낳지 못하는 바람에 이렇게 편지를 보냅니다."

필자가 이 편지를 받은 뒤 그 여성 분과 직접 면담하고 천도재를 지내면서 태아영가를 자세히 관찰해보니, 예전의 낙태아와 죽은 남자친구의 원결이 뒤섞여 그 여성 분에게 장애를 주는 것이었습니다. 사귀던 남자친구가 교통사고로 죽었는데 설상가상으로 그의 혈육인 아기를 낙태해 버리니, 비록 한때 사랑하는 사이였다고 하더라도 원결을 맺은 남자친구는 새 출발한 여자친구에게 아기를 가질 수 없게 만든 것이라고 할 수 있습니다.

그 여성 분은 태아영가를 좋은 곳으로 보내기 위해 곧 천도불공과 사경기도를 올렸습니다. 매일같이 태아영가와 남자친구를 위해 기도하면서 아기를 낳게 해달라고 염원했습니다.

천도기도의 효험은 점차 나타나기 시작했습니다. 맨 먼저 악몽이 사라지고 몇 달 후에는 좋은 소식을 접했습니다.

"스님, 아기가 생겼어요! 그런데 또 유산될까 걱정됩니다."

그녀의 맑은 음성을 들으니 기분이 좋았습니다. 필자는 순산할 것이라며 걱정하지 말라고 답해드렸습니다.

이처럼 태아영가 천도재의 위신력을 빌려 자식을 얻은 사람이 적지 않습니다. 몇 년 동안 아기를 갖지 못한 엄마는 천도재를 지내면

낙태아가의 영혼

서 마침내 소원을 이루게 되는 것입니다. 아마도 지성으로 참회기도 하는 엄마·아빠의 마음이 태아영가에게 전달되어 환생한 것이 아닌가 싶습니다.

⑦ 낙태영혼, 30년 넘도록 엄마를 괴롭히다

강원도 화천에서 전화로 상담을 약속한 어느 보살님이 예정시간에 맞춰 사찰을 예방했습니다. 몸집이 비대한 보살님은 인사를 나누더니 앉자마자 다짜고짜 자신의 사연을 먼저 들어달라고 하면서 이야기를 시작했습니다.

"어찌된 사연인지, 차분하게 구체적으로 말씀해 주세요."

보살님의 사연인즉, 30년 전에 낙태했는데 출산을 앞둔 9개월 된 태아였습니다.

"저도 잘 모르겠습니다. 그 당시 제가 뭐에 씌었는지 갑자기 그 아기가 태어나면 절대로 안 된다는 생각에 낙태하려고 병원에 갔습니다. 하지만 담당 의사는 낙태하기에는 아기가 너무 자라서 수술할 수 없다고 말하더군요. 저는 꼭 그 아기를 낙태해야 한다는 생각에 발길을 돌려 불법不法으로 낙태수술 하는 곳을 찾아갔어요. 그곳에서는 뱃속의 아이가 죽어야만 꺼내니까 촉진주사를 맞고 일주일 후에 수술하자고 권했습니다. 당시에는 오직 아기가 태어나면 안 된다는 생각밖에 없어서 죄인지도 모른 채 시키는

대로 했습니다. 일주일 후에 그곳을 찾아갔고, 죽은 아기
를 꺼내는 줄 알았는데, 아기가 살아서 '응애, 응애, 응애'
세 번 울고는 죽었습니다. 그 울음소리가 하도 소름끼쳐
치료도 못하고 도망치듯 집으로 걸어오는데 평소와 달리
잘 걷지도 못하고 몹시 어지러웠습니다. 쓰러지기를 여러
차례, 다시 기운을 차리고 간신히 집에 도착했으나 그때
부터 다리를 꼼짝할 수 없었습니다. 시간이 지나면 괜찮
겠지 한 것이 벌써 30년이 지났습니다."

　낙태 후 보살님의 인생은 엉망진창으로 변해 버렸습니다. 병고
病苦에 지친 나머지 다리를 뻗고 한스럽게 울면서도 왜 울어야 하
는지 이유를 알지 못하고, 툭하면 이 사람 저 사람과 다투기 일쑤
였습니다. 도저히 이해할 수 없는 일들이 계속 일어나니까 무당을
찾아가 조상영가 천도재를 몇 번이나 지냈으나 달라지는 것은 없
었습니다. 그렇게 몇 년이 지나자 그 많던 재산도 모두 사라지고,
이제는 잃을 것도 없는 상황까지 오게 되었습니다.

　보살님은 낙태한 아기에게 참회하는 마음으로 겨우 마음잡고 살
았는데, 어느 날 갑자기 친정어머니가 돌아가셨다는 소식을 듣는
순간에 자신의 입에서 낙태한 아기의 혼령에 씌인 듯한 말들이 쏟
아졌습니다.

　"엄마 아프지! 나도 아파. 그러니 나 묻어 줘."

　보살님은 빙의憑依된 모습으로 광기를 일으키면서 집안 살림을

뒤엎지를 않나, 가족 중의 누군가 식사하고 있으면 밥그릇을 빼앗아 갖다버리고 계속 아프다며 횡설수설했습니다.

> "제 입을 통해서 아기가 계속 말을 했어요. 그럴 때마다 하
> 반신이 너무 아파 견딜 수 없었습니다. 여기 좀 보세요."

보살님은 갑자기 옷을 벗더니 부황 뜬 것처럼 시커먼 자신의 엉덩이를 보여주었습니다.

> "이게 다 제가 자기를 죽여서 그런 거라고, 자기가 죽을
> 때 이런 상태였다고 하면서 자기를 좋은 곳으로 보내 달
> 라고 합니다."

또한 언젠가는 가족들이 모인 자리에서 아기를 낳는 꿈을 꾸었습니다. 그런데 아기가 피범벅이 되어 형체를 잘 알아볼 수 없었습니다.

> "스님! 그 아기의 혼을 좀 달래주세요."

필자와 상담하는 도중에도 보살님은 낙태아의 영혼이 시키는 듯 "기도하라니까?" "아니야. 난 빨리 가야 해." "원결怨結을 갚아야 해." 등의 말을 계속 내뱉었습니다. 그것도 모자라 사무실 탁자의 연필통을 엎으면서 이상한 행동을 보이기도 했습니다. 실로 난감한 일이었습니다.

결국 상담하던 보살님은 자신에게 빙의된 낙태아의 혼령을 이기지 못하고 그만 발길을 돌려 돌아가고 말았습니다. 고통스럽더라도 그 순간을 이겨내고 참회기도하면서 원결을 푸는 것이 최상의 길인데, 혼령에 시달리며 사는 모습이 안타깝고 불쌍했습니다.

쌍둥이

보살님의 사연에서도 알 수 있듯이, 순간 잘못된 판단으로 30년을 고통 받으며 참회하는 마음으로 산다고 해도 용서가 되지 않으니… 이 얼마나 무서운 악연이겠습니까? 태아영가는 비록 죽임을 당했어도 자신이 태어나는 것도 알고 죽음도 압니다. 보이지 않는다고 해서 영혼이 없는 것은 아니기 때문입니다.

태아영가의 입장에서는 자신을 위한 천도재는 하지 않고 조상영가 천도재만 지내는 엄마가 얼마나 원망했을까? 그 태아영가는 30년 넘도록 엄마를 따라다니면서 자신만을 위해 기도해 주기를 바라는 것입니다.

거듭 강조하건대, 낙태의 경험이 있는 경우 이 악연으로 다음에 아기를 잉태하게 되면 과거 낙태했던 그 시기에 꼭 유산이 되고 장애를 가장 많이 받는다는 사실을 간과해선 안 됩니다.

"아가야, 용서해주렴"

아가야,
너를 가졌을 때 온가족이 좋아했지만
태동도 느껴보기 전에 이별하고 말았구나.

너는 소중한 첫 아기였지만
엄마·아빠가 너무 모르는 게 많아서
그만 너를 그렇게 보내고 말았구나.

그 뒤로 몸과 맘이 너무 아파서
뭐가 좋은 지, 싫은 지도 모를 정도로
정신없이 살아왔구나.

지금 생각해보니
그런 것이 모두 너의 빈 자리였는데
우린 너무 늦게 알았구나.
25년이 지난 지금에야 너를 생각하고
네게 미안함을 비는 미련한 엄마를 용서해다오.

어리석고 미련하다고 욕해도 좋지만
혹시라도 짧은 인연이 아쉬워 이해해주고 싶다면
엄마가 뒤돌아보지 않고 앞만 보면서
정신없이 살아서 그랬다고 이해해주렴.

열심히 산 줄 알았는데
네게 용서를 빌지 않은 세월이
네게는 상처가 되었겠다 생각하니
정말 몸 둘 바를 모르겠다.

아가야,
앞으로 너를 위해 참회기도 많이 할게.
그렇게 해서라도 엄마·아빠는 네게 용서를 빌고 싶구나.

아가야,
정말 미안하다.

⑧ 빙의된 딸 "엄마, 우리 함께 죽자"

멀리 경산에서 올라오시는 보살님이 있습니다. 어느 날 절에 가는 것을 끔찍이 싫어하던 보살님의 자녀가 엄마의 문제를 상담하기 위해 홀로 필자를 찾아왔습니다. 예쁘게 생긴 딸은 누가 보더라도 야무지고 똑똑했습니다. 이 사랑스러운 딸은 태아영가에게 고통 받고 있으면서도 정작 자신은 그것을 모르고 있었습니다.

하지만 부모님의 괴로움은 이루 말할 수 없었습니다. 오죽하면 엄마는 딸 문제로 고민하다가 지친 나머지 거의 정신 줄을 놓아버릴 지경이었습니다. 혼이 나간 사람처럼 변해버린 것입니다. 엄마의 그 모습을 보고 딸이 오히려 놀란 나머지 엄마를 위하는 마음으로 필자를 찾아온 것입니다.

> "스님, 저는 고등학교 때까지 부모님의 기대를 많이 받았어요. 똑똑하고 야무진 저를 두 분 모두 아끼고 사랑하셨죠. 그런데 저도 모르게 갈수록 행동이 이상하게 변했어요. 제가 생각해도 좀 이상했어요. 아빠만 보면 욕하고 소리 지르고 옆에 오지도 못하게 했어요. 날이 갈수록 심해지니 나중에는 떨어져 살 정도가 되었습니다."
> "그렇게 된 거군요. 그나저나 따님이 속상하고 힘들겠어요."

빙의된 태아영가는 여자아이였나 봅니다. '분홍 레이스가 많은 드레스를 입고 싶다'며 '그 옷을 사달라'고 소리 지르면서 억울함에 못 이겨 하소연하고 있었습니다. 태아영가가 빙의되는 사람들의 특징이 이 딸에게도 나타나고 있었습니다. 다시 말해 태아영가는 햇빛을 싫어하기 때문에 창문을 검은색 커튼으로 막아 주변을 항상 어둡게 하는가 하면, 밤새 잠을 자지 않고 컴퓨터만 들여다보는 것입니다.

문밖을 출입해야 세상이 어떻게 돌아가는지 알고 사람들과 교류할 텐데, 이 딸은 그 자체를 원천봉쇄해버린 것입니다. 기껏해야 가게로 심부름 가는 게 고작이었습니다. 그것도 상태가 좋을 때의 일이고, 태아영가의 장난이 시작되면 "왜 나를 낳았어. 낳지 않았으면 좋았을 텐데. 죽고 싶다."는 말을 퍼붓고, 엄마에게 "함께 죽자."며 괴롭힌다는 것이었습니다.

이쯤 되면 가족이 아니라 원수라고 할 수 있습니다. 그래도 엄마는 희망을 놓지 않고 참회기도를 멈추지 않았습니다. 필자는 경산 보살님의 그 딸을 데리고 법당으로 올라가 등불 하나를 가리키며 말했습니다.

"저 등불은 자식이 어둠 속에서 방황하지 않고 밝은 곳을
향해 나아갈 수 있도록 어머님이 켜 놓은 것입니다."

딸은 등불을 보고 뭔가 느꼈는지 갑자기 눈물을 흘리기 시작했습니다. 그동안 알게 모르게 자신이 얼마나 부모를 괴롭혔는지 가슴으로 와 닿는 것이 있는 것 같았습니다. '미안하다'며 흐느끼는 딸에게 필자는 날을 잡아서 엄마와 함께 다시 오라고 일러주고 돌려보냈습니다. 그리고 3일 뒤에 구병시식救病施食을 지내주었습니다.

사람은 가슴 속에서 뜨거운 눈물을 흘려야 거듭나는 법입니다. 그날 집에 도착한 딸은 방 안의 커튼을 다 걷어내고 창문을 열었다고 합니다. 그리고 활기찬 목소리로 친구들을 만나고 오겠다며 나갔다고도 합니다. 실로 큰 변화가 아닐 수 없습니다. 딸이 정상으로 돌아와 자신의 삶을 사는 모습을 보고 경산 보살님은 기쁨 가득한 목소리로 전화를 주셨고, 필자는 이렇게 다독여 드렸습니다.

"그동안 마음고생 많으셨습니다. 이제는 따님의 정신이
정상으로 돌아왔으니 모든 게 달라질 겁니다. 너무 심려
하지 마세요."

"인생이 아름다워 보이겠죠."

"그럼요."

우리는 전화기 너머로 서로 빙그레 웃었습니다.

⑨ 아버지의 업보를 자식이 받다

『유가사지론』(권1 '의지' 편)을 보면 정상적인 임신을 위해서는 부모가 어찌해야 하는지를 알 수 있습니다.

> "수태를 위해서는 세 가지의 장애가 없을 것이니, 아이 낳는 곳[산처産處]에 허물이 되는 일이요, 종자에 허물이 되는 일이요, 전생의 업에 허물이 되는 일이다.
>
> 〈중략〉
>
> 무엇이 종자의 허물이냐 하면, 아버지는 부정한 물[부정수不淨水]이 나오는데 어머니는 나오지 않거나, 혹은 어머니는 나오는데 아버지는 나오지 않기도 하고, 혹은 다 같이 나오지 않기도 하며, 혹은 아버지의 정수精水가 썩었거나, 혹은 어머니 것이 썩었거나, 혹은 모두가 썩었거나 하는 것이니, 이와 같은 것들이 종자의 허물인 줄 알아야 한다.
>
> 무엇이 전생 업의 허물이냐 하면, 혹은 아버지 또는 어머니가 아들 낳을 업을 짓지 않았고 더 자라게 하지도 않았거나 혹은 둘이 다 없었으며, 혹은 그 유정이 부모 얻을 업을 짓지 않았고 더 자라게 하지도 않았으며, 혹은 그 부모에게 다른 아들

을 얻을 업을 지었고 자라게 하였거나, 혹은 그 유정에게 다른 부모를 만날 업을 지었고 자라게 한 것이며, 혹은 큰 성바지[대종엽大宗葉]를 만날 업이거나 혹은 큰 성바지가 아닌 업을 만나는 것이니, 이와 같은 것들이 전생 업의 허물인 줄 알아야 한다."

이 논서의 내용은 남자와 여자의 정수精水가 적절하고 청결해야 하며, 전생업이 불선不善해서는 안 된다는 것을 말해줍니다. 흔히 외도로 인해 전염된 성병을 가진 상태에서 부부관계를 통해 임신하게 되면, 그 병균이 태 속에 들어가 태어나는 자녀에게 각종 피부병을 전염시킬 수 있다는 교훈으로 이해할 수 있겠습니다.

이 세상의 모든 부모는 자식을 위해 살고 자식으로부터 행복을 느낀다고 해도 과언이 아닙니다. 자식은 사랑의 결실이자 부모에게는 희망이기 때문에 본능적으로 잘 키우려는 것인지도 모릅니다.

다음 내용은 지인 소개로 필자를 찾아온 보살님의 사연입니다.

보살님의 아들은 좋은 직장에서 근무 중이었습니다. 어느 날부터인가 피부병으로 마음 고생을 했지만 시일이 지나면 났겠지 싶었습니다. 하지만 몇날 며칠이 지나도 차도가 없어 병원에 다니면서 치료했으나 전신으로 번져 더 이상 근무하기 힘들 정도가 되었습니다.

아들은 결국 병 치료에 전념하기 위해 사직서를 내고 여러 병원을 다니면서 온갖 피부약을 다 써보았으나 차도는커녕 오히려 악화될 뿐이었습니다. 병고에 지친 아들은 폐인처럼 집밖에 나오지 않고 작은 옥탑방에서 챙겨주는 밥만 받아먹으면서 하루하루를 보내고 있습니다.

보살님은 필자와 상담하면서 눈물을 보이셨습니다.

"스님, 우리 아들 어떻게 치료할 수 있겠나요? 정말 똑똑하고 착실한 자식인데, 무슨 악연으로 이 고통을 받고 있는지요?"

필자는 사연을 듣고 천도재 기도를 올리다가 깜짝 놀라운 사실을 알 수 있었습니다.

"보살님 혹시 신혼 무렵 기억에 남는 일이 없으신가요?"
"예, 신혼 초에 부부생활 하는 도중에 남편이 성인병에 걸린 것을 알게 되었습니다. 당시에는 두려움에 아무 말을 못하다가 그만 아이가 생겼습니다. 그때 병균이 들어가서 제 아들이 지금 이렇게 된 것인가요?"
"……"

⑩ 아버지의 잘못된 만남, 자녀가 고통 받다

　부모가 지은 낙태의 업장을 소멸하기 위해 간절히 기도하는 자녀의 사연입니다. 자녀가 필자에게 보내온 편지글을 먼저 소개하면 이렇습니다.

아빠와 아기

　"얼마 전 불교와 인연 맺고 조금씩 교리를 공부하는 과정에서 불교TV를 시청하게 되었는데, 마침 구담사 자모암 지율 스님의 태아영가 천도재에 관한 법문을 보게 되었습니다.

제가 스님에게 메일을 드리는 이유는 저의 일보다는 부모님과 관계된 태아영가 때문입니다. 어머니는 제 언니를 낳고 제 위로 두 명의 태아를 먼저 보냈습니다. 한 명은 낙태한 것이 확실하고, 또 한 명은 분명하지 않습니다.

그 당시 산부인과 의료진이 그다지 많지 않았던 시절, 어머니 말씀에 의하면, 월경 예정일이 일주일 정도 지났는데도 생리가 없어 산부인과를 찾았고, 그때 생리혈을 다 뽑아내고 루프라는 피임시술을 했다고 합니다. 어머니는 생리가 나오지 않아 임신 가능성이 있다고 보았는데, 피임시술 과정에서 뱃속의 아이가 죽었을 수도 있다고 어렴

풋하게나마 생각하면서 늘 양심의 가책을 느꼈다고 합니다. 기억에 의하면 당시 착상된 태아가 있었는지는 의사에게 들은 바 없다고 합니다.

그리고 아버지께서 외도한 적이 있는데, 상대 여자 분이 임신 5개월 무렵에 '씨값을 받으러 왔다'고 하면서 집에까지 막무가내 찾아오자, 친할머니가 쫓아내신 적이 있다고 합니다. 어머니는 그 후 그 여자 분이 낙태했다는 소식을 전해 들으시고 '같은 여자로서 참 안타깝고 가슴 아픈 일이 아닐 수 없다'고 하셨다고 합니다.

하지만 어머니께서는 그 여자 분이 정말로 낙태했는지는 확인할 길이 없었다고 합니다. 소식과 달리 어쩌면 지금도 어딘가에 살아있을 수도 있고, 또 애초에 진짜로 임신한 적이 없는 '가상의 존재'일 수도 있기에 제가 단언해서 말씀드리기는 어렵습니다. 진위는 당사자만 정확히 알고 있을 겁니다.

스님, 제 부모님은 불교와 인연이 없어서인지 과거의 잘못된 행위를 정확하게 인지하지 못하고 계십니다. 그러니 당연히 참회도 하지 않습니다. 아무리 부모일지라도 이러한 모습은 인과의 두려움을 알게 된 저로서는 충격으로 다가옵니다. 다행스럽게도 이제 제가 불교와 인연을 맺었으니 저라도 나서서 부모님 대신 태아영가들을 천도하고 싶습니다.

문제는 태아영가들이 도대체 몇 명인지 정확히 파악조차 못한다는 것입니다. 자식으로서 연로한 부모님에게 추궁하듯 물어보는 것도 어렵습니다. 지금까지 말씀드린 내용이 제가 아는 전부입니다.

아울러 스님께 몇 가지 여쭙고 싶습니다.

첫째, 기도를 열심히 하면 제 부모님과 인연 있는 태아영가들이 몇 명인지 모두 알 수 있을까요? 부모가 지운 태아영가들을 스님께서 한 명 한 명 챙겨주시길 바라고, 영가의 위패도 만들어주고 싶습니다.

둘째, 부모님 대신 제가 천도재와 참회기도를 올려도 되겠습니까? 부모님이 참석하지 못한 상황에서 가능할까요?

셋째, 1년 전 외할아버지께서 돌아가셨는데 불교와 인연되기 전이라 49재를 지내드리지 못했습니다. 제가 지금이라도 천도재를 지내드려도 될까요? 스님의 법문을 들으니 조상영가와 태아영가를 같이 지내서는 안 된다고 하셨는데, 제가 어떻게 하면 좋을지 가르침을 주십시오.

마음이 매우 답답하고 슬픈 저를 위해 부디 감로의 한 말씀을 해주십시오. 저는 현재 집에서 태아영가들을 위해 기도 중입니다. 그러나 제 힘만으로는 역부족일 것 같아서 스님의 도움을 절실히 받고 싶습니다.

이 모든 것이 부모님께서 여러 번 낙태한 죄업 때문인 것 같습니다. 울고 싶습니다. 그리고 그 이상으로 슬픈 영혼

들을 달래주고 싶습니다. '아가야, 너를 보지는 못했지만
사랑한다' 고 외치고 싶습니다.”

이 사연을 보낸 딸은 그 후 낙태의 업으로 고통 받는 부모를 위
해 기도를 신청했습니다. 그리고 부모의 낙태된 아이를 위해 열심
히 기도하러 절에 왔습니다. 그런데 너무나 뜻밖에 부모로 인한 낙
태아의 원결을 알게 되었습니다. 아버지가 어머니와 결혼하기 전
에 사귀는 여인이 있었는데, 어머니는 이를 모르고 결혼하게 되었
습니다. 아버지가 명문대 졸업에 머리도 똑똑하시고 잘 생겨 결혼
조건으로 충분했다고 합니다.

아버지의 과거행위는 입으로 말할 수 없지만 좀 난잡했던 것 같
습니다. 어머니가 임신하자 결혼 전 여인이 찾아와서 자기도 임신
했다고 하더랍니다. 그래서 어머
니는 둘이 다 애기를 낳을 수 없
다고 하시며 그 여인에게 낙태를
강요했다고 합니다. 그 여인은
서러운 마음으로 낙태한 후 “지
금은 낙태하지만 그 인과응보는
꼭 받게 될 거야.”라는 말을 남
기고 떠났다고 합니다.

아빠와 아기

그러한 일이 있은 후 어머니는
임신하고 딸을 낳게 되었는데,
그 딸은 태어나면서부터 피부병

에 고통을 받았고 지금까지도 고치지 못해 결혼은 꿈도 꾸지 않았다고 합니다. 다행히 공부하는데 방해는 없어 열심히 했고, 이 자리까지 오게 되었다고 합니다. 아버지의 나쁜 정자가 만들어 낸 업이 자녀의 마음을 아프게 한 것입니다.

딸은 다행히 기도한 후 밝아지고 몸도 아주 좋아지자 결혼하고 싶은 마음이 생긴다고 했습니다. 이번 사연에서 알 수 있듯이 과거 한순간에 저지른 부모의 잘못으로 자녀가 얼마나 불행한 삶을 살아가야 합니까. 부모는 어떠한 이유로도 자녀에게 피해 가는 일은 하지 말아야 합니다.

⑪ 낙태 당한 동생이 자꾸 나타나다

낙태 당한 동생의 모습이 자꾸 보여 왠지 모를 죄책감에 시달리고 있는 한 여성의 사연입니다. 부모가 지은 살태업殺胎業으로 부모는 부모대로 육체적 고통을 받고, 자녀는 자녀대로 정신적 괴로움을 당하고 있는 가족의 이야기입니다.

"스님, 안녕하십니까?
홈페이지를 보고 반가워서 글을 올립니다.
참고로 저는 미혼이고 부모님이 두 번 낙태한 것이 생각나서 글을 씁니다. 우선, 제 집안은 종교적으로 갈등이 많은 집안입니다. 할머니는 불교, 어머니는 기독교, 아버지는 무종교로 제각각입니다. 그래서 제가 어렸을 적에는 그런 상황에 적응하느라 참 힘들었습니다.

제 체험담을 하나 말씀드리겠습니다.

하루는 명동에 안경 맞추러 가다가 처음 보는 여자 둘을 만났습니다. 그들은 복장이 남들과 달라서 어딘가 모르게 세속과 동떨어진 도인 분위기를 풍겼습니다. 그런데 저를 보자마자 다짜고짜 낙태 당한 동생들이 있냐고 묻더군요.

저는 두렵기도 하고 기분이 언짢아서 애써 무시하려 했지만, 그날따라 신기하게도 주변에서 저를 닮은 아기가 뚜렷하게 보였습니다. 그 아기는 성장과정에 따라 각각 영아, 유아, 어린이, 그리고 청소년을 지나 청년의 모습으로 변하면서 제 주변을 맴돌고 있었습니다. 마치 패션모델이 무대에서 보란 듯이 워킹을 하는 것처럼, 인간의 몸으로 태어나지 못한 동생이 맺힌 한을 풀기라도 하듯이 말입니다.

그런데 답답한 것은 이러한 현상을 오직 저만 보고 느낀다는 점입니다. 남들에게 이런 말을 하면 아마도 미쳤다고 할 겁니다. 그리고 안타까운 것은, 부모님께서는 낙태에 대해 죄책감이 눈곱만치도 없다는 것입니다.

그날 명동에서 만난 그 여자는 저한테 낙태 당한 동생들의 한이 있다고 하면서 한참을 얘기하다 가더군요. 좀 어이가 없기는 했으나 반신반의하는 마음으로 집에 왔습니다. 그런데 식구들이 다 같이 둘러앉아 저녁을 먹는 도중

엄마와 남동생 사이에 투명한 아기가 서 있는 것이었습니다. 불과 단 몇 초에 지나지 않았지만 저는 하마터면 기절할 뻔 했습니다.

그래서 결국 어머니에게 명동에서 있었던 일을 얘기했는데, 어머니는 단칼에 '무시하면 돼.'라고 하면서 말을 끊었습니다. 제 어머니는 매우 단호한 편이라, 한 번 당신이 아니라고 하면 사실 관계를 떠나 끝까지 부정하거나 거부하셨습니다. 독실한 기독교 신자라서 그런 건지, 아니면 낙태가 죄라는 것을 정말 모르고 있는 건지 이해가 되지 않아 되물었더니 '기독교사상에 낙태는 죄가 아니다'라고 말씀하셨습니다.

저는 그런 독선과 아집이 너무 슬펐습니다. 분명히 낙태 당한 동생들의 아픔을 느꼈는데, 엄마는 제 말을 믿기는 커녕 다시는 말조차 꺼내지 못하도록 하셨으니까요. 게다가 저는 몸이 허해서인지 몰라도 가끔씩 꿈에 동생들을 보는 편입니다. 그로부터 며칠 뒤, 저는 동생의 몸이 공중에 붕 뜨면서 산산이 찢어지는 꿈을 꾸었습니다. 너무 무서웠습니다. 그러면서 '누나 사랑해!' 이렇게 외쳤습니다. 저는 낙태 당한 동생들을 위해 아무것도 해주지 못하는 죄책감에 눈물을 흘렸습니다.

제 집안에 할아버지가 살아계실 때는 정말 행복했습니다. 할아버지가 저 세상으로 가시고 어머니가 낙태를 하고서부터 점차 일이 꼬이기 시작했습니다. 아버지의 사업도 점점 어려워지고…. 마치 행복과 기쁨 그리고 즐거움으로 통하는 하늘의 문이 제 집안에서 서서히 닫히는 것 같았습니다. 그날 이후부터 제가 동생을 죽인 것도 아닌데 죄책감에 시달립니다. 그래서 언젠가는 그것을 풀어야 한다고 생각했습니다.

그러다 놀라운 사실을 알았습니다. 제 할머니가 꽃다운 열여덟 살 나이에 시집와서 낙태를 무려 열 번이나 하신 걸 알게 된 겁니다. 모두 임신 2개월째에 아기를 지웠다고 합니다. 제 어머니는 3개월째에 지웠다고 하구요. 그 원결때문인지는 몰라도 현재 아버지는 당뇨병, 어머니는 고혈압 증세로 고통을 받고 있습니다. 물론 이것은 노화와 가족력에 따른 자연스러운 현상일 수도 있습니다. 저는 모든 부정적인 현상의 원인을 낙태로 보지는 않지만, 분명히 관련 있다고 생각합니다. 부처님 말씀에 의하면 모든 것은 다 서로 연결되어 있다고 하니까요.

스님, 이럴 경우 천도재를 지내주어야 하나요? 저는 교회를 다니는 관계로 절에 가본 것은 딱 한 번뿐입니다. 그리고 엄마가 낙태한 것을 당사자가 아닌 제가 풀어 드려도 되나요? 괜히 나서는 게 아닌가 하는 생각이 들기도 합니다. 하지만 저는 태아영가를 위한 천도재를 지내고 기도하면 낙태 당한 동생이 한을 꼭 풀 것 같은 느낌이 듭니다.

두 동생들이 제게 태아영가 천도재를 지내도록 사인을 준 것은 이웃집 벽에 새겨진 무늬 때문입니다. 비가 많이 와서 오래된 벽이 버티지 못하고 허물어져 가는데, 거기 새겨진 문양이 영락없이 아기가 아주 화가 난 표정으로 제 집안을 노려보는 모습이었습니다. 심지어 벽에는 아기모습뿐만 아니라 몇 달 전에 안락사 시킨 강아지 모습까지 보였습니다. 그걸 보면서 집에 들어갈 때마다 엄청난 죄책감에 가슴이 많이 아팠습니다. 그런데 가족 중에 왜 저만 그런 고통을 느껴야 하는 것인지…. 제가 정신적으로 문제가 있는 것은 아닌지 하는 생각에 괴로웠습니다. 그래서 계속 이대로 모른 체하고 업을 쌓으면 안 되겠다는 생각이 들었습니다.

오죽하면 수많은 귀신들이 구름떼처럼 뭉쳐서 저를 쫓아다니며 괴롭히는 꿈을 꾸겠습니까. 정말 무서웠습니다. 아무리 생각해 봐도 제 집안에 낙태 당한 동생들의 영혼이 맴도는 것 같습니다. 정말 내세가 있다면, 그들의 영혼이 있다면 분명 사랑받을 가치가 있다고 봅니다. 제 부모님은 천도재를 지낸다고 하면 틀림없이 극구 말릴 것입니다. 특히 교회에 다니는 엄마의 반대가 클 겁니다. 과연 어떻게 하는 것이 현명한 것인지 부디 답변 부탁드립니다.

스님, 낙태당한 태아영가의 원결과 부모님의 업장을 풀고자 이 글을 올렸습니다."

필자는 이 사연을 보고 다음과 같이 답변을 드렸습니다.

"상담자의 사연을 들어보니 우선 종교가 서로 다르고 생각도 다 다르기 때문에 쉽게 의견을 통일해서 결정내리고 기도하기가 힘들 것 같네요. 분명한 것은 할머니와 부모님이 낙태를 했지만 그 잘못을 인정하지 않고 그냥 살아가는 것입니다. 바꿔 생각하면 태어나자마자 죽은 아이는 그래도 생명의 존재를 인정받고 동정의 대상이 되지만, 태어나지 못한 아이는 태 속에서 부모에게 부정당하고 억울한 죽음을 당했을 뿐만 아니라, 생명체로서 인정도 못받은 채 아무런 죄의식도 느끼지 못하는 어른들의 무관심 속에서 서서히 잊혀지는 것입니다.

만일 낙태하지 않았다면 이 세상에 태어나 예쁜 자녀가 되었을 텐데 그것을 인정하지 않는 것이 큰 문제입니다. 요즘은 영아를 제대로 건사하지 못해 사고로 죽으면 경우에 따라 아동학대법으로 형벌을 받기도 합니다. 하지만 낙태에 대한 처벌은 거의 전무합니다. 그저 핏덩어리 하나가 없어졌다고 생각할 뿐입니다.

태아영가 천도기도는 종교를 떠난 기도가 필요합니다. 필자가 적극적으로 낙태아의 영혼이 있다고 알리지만, 이해하고 받아들인다는 게 쉬운 일은 아닙니다. 분명 과학적으로 입증할 수 없는 태아영가의 세계와 기도영험이 있는 것이니까요. 그럼에도 다시 한 번 말씀드립니다.

태아영가는 조상영가 천도재와 달리 부모의 참회기도가 가장 중요합니다. 이 글을 쓴 자녀 분에게는 이미 그 마음이 전달되어 낙태아의 영혼은 분명 좋은 곳에서 인연을 맺게 될 것입니다."

형, 나 재미있어요

약을 복용한 두려움에 너를 버렸구나!

아기,

네가 들어선 줄 모르고 엄만 독한 약을 먹어버렸단다.

그런데 누가 그러더라. 그런 약을 먹고 기형아를 낳은 사람이 있다고.

아, 엄마는 그 말을 듣고 고민에 휩싸이고 말았다.

그때 어떤 소리가 들려왔지.

"엄마, 저 기형아 아니에요. 버리지 마세요."

그게 너의 목소리가 맞았니?

정말 넌 기형아가 아니었니?

네가 기형아로 태어났다고 한들 엄마가 널 사랑하지 않았을까?

그렇진 않았을 거야.

내 자식인데 최선을 다해 사랑을 줬을 거라고 믿고 싶구나.

아기,

너무 쉽게 겁먹고 포기해버린 엄마 자신이 너무 원망스럽다.

네가 생긴 줄도 모르고 약을 먹은 신중하지 못한 행동도 원망스럽고.

엄마는 지금도 그날을 생각하면 고통스럽고 눈물만 나오는구나.

끝까지 지켜주지 못해 미안해.

아가.
그날의 어리석은 행동을 후회만 하고 있진 않으련다.
우리 그리움을 참고 다시 만날 날을 기약하자.

아가,
너무 보고 싶다.
영혼이 있다면 다시 내 품으로 찾아와다오.

엄마의 참회

세상에 태어나지 못한 모든 아기들아.
오늘은 아이를 지운 모든 엄마를 대신해
내가 너희에게 머리를 조아리고 참회를 하고 싶다.
내 아기를 위해 기도하다 보니
모든 엄마들의 마음이 다 같을 것 같고,
또 태 속에서 사라진 아기의 마음도 다 같을 것 같구나.

그런데 어떤 엄마는 방법을 알아서 참회를 하고,
어떤 엄마는 아직 모르고 있을 뿐이란다.
엄마들은 너희를 사랑하지 않아서 보낸 게 아니라,
다들 말 못할 사정 때문에 그렇게 할 수밖에 없었단다.

하지만 사정을 아무리 얘기해봤자
어미로부터 버림받은 그 순간,
너희들은 얼마나 두려웠을까.
너무 아프고 춥고 배고프고 외로웠지.
미안해, 정말 미안해.
엄마들의 이유가 어떻든
너희들은 아무도 없는 어둠에서 떠돌게 된 것을….

무슨 변명을 더 할 수 있겠니.
나는 기도를 하면 할수록 내게서 떠난 아기뿐만 아니라,
세상에 태어나지 못한 모든 아기들에게 미안해서 가슴이 에인다.

그때와 달리 이젠 형편이 나아져서
사랑을 주고 싶어도 사랑을 줄 대상이 없다는 걸 알았을 때,
아기를 보낸 엄마들은 가슴이 에어온단다.

너희들을 보고 싶어서 밤마다 눈물 흘리는
엄마들이 있다는 걸 알아줘.
기도 열심히 할게.
그것밖에 할 수 있는 게 없구나.
그 기도가 퍼져 그곳의 아기들이 밝은 세상으로
갈 수 있으면 좋겠다.
그리고 이곳의 엄마들은 더 이상 아기를 보내지 않았으면 좋겠다.

지장보살님이 들어주실 거야.
엄마들의 간절한 기도를 들으면
지장보살님 마음이 움직여서 꼭 들어주실 거야.

아기들아,
너희를 떠나보낸 엄마들을 용서해주렴.
대신 잊지 말고 기다렸다가 다음 생에는
다시 너희 엄마의 아들 딸로 태어나
이생에서 못다 이룬 부모 자식 인연을 다시 맺으렴.
그땐 꼭 떨어지지 말고 '엄마' '아기' 부르며
서로 눈 맞추고 행복하게 살자.

아기들아!
정말 미안해.

⑫ 낙태아 모습은 꼭 네다섯 살 아이다

필자는 가끔 신도님들로부터 다음과 같은 상담전화를 받습니다.

"스님! 어제 꿈을 꾸었는데요, 아기동자들이 네다섯 살로
보여요. 낙태한 아이는 핏덩어리인데, 왜 꿈에서는 그렇
게 보이나요?"

신도님들이 낙태한 아이에게 참회하는 마음으로 기도를 올리는
도중에 꿈을 꾸게 된 이야기인데, 꿈에 보이는 아이가 태아가 아니
라 네다섯 살의 아이처럼 보이는 것을 매우 궁금해 합니다.

필자는 신도님들에게 이러한 상담을 할 때마다 『아비담 비바사
론』(권36, '인품' 편)이라는 논서論書의 내용을 인용해 설명해주고
있습니다. 논서의 내용을 옮기면 다음과 같습니다.

법당에서 기도하는 모습

"사마달다奢摩達多 존자는 "중유중생은 수명이 49일이다."라고 하였다. 화수밀和須蜜 존자는 "중유중생의 수명은 7일인데, 하나의 7일을 넘지 못한다. 그것은 왜냐하면 그 중생은 몸이 약하고 하열하기 때문이다."라고 하였다.

문 가령 7일째에 이르러서 생처가 화합되지 못하면 저 중유는 단멸하는가?

답 단멸하지 않는다. 바로 중유에서 오래 머물 수 있다. 불타제바佛陀提婆 존자는 "중유의 수명은 일정하지 않다. 그것은 왜냐하면 태어나는 처소의 연이 일정하지 않기 때문이다. 중유는 비록 화합할 수 있다 해도 생유가 화합하지 못했기 때문에 오랜 시간 동안 머무는 것이다."라고 하였다.

문 중유의 형태는 큰가, 작은가?

답 그 형태는 5 · 6세의 아동과 같다.

문 그 형태가 그렇다면 어떻게 어머니에게 애착하는 마음을 내고, 아버지에게 화내는 마음을 내는, 이 같은 전도된 생각을 일으키는가?

답 그 형모는 비록 작지만 모든 근이 맹렬하고 예리한 것이, 마치 벽 위에 그려져 있는 노인상이 그 형태는 비록 작지만 노인의 모습이 있는 것과 같다."

이러한 현상은 상담하신 신도님 외에도 많은 분들이 경험한 일이고 궁금해 하는 부분입니다. 이 논서에서 말하고 있듯이, 형상으로 보이는 꿈은 동자인 아이로 보이는 것이 일반적입니다. 비록 낙태아가 핏덩어리라 할지라도 형상으로는 제법 큰 모습으로 보이는 것입니다. 아마도 꿈을 꾼 적이 있는 대부분의 부모에게는 핏덩어리가 아닌 아기동자로 보여 필자와 상담하면서 매우 궁금해 하고 신기하다는 모습을 보입니다.

이 논서의 내용 가운데 '중유의 형태가 어떻게 어머니에게 애착하는 마음을 내고, 아버지에게 화내는 마음을 내는, 이 같은 전도된 생각을 일으키는가?' 에 대한 물음에 대해 설명을 덧붙이면 이렇습니다. 즉, 어머니는 아이를 품고 아버지는 거꾸로 된 생각을 가지고 있기 때문입니다. 꿈에 보이는 형상과 형태는 맹렬하고 비록 작게 보이지만, 그 형상으로 많은 고통을 주고 예리함을 보여주는 것입니다.

⑬ 거듭 낙태한 업보로 자식의 피부색이 다르다

언젠가 태아영가 천도공양을 위해 기도 접수할 때 몇 백 명이 한꺼번에 몰려들어 몹시 소란스러운 경우가 있었습니다. 그때 태아영가 위패를 너무 많이 올리고 있는 한 신도가 눈에 들어왔습니다. 안산에서 새벽 첫 차를 타고 절에 도착한 중년의 보살신도였습니다. 조용히 방으로 불러 차를 대접하면서 이야기를 나누었습니다.

"아기 위패를 그렇게 많이 올리시는 특별한 이유라도 있
나요? 혹시 형제 분 위패도 함께 올리시는 건가요."
"아닙니다. 모두 다 제가 낙태한 아이들의 위패입니다."
"전부 몇 명이나 되나요?"
"스무 명이 좀 넘습니다."
"……."

"아이가 생겨서 지우고 나면 또 생기고 그러다보니 어느새 이렇게 많아지고 말았습니다."

"혹시 자제분 피부 색깔이 남하고 다르지 않습니까?"

"어떻게 아셨어요? 네, 그래요. 둘째 아이가 다른 아이들과 피부 색깔이 달라요. 둘째 아이가 검푸른 피부색으로 태어난 후 반항아로 성장해 문제를 일으키고 있습니다."

눈물로 하소연하는 신도 분의 얘기를 들으면서 떠오르는 것이 있었습니다. 피부색깔이 남다른 둘째 아들은 엄마가 지은 업으로 자식이 그 과보를 받은 경우였습니다.

이와 관련하여 『유가사지론』(권2 「본지분」 '의지意地' 편)에 다음과 같은 설명이 있습니다.

"태아인 동안에, 혹은 전생의 업의 힘으로 말미암아, 혹은 그의 어머니가 알맞지 못한 힘을 피하지 못하여 태어나면서 따르게 되는 기세로 말미암아, 이 태아로 하여금 머리카락이거나 빛깔이거나 살갗이거나 또는 다른 부분이 이상하게 되어 태어나게 한다.
〈중략〉

빛깔이 이상하게 되어 태어난다 함은, 전생업의 원인으로 말미암음은 먼저의 설명과 같으며, 그 어머니가 자주 더운 것을 가까이하는 현재의 인연으로 말미암아 그 태아가 검은 빛깔로 태어나게 되며, 또 그의 어머니가 아주 추운 방을 가까이 하는 버릇 따위로 그 태아가 아주 흰 빛깔로 태어나게 되며, 그의 어머니가 더운 음식을 많이 먹음으로 말미암아 그 태아가 아주 붉은 빛깔로 태어나게 한다.

살갗이 이상하게 되어 태어난다 함은, 전생의 업의 원인으로 말미암은 앞의 설명과 같으며, 그의 어머니가 음행을 많이 익힌 현재의 인연으로 말미암아 그 태아가 혹은 옴과 문둥병 따위의 나쁜 피부로 되어 태어나게 된다."

이 논서의 내용처럼 부모가 알맞지 못한 행위를 하게 되면 자식이 그 과보를 받는다는 것입니다. 특히 생명을 잉태한 어머니의 잘못된 행위는 자식에게 직접적으로 영향을 미친다는 교훈을 일러줍니다. 업의 인과는 그처럼 무섭고 두려운 것입니다.

⑭ 쌍둥이의 원결을 풀어주다

우리는 주변에서 쌍둥이를 어렵지 않게 만나게 됩니다. 같은 태내에서 태어났지만 먼저 착상하는 '순간' 의 차이인지는 몰라도 형상의 모습은 비슷하나 성격 내지 다른 면에서는 조금씩 다르다는 점을 알 수 있습니다. 때로는 쌍둥이를 보면 오히려 아우가 더 어른스럽고, 형은 아우보다 여리고 약한 경우를 볼 수 있습니다.

왜 그럴까? 하고 궁금해 하던 중 『아비담 비바사론』(권36 '인품' 편)이라는 논서에서 해답을 찾았습니다.

> 問 중유는 어느 곳에서 그 어머니의 몸으로 들어가는가?
> 答 어떤 이는 "저 중유는 장애가 없이 (좋아하는) 곳에 따라 태에 들어간다."라고 하였다.
> 問 만일 장애가 없다면 마땅히 그 어머니의 몸에 머물지 못해야 한다.
> 答 업력 때문에 그 어머니의 몸 가운데 머물게 된다.
> 評평 마땅히 중유는 생문生門으로부터 그 어머니의 몸 가운데 들어간다. 이렇기 때문에 쌍둥이는 나중에 나온 아기가 맏이가 된다. 그것은 왜냐하면 먼저 모태에 들어갔기 때문이다. 『시설경施設經』에서는 "부모가 복덕이 같아야 이내 수태할 수 있다."고 설하였다.

이 논서에 따르면, 우리는 쌍둥이의 선후관계를 잘못 알고 있다는 사실을 알 수 있습니다. 엄마의 자궁에서 먼저 나오는 아기가 형이나 언니가 아니기 때문입니다. 논서의 평評처럼 어머니의 태에 착상된 순서가 선후관계를 결정한다고 보면, 쌍둥이의 경우 먼저 착상된 아기가 비록 나중에 태어나지만 선후관계에서는 형 또는 언니가 되는 것입니다. 쌍둥이에 대한 상식의 오류를 바로잡아 주는 혜안慧眼이 아닐 수 없습니다.

이러한 쌍둥이를 낙태한 죄업으로 원결을 맺고 오랫동안 고생한 노보살님의 사연입니다. 지금은 화성으로 이사 간 보살님의 사연인즉 이렇습니다.

　노보살님은 장가를 못 간 아들이 사업을 하는 데 잘 되지 않고 부도가 나서 악전고투하고 있다고 했습니다. 그 모습이 애처로워 노보살님은 아들을 위해 마지막으로 당신이 오래 전에 낙태한 태아영가 천도기도를 지내주면서 생을 마쳐야겠다는 생각으로 필자를 찾아왔습니다.

　　"스님, 우리 아들이 어렸을 때는 정말 똑똑하고 공부를 잘해서 방 안을 표창장으로 도배할 만큼 가득했는데, 어찌된 일인지 고등학교 들어가면서부터는 뭔가에 홀린 듯 공부를 손 놓고 아무런 의욕도 없이 보내다가 결국엔 대학에 진학하지 못했습니다. 그러다가 직장 다니면서 사업을 시작했는데, 이제는 제가 더 밀어줄 재산도 없어요."

　노보살님은 이렇게 하소연하면서 한숨을 쉬셨습니다. 딱한 사연을 듣고 있자니 너무 안타까워 보였습니다. 노보살님은 한 가닥 희망의 끈을 놓지 않으려는 듯이 필자에게 물어오셨습니다.

　　"스님, 제가 아들을 위해 할 수 있는 것이 뭐가 있을까요?"
　　"네, 그래요. 아드님을 위해 천도재와 구병시식을 해보세요."

　이에 노보살님은 고개를 끄덕이며 알았다고 대답하고 기도에 들어가셨습니다. 그리고 놀라운 일이 벌어졌습니다. 기도 중에 아드님의 일이 잘 풀리지 않는 원인이 밝혀졌는데, 뜻밖에도 죽은 쌍둥이의 원결이 있었습니다.

예전에 노보살님은 집에서 쌍둥이를 낳았습니다. 시어머니가 쌍둥이의 탯줄을 가위로 자르다가 너무 바짝 자르게 되어 탯줄을 제대로 묶지 못했는데, 그 속으로 바람이 들어갔는지 탯줄이 바짝 잘린 아기가 "응애" 하고 소리 내던 울음을 그치고 싸늘하게 죽어버린 것입니다. 그때 죽지 않고 살아남은 쌍둥이가 바로 지금의 아드님이었습니다.

그러니까 그때 죽은 쌍둥이가 원결에 사로잡혀 "나는 죽임을 당했는데, 너는 호강하면서 잘 사는구나."고 하면서 살아남은 쌍둥

쌍둥이. 우리 다정해요

이에게 복수하는 것이라 하겠습니다. 결국 천도재를 통해 억울하게 죽은 쌍둥이의 원결을 풀어주었고, 그 이후 아드님의 일이 잘 풀려서 지금은 화성에서 사업을 원만히 하고 있습니다.

⑮ 쌍둥이 한 명이 자궁에 숨겨져 있다

쌍둥이 아이를 유산한 부부가 자녀에게 문제가 생길 즈음에서야 천도기도를 올렸는데, 장애가 오는 원인이 매우 뜻밖이었습니다.

엄마·아빠도 그렇고 병원의 의사도 쌍둥이 임신인 줄 몰랐고, 유산되었을 때 한 명의 아기만을 꺼내는 수술을 하는 바람에 쌍둥이 한 명이 죽은 채로 오랫동안 엄마의 자궁 속에서 갇혀 있었던 사연입니다.

"스님, 하나밖에 없는 아이가 늘 산만하고 마음을 잡지 못
해 걱정입니다."
"혹시 예전에 유산한 적이 있으신가요?"
"네, 그런 적이 있습니다."
"그것이 원인일 수도 있습니다."

집안도, 환경도 좋은데 학교나 집에서도 좀처럼 적응하지 못하는 자식을 걱정하던 부부는 예전에 유산된 아기가 마음에 걸려 기도를 올리기로 했습니다.

천도재를 지내는데 뜻밖에도 쌍둥이 영가가 나타났습니다. 그

사실을 알려주자 부부는 분명 병원에서 유산할 당시 한 명의 태아만 꺼낸 줄 알고 있었는데, 한 명이 더 있다는 사실에 매우 놀라워했습니다.

병원에 직접 아내를 데리고 갔던 남편이 오히려 더 황당한 표정을 지었습니다.

"스님, 그럴 리가 없습니다. 그때 제가 옆에 있었습니다. 유산된 아기는 둘이 아니라 분명히 한 명입니다."

그런데 갑자기 뭔가 짚이는 게 있었나 봅니다.

"어, 그러고 보니 뭔가 좀 이상했네요. … 지금 생각해보니 짚이는 것이 있습니다."
"어떤 일이 있었습니까?"
"수술하고도 이상하게 자궁이 계속 아프다고 통증을 느꼈지만 수술 뒤라 생각하고 참고 살았는데, 통증이 계속되어 아내가 산부인과에 가서 진찰해보니 뜻밖에도 죽은 아기 하나가 자궁 깊숙한 곳에 박혀 있는 사실을 발견했습니다. 아내는 쌍둥이를 임신했는데 맨 처음 유산할 무렵, 의사의 부주의로 다른 한 명을 발견하지 못한 겁니다. 그래서 죽은 채로 지금까지 엄마의 몸속에 갇혀 있었던 거지요. 아내는 뒤늦게 수술하고 나서야 늘 묵직하고 아프던 아랫배가 정상으로 돌아왔습니다."

그동안 유산된 아기가 한 명이라고 알고 영가위패를 올렸는데 설마 쌍둥이였을 줄 그 누가 알았겠습니까? 엄마의 뱃속에서 존재를 알아주는 이도 없이 오랜 세월 동안 밖으로 나오지도 못한 채 슬픔에 사로잡혀 있다가, 그 한을 풀고자 그동안 자신의 형제에게 장애를 주었던 것입니다.

이 사연을 듣다보니 『밀린다왕문경』에 수록된 다음과 같은 내용이 생각납니다.

밀린다 왕이 물었다.
"나가세나 존자여, 그대들 불교인들은 '지옥불은 자연불보다도 훨씬 더 강렬하다. 자연불 속에 던져진 조약돌은 하루 동안 태워도 녹지 않지만, 큰 집채만 한 바위도 지옥불 속에 들어가면 순식간에 녹아 버린다'고 말합니다. 나는 그 말을 믿지 않습니다. 또, 한편 그대들은 '지옥에 태어난 생명체는 수십만 년 동안 지옥불 속에서 타더라도 녹아 없어지는 일이 없다'고 말합니다. 나는 그런 말도 믿지 않습니다."

나가세나 장로가 대답했다.
"대왕이여, 지옥에 태어나는 생명체는 수천 년 동안 지옥(의 불) 속에 있어도 숙업宿業의 제약에 의하여 녹지 않습니다. 지옥에 있는 생명체는 거기서 태어나 거기서 성장하고 또 거기서 죽습니다. 대왕이여, 그러므로 세존께서는 '그는 악업惡業이 소멸될 때까지는 죽지 않는다'고 말씀하셨습니다."

이처럼 생명은 악업이 소멸되지 않는 한 지옥불 속에서조차 녹아 없어지지 않을 정도로 질기고 오랫동안 머무는 것입니다. 태아가 뱃속에서 썩지 않고 오랫동안 남아 있는 것도 그와 같은 까닭이라 하겠습니다.

필자는 우연히 유튜브에서 이와 비슷한 영상을 본 적이 있습니다. 91세 할머니 뱃속에서 '화석 태아'가 발견되었다는 내용입니다. 할머니는 몸이 좋지 않아 병원에 갔습니다. 의사는 검진을 마친 후 할머니에게 "몸 안에 종양이 있어 수술해야 한다."고 했는데, 놀라운 일은 CT촬영 결과였습니다. 뱃속에는 종양이 아닌 '화석 태아'가 들어있었습니다. 태아가 생긴 지 60년이 지났건만, 태아는 그대로 남아 있었던 것입니다. 모두 놀랐지만 할머니의 연세가 많아 수술하지 않고 그대로 놔두기로 결정했다고 합니다.

쌍둥이. 우리 같이 태어났어요

미안하다, 쌍둥아!

쌍둥아.

둘이 행복하게 놀다가 세상 마지막 순간이 됐을 때 얼마나 놀랐니.

전에 TV에서 쌍둥이가 뱃속에서 서로 마주보며 웃는 장면을 봤어.

그렇게 서로를 의지해 살아간다면 훨씬 세상 살기 좋았을 텐데….

어쩌면 처음 얼마간 힘들었겠지만 살 길이 생겼을지도 몰라.

너희 보내고 나서 내 몸 힘든 것보다 나쁜 엄마라는 자책이

많이 들었어.

한 명도 아니고 두 명을 한꺼번에 보낸 나쁜 엄마라는 자책이었지.

아빠도 내색하지 않으려 하지만 힘들어 하는 걸 느낄 수 있었어.

조금만 더 늦게 왔다면,

아니면 우리에게 안 오고 더 좋은 부모에게 갔다면

그렇게 떠나지 않아도 됐을 텐데….

하지만 그런 후회가 무슨 소용이겠니.

무조건 엄마·아빠는 너희 쌍둥이들에게 미안하다.

그리고 사랑한다, 쌍둥아!

엄마의 뒤늦은 후회

아침에 출근하다보니 노란 유치원 차에 똑같이 생긴 두 아이가
창밖을 내다보며 손을 흔들고 있었어.
그러자 엄마인 듯한 사람이 함박웃음을 지으며
"쌍둥이 잘 다녀와."라고 마주 인사를 하더라.
그 모습을 보고 너희가 너무 보고 싶구나.

우리 쌍둥이들.
병원에서 너희가 쌍둥이라는 걸 확인하고 의사가
지우지 말라고 말렸지.
하지만 연년생 언니 · 오빠가 있는 상태에서 쌍둥이를 낳기에는
문제가 많았어.
경제적으로 가정형편도 어려웠고,
언니 · 오빠도 아직 어려서 사랑을 너희에게 충분히 줄 수 없다고
판단했지.
엄마 · 아빠는 너희를 잘 키울 자신이 없었어.
그래서 그만 너희를 보내고 말았어.

지금 생각하니 너무 미안하고 후회가 된다.
너희만 생각하면 눈물부터 울컥 쏟는단다.
미안하다 쌍둥아!

제2절 낙태아 명수名數의 중요성

낙태아의 아빠가 누구인지 모른다
서른다섯 번 낙태, 불면증에 시달리다
수많은 낙태로 가족에게 장애의 조상이 되다
낙태로 하여금 죄인으로 살다
남성 측이 모르는 낙태아 명수도 많다

태아영가 천도재를 접수하다 보면 자신이 행한 일이라도 오래 전의 일을 뚜렷이 기억하는 당사자가 많지 않습니다. 그래도 "기억해내야 한다."고 하면 대체로 낙태아의 명수名數를 확인해줍니다. 만약 태아영가의 명수가 빠진 경우에는 엄마의 꿈에 나타나 자신의 존재를 알려주는 사례도 적지 않습니다. 부모는 낙태아를 잊었어도 태아영가는 자신의 생명을 지워버린 엄마·아빠를 결코 잊을 수 없는 것입니다.

낙태한 아이는 정확히 명수가 맞아야 합니다. 예를 들어 누군가 다섯 번 낙태했을 때 그 중 세 아이나 두 아이만을 천도한다면 원하는 효과를 기대하기 어렵습니다. 낙태아가 두 명이면 두 아이를 위해서, 다섯 명일 때는 다섯 아이를 위해서 천도공양을 올려야 합니다.

태아영가 천도와 관련해 영가의 명수에 혼란을 부르는 까닭은, 아마도 지금의 배우자와의 관계에서 낙태한 아이가 아니기 때문일 것입니다. 아마도 지금의 배우자에게는 말할 수 없는 다른 이성 사이에서 낙태한 경우일 테지요. 이런 경우 어느 쪽이든 본인이 직접 천도해야 하며, 실제로 드러내놓고 하기 어려운 경우는 사찰을 찾아 상담하시면 됩니다.

실제로 이런 일이 있었습니다. 언젠가 저녁 늦게 한 신도님으로부터 전화가 왔는데 사연인 즉 이렇습니다.

"스님, 제가 낙태한 명수가 많아 창피한데다 정확히 기억을 못해 생각나는 아이들의 위패만 올렸더니 글쎄 빠진 아이들이 꿈에 나타나 자기 위패를 올리지 않았다고 서운함을 나타내는 것이예요. 곰곰이 생각해보니 빠진 아기가 있어 아이들의 위패를 추가로 올려주었더니 다시 꿈에 나타나 고맙다는 말을 하고는 그 뒤로 더 이상 나타나지 않습니다."

그 신도 분은 너무 신기하다면서 전화를 끊었습니다. 이런 사례는 남자 쪽이든 여자 쪽이든 여러 상대와 관계를 통해 낙태한 경우에 해당합니다.

사례를 예시하면 다음과 같습니다.

[예시1] 1남多녀 사이의 태아영가
　　　 박문수 vs 장○○ 2명
　　　 박문수 vs 김○○ 1명
　　　 박문수 vs 안○○ 1명

[예시2] 1녀多남 사이의 태아영가
　　　 정햇빛 vs 허○○ 1명
　　　 정햇빛 vs 장○○ 2명
　　　 정햇빛 vs 김○○ 3명
　　　 정햇빛 vs 이○○ 1명
　　　 정햇빛 vs 권○○ 1명

　여기서 중요한 사실은 태아영가의 아빠가 다른데 지금의 남편 앞으로 낙태아의 명수를 적어 위패를 올리면 절대 안 된다는 것입니다. 과거의 남자 A와의 사이에서 몇 명, 혹은 B와의 사이에서 몇 명 등 엄마와 각각의 상대 남자이름을 써서 기도해주어야 합니다. 그 반대의 관계인 경우도 마찬가지입니다. 간혹 너무 오래되어 상대의 이름을 기억하기 힘들면 본인 이름으로 할 수는 있습니다.

　생명의 싹을 틔운 인연을 만났으나 끝내 엄마 뱃속에서 낙태 내지 유산되어 세상에 태어나지 못한 태아영가는 천도되기 전까지는 부모를 원망하고 외로움에 시달리면서도 늘 그리움에 목말라 있습니다. 그렇기 때문에 태아영가는 자신의 이름보다 부모의 이름이 더 중요합니다. 부모가 진실한 마음으로 참회기도를 올리면 부모의 업장을 소멸시켜 밝은 광명을 찾아주기 때문입니다. 낙태아의 명수에 맞게 천도공양을 올려야 하는 이유가 그것입니다.

구담사 자모암에서는 천도재를 지낼 때 위패의 모양을 아기동자처럼 만들어 모십니다. 엄마의 아기집을 상징하는 형상을 만들고 그 속에 영가위패를 넣기 때문에 종이에 쓰는 형식의 위패보다 그 의미가 깊다고 하겠습니다. 아울러 더욱 중요한 것은 엄마와 아빠가 다르면 그에 따라 위패의 이름도 서로 다르게 올려야 한다는 것입니다.

간혹 이생에 태어나지 못한 태아영가에게 이름이나 불명 또는 세례명을 받아오는 경우가 있습니다. 그러나 태어나지 못한 아기에게 이름을 지어주지 않습니다. 태명胎名을 부르다가 유산된 경우에는 태명으로 올릴 수 있습니다. 태아영가 천도재는 엄마·아빠

태아영가 위패

의 본관과 이름으로 각각 해주셔야 합니다. 명수가 확실하지 않은 경우에는 더 올릴 수 있습니다. 이 외에도 부모를 대신해 자식들이 기도를 올릴 수 있습니다.

① 낙태아의 아빠가 누구인지 모르다

비바람이 많이 불던 날, 한 보살님의 전화를 받았습니다. 조심스레 한마디씩 망설이는 목소리에서 고민이 깊다는 것을 느낄 수 있었습니다.

> "스님, 저는 야간 유흥업소에 다니는데 그만 어떻게 하다 보니 여러 차례 임신을 했습니다. 그런데 아기를 낳을 수 없는 처지라 여러 번 낙태했는데, 아기의 아빠가 누구인지도 모르고 낙태아의 정확한 숫자도 몰라요. 이런 경우에는 어떻게 해야 되나요?"

무척 난감한 상담이었습니다. 천도공양을 올리려는 분들에게 항상 엄마와 아빠의 이름이 중요하다고 강조하는데, 정작 아빠가 누구인지도 모르고 낙태아의 명수도 모른다고 하니…. 필자의 입장에서는 당황스러울 수밖에 없었지만 잠시 고민을 하면서 이렇게 상담해주었습니다.

> "보살님, 어쩔 수 없이 아빠의 이름을 올리지 못하는 경우에는 엄마의 이름만 올리시면 됩니다. 다만, 참회기도의 공력이 두 배 정도 더 필요하다고 생각하셔야 합니다. 억울하

지만 업장을 본인 혼자서 감당해야 하기 때문입니다. 그리고 낙태아의 명수를 정확히 모를 경우에는 반드시 부정확하게 기억하는 명수보다 더해서 올려주셔야 합니다."

"스님, 상담해 주셔서 감사합니다."

② 서른다섯 번 낙태, 불면증 약을 먹다

이 사연에 등장하는 여성은 아직 세상을 모를 때인 열여섯 살 때부터 남편이 시키는 대로 몸을 맡기고, 남편이 시키는 대로 낙태를 반복하여 18년간 서른다섯 번 낙태했다고 고백한 주인공입니다. 1년에 세 번 낙태한 경우도 몇 번 된다고 합니다. 사연은 이렇습니다.

"밤에 잠도 잘 안 오고 오른쪽 반신半身이 잘 움직여지지 않는데다 마비가 와서 아픕니다. 그래서 잘 때는 오른쪽 팔을 타월로 감고 잡니다. 주 2회 병원에 다니는데 의사한테는 낙태 사실을 말하지 않았습니다. 불면증 때문에 1주일분의 수면제를 하루에 전부 먹었습니다. 그래서 겨우 잠이 들면 반드시 악몽을 꿉니다. 피투성이 아기가 저를 향해 걸어오는 꿈입니다. 컬러로 꿈을 꾼다고 하면 미친 사람이라고 하겠지만, 제 꿈은 언제나 새빨갛게 물들어 있습니다."

남편과의 사이에 딸 둘과 아들 하나를 두었는데, 18년간 서른여덟 번 임신해 그중 서른다섯 번을 낙태했다는 것입니다. 자식 세

명 가운데 낳으려고 생각해 낳은 아기가 한 명뿐이며, 둘은 낙태시기가 늦어져 할 수 없이 낳았다고 합니다. 아무리 낙태수술에 단련되었기로서니 이런 사연을 가진 분들을 만나 상담하다 보면 필자도 인간인지라 때로는 할 말을 잃습니다. 여자 분의 하소연은 계속되었습니다.

> "심할 때는 오른쪽 손으로 젓가락을 쥘 수도 없습니다. 낙태한 서른다섯 명의 영혼들이 '이런 부모는 밥 먹을 자격이 없다'고 무겁게 젓가락 위에 올라가 있는 기분이 듭니다."
> "네, 충분히 이해할 수 있습니다."

뭔가 짚이는 것이 있어 남편 분께서는 지금 어떻게 지내시느냐고 묻자, 지금은 남편과 헤어졌는데 그 뒤 교통사고를 당해 맹인이 되었다고 합니다.

> "……."

참으로 무서운 일입니다. 불행하게도 이 상담여성 분은 명이 짧을 것 같았습니다. 부디 이 경우를 반면교사로 삼아 더 이상 낙태와 그로 인해 부수적인 불행을 겪는 분들이 나오지 않도록 널리 알려야겠다는 생각이 들었습니다.

필자는 그 상담여성 분에게 "낙태아는 원결이 있어서 살아있는 사람들에게 장애를 주고 복수하기 때문에 반드시 천도공양을 올려

드려야 한다."고 권유했습니다. 이미 남편과 헤어지고 몸까지 성치 않게 된 상황이라서 그런지, 그 상담여성 분은 순순히 그렇게 하겠다고 대답하고 물러갔습니다.

③ 수많은 낙태로 가족에게 장애가 오다

부잣집 사모님처럼 귀티가 나지만 얼굴에 수심 가득한 보살님 한 분이 조용히 찾아와 정중하게 상담을 요청했습니다.

"어떻게 이곳에 오셨습니까?"
"스님, 저는 다행스럽게 단 한 번도 낙태한 적이 없습니다. 그런데 얼마 전부터 이상하게 몸 한구석에 무엇인가 덩어리째 가득 차서 여기저기 흘러 다니는 듯한 고통을 느끼고 있습니다. 주변에 낙태하신 분들 가운데 그런 증상을 겪은 분이 계셔서 그런가 보다 했는데, 저는 낙태하지 않아서 매우 의아해하고 있습니다. 왜 그런가를 곰곰이 생각하다가 문득 예전에 어머니와 동생이 수없이 낙태한 것이 생각나서 이렇게 찾아왔습니다."
"어머니와 동생이 합쳐서 낙태한 명수가 몇 명인가요?"
"제 어머니는 스무 번이고 동생은 열 번입니다."

"그럼 두 분이 합쳐서 서른 명의 아기를 낙태하신 거군요."

"지금은 아니지만 예전에 엄마와 동생은 술집을 경영했습니다. 낙태아들은 모두 손님들과의 사이에서 생긴 아기들입니다. 동생이 관계한 사람들은 거의 대부분 술집을 드나든 사람들로 술집운영을 위해 어쩔 수 없었던 것으로 알고 있습니다. 그러다 보니 아기들 아빠가 누구인지 정확히 모르고, 명수도 정확하지 않기에 대략 그 정도로 알고 있습니다."

"……."

놀라움에 할 말을 잃은 필자가 아무 말도 하지 못하자 보살님이 먼저 말을 꺼냈습니다.

"어머니와 동생이 낙태했는데, 그 많은 낙태아의 영혼이 전부 저에게 달라붙은 느낌입니다."

"어머니와 동생은 천도공양을 하지 않으셨습니까?"

"네, 제가 여러 번 얘기했는데도 그런 생활에 젖어 살아서 그런지 모두 신앙심이 없습니다. 조금 일찍 천도공양을 올려줬다면 좋았을 텐데…."

"정작 천도공양을 올려야 할 사람은 신앙심이 없어서 공양을 하지 않으니까 그 업이 가족 가운데 가장 신앙심이 깊은 사람에게 달라붙어 오는 것입니다. 제가 볼 때는 낙태아의 영혼이 보살님에게 천도공양을 올려 달라고 매달리는 것 같습니다."

"제가 어머니와 동생을 대신해서 태아영가를 위해 천도공양과 불사佛事를 하는 것은 불가능한가요?"

"원결을 풀어 주기 위한 참회기도와 천도공양은 어머니와 동생의 호적이 다르기에 각자의 이름으로 하셔야 합니다.

"혹시 서른 명 외에 낙태아가 더 있을 수도 있으니 그걸 감안해 위패를 추가해 올리시기 바랍니다."

"네, 스님 말씀대로 하겠습니다. 감사합니다."

낙태아의 영혼은 부모 되는 사람의 천도공양이 없으면 다시 사람의 몸을 받기 어렵습니다. 중유에서 떠돌고 있기 때문입니다. 따라서 위패를 올릴 적에 부모 되는 이의 이름이 가장 중요하다고 몇 번을 강조합니다. 부모가 천도공양을 올리지 않아 태아영가의 원결이 해소되지 않으면, 그로 인한 다양한 질병증상이 일어납니다. 머리, 목, 어깨, 팔, 다리, 허리, 등, 무릎, 견갑골 등에 증상이 자주 발생합니다.

④ 낙태로 하여금 죄인으로 살다

여러 번의 낙태와 관련된 또 다른 사연을 살펴보겠습니다.

"스님, 아기 영혼을 달래줄 천도공양을 위해 상담하러 왔습니다."

"네, 어서 오세요."

"스님, 그동안 제가 살면서 너무 많은 죄를 지었습니다. 부부 금슬이 좋은 것도 아닌데, 임신이 잘 되어서 그때마다 그것이 죄인지도 모르고 낙태를 했습니다. 그런데 그

아이들이 어디로 가는 것인지를 스님 법문을 통해 뒤늦
게야 알았습니다. 지금이라도 천도공양을 올려 빛을 보
지 못한 태아영가들이 극락왕생할 수 있도록 기도하고
싶습니다."

"네, 잘 오셨습니다."

"사실, 저는 낙태가 이렇게 큰 죄라고는 생각하지 않았습
니다. 그런데 불교TV에서 낙태아의 영혼을 위해 기도한
다는 프로그램을 보고 깜짝 놀랐습니다. 가만히 생각해보
니 그동안 제가 나쁜 짓을 하고도 아무런 죄책감 없이 살
았다는 생각이 들었습니다."

"그래요. 몇 번이나 낙태수술을 하셨습니까?"

"전부 스물한 번 했습니다."

"스물한 번이라…. 실례지만 그 정도면 1년에 한 번이 아
니라 평균 세 번 정도 낙태했다는 말씀이신데…."

"네, 1년에 두 번도 있었고 세 번도 있었습니다. 다른 한 명은 과거 철모르던 시절에 한 것입니다."

"사는 데 아무 이상이 없나요?"
"아직까지 특별한 일이 일어나지 않았습니다. 아이는 둘인데 겉으로는 큰 이상이 없고 모두 평범합니다."
"지금까지는 평범했다고 하더라도 언젠가는 반드시 그 과보가 찾아올 겁니다. 앞으로 어떻게 할 작정인가요?"
"바로 그것 때문에 스님을 찾아온 것입니다. 앞으로 어떻게 해야 되는지 스님과 상담하고 싶습니다."

"그 많은 아기를 낙태하고서도 아직 큰 장애 없이 지나가고 있다지만, 그중 한 명의 아기가 가족들을 힘들게 할 수 있습니다. 지금은 당장 나타나지 않지만 후에 닥칠 것입니다. 또한 다른 남자 사이의 태아영가는 따로 올려서 기도해 주십시오. 지극정성으로 기도해서 악연을 풀어주어야 자녀들이 장애 없이 살 수 있습니다."
"네, 저는 스님이 시키시는 대로 하겠습니다."

보살님은 필자가 알려준 대로 지극정성 기도를 올려 집안의 우환을 미리 막을 수 있었습니다.

⑤ 남성 측이 모르는 낙태아 명수도 많다

자신의 문제가 아닌 아버지의 중병에 관하여 상담하고 싶다며 절을 찾아온 중년의 사람이 있었습니다. 50세 정도의 남성이었는데 중병인 아버지는 70세가 넘었다고 합니다.

아버지의 병 상태를 물어보니 낙태아의 과보에서 온 질병인 듯 하였습니다.

"아버지께서 낙태를 시킨 적이 있습니까?"
"아버지는 그런 적이 없습니다."
"그것 참 이상하군요. 질병을 들으니 분명히 낙태에서 온 병인 것 같은데 정말로 낙태시킨 적이 없습니까?"
"아버지는 분명히 그런 적이 없습니다."

그래서 요법에 대해서 낙태아로부터 온 질병의 경우와 다른 방면을 생각하지 않으면 안 된다고 말해주고 여러 가지 상담을 해주었습니다. 그분이 돌아가는 길에 필자는 다시 한 번 일러주었습니다.

"만약을 위해 아버지에게 낙태한 태아가 있는지 없는지 꼭 여쭤보세요. 있다면 준비하는 방법이 다르니까요."

이튿날 다시 방문한 그 사람은 이렇게 말하였습니다.

"스님 말씀대로 아버지에게 낙태아가 있었습니다. 엄마가 살아 계실 때 외도로 낙태 한 번 유산 두 번을 했으며, 엄마가 돌아가신 뒤 다른 여성과의 관계에서 한 번의 낙태를 했다고 하시더군요."

아버지가 두 번이나 낙태했고 두 번이나 유산한 사실이 있었다는 것을 50세 된 장남은 알 수 없었기 때문에 "아버지는 그런 적이 없습니다." 하고 단호히 말했던 것입니다. 장남은 아버지가 낙태한 사실에 대하여 더 모를 수가 있다는 생각을 하게 되었습니다.

남성은 아이를 갖지 않기 때문에 상대 여성이 임신했는지도 모를 수 있습니다. 그저 스쳐 지나간 인연에도 상대 여인은 아이를 가질 수 있기 때문입니다.

이번 상담하신 분의 아버지는 젊은 시절 바람을 좀 피운 모양입니다. 지금도 그때를 생각하면 행복하다고 생각할 수 있겠지만, 좀 심하다는 것을 느끼게 되면 부인에게 미안한 마음을 갖는 것이 인지상정입니다.

본인 자신도 상대 여성이 임신했는지도 모르고 있었는데 어느날 와서 아이를 낙태해야 하니 돈을 달라고 하니까, '거짓말이겠지' 생각하면서도 돈을 주었는데 정말로 낙태를 하였다고 합니다. 낙태의 업은 자신에게만 있는 것이 아니라 가족들에게도 장애를 주어 힘들게 하기 때문에 절대로 조심해야 합니다.

아가야! 엄마 왔어

너를 예정일에 낳았다면 지금쯤 방긋 웃는 모습에
인상 쓰며 우는 모습까지 우리에게 다 보여졌을 테지.
그 생각만 하면 늘 마음이 시리고 아파와.

모성의 힘은 무엇보다 강하다고 하는 데,
나는 왜 너를 그렇게 쉽게 놓아버렸을까?

마음속에 어둠이 밀려오면
우리 아기가 사무치게 보고 싶어 울기도 많이 했어.
태아 사진을 보는 것으로 위안을 삼으며
내 가슴의 상처를 스스로 꿰매왔지.

하지만 나의 아픔이 과연 우리 아기만 할까
생각하면서 눈물을 참아야만 했다.

어제는 아빠의 모습이 TV에서 잠깐 나왔는데, 너도 봤니?
잠깐 스쳐간 인연인 네 아빠.
비록 너를 낳는 걸 반대하고 상처를 주고 떠났지만,
이제는 아빠를 용서할 수 있을 것 같아.
바쁘게 생활하시는 네 아빠를 너도 지켜봐줬으면 좋겠다.

아기,

미움을 품는다고 달라지는 게 뭐가 있을까.

너에게 용서를 비는 마음으로 네 아빠를 용서해주려고 해.

사랑하는 아기야.

엄마는 우리 아기를 잊지 못할 거야.

이 다음에 엄마가 흙으로 갈 때까지 말이야.

이렇게 네가 곁에 있는 것처럼 말하니까 참 좋다.

보고 싶어도 잘 참아낼게.

다시 만나면 절대로 너를 놓지 않는다고 약속할게.

그때는 지금 주지 못한 사랑 아낌없이 다 줄게.

그러니 우리 아기도 슬픔 잘 이겨내야 한다.

엄마도 모든 고통을 이겨낼 테니,

그렇게 해서 꼭 웃으며 만나자.

안녕….

계곡에서 물놀이 하는 아이들

제3절 태아영가와 조상영가 천도재의 유의사항

조상영가 천도재 지내고 상황이 더 나빠지다
외손녀가 희귀병의 고통을 받다
남편의 행동이 갑자기 달라지다
약물 때문에 기형아 출산을 두려워하다
낙태아의 원혼로 엄마 두 눈에 피눈물이 흐르다
부모의 대가 낙태가 아들에게 장애를 주다

대부분의 사찰에서는 천도재를 지낼 경우 조상영가의 위패와 태아영가 위패를 함께 올리는 게 일반적입니다. 혼을 부르는 창혼문唱魂文에서도 일체의 선망부모先亡父母와 유주무주有主無主 일체一切 애혼고혼哀魂孤魂을 청해 먼저 돌아가신 부모와 중음세계를 떠도는 모든 외로운 영가들을 다 같이 천도하는 의식에 따르면, 태아영가 위패를 함께 올린다 해도 잘못된 것은 아닙니다. 하지만 필자의 경험으로 볼 때 태아영가 위패는 따로 영단을 마련해 올리는 것이 마땅하다고 생각합니다.

　　필자는 태아영가 천도재를 조상영가와 함께 지내지 말라는 이야기를 자주합니다. 그 까닭을 묻는 이가 많은데 거기에는 필자가 체험한 다음과 같은 사연이 있습니다.

　　포교당 개원 초창기에 젊은 거사 한 분이 필자를 찾아온 적이 있습니다. 그는 결혼을 약속한 여자와 헤어지는 과정에서 낙태한 적이 있다고 하면서 그 태아영가와 자기 집안의 조상영가를 위해 천도재를 함께 지내고 싶다고 부탁해왔습니다. 그래서 필자는 천도기도에 들어갔는데 어느 순간에 조상영가가 나타나더니 "네가 감히 여기가 어디라고 오는가!"라고 호통 치는 영감을 받았습니다. 필자는 기도 중에 느끼게 된 이러한 영감을 곰곰이 생각해보았습니다.

　　흔히 백중기도 할 때는 무주유주 고혼들을 모두 천도하는 기도이기 때문에 한 곳의 단壇에 조상영가와 태아영가 위패를 함께 모셔도 무방하다고 합니다. 하지만 태아영가 천도재를 조상영가와 함께 지낼 경우에는 위패의 단을 별도로 세워 기도를 올리는 것이 좋습니다.

그러니까 조상영가는 세대로 보아도 윗대이고 태어나서 일생을 살다가 죽음을 맞이한 영가로서, 천도재는 직계후손들의 효행의 일환으로 볼 수 있습니다. 반면에 태아영가는 잉태孕胎된 인연을 만났지만 곧 엄마 뱃속에서 죽어간 생명체로서 조상영가와 직계의 인연구조가 아닐 수 있으며, 그래서 잉태와 인연 있는 엄마·아빠의 참회기도만이 그 원결을 풀어줄 수 있는 것입니다.

따라서 조상영가와 태아영가 천도재는 함께 지내지 않는 것이 인연법으로 보아도 합리적이겠다는 결론을 내렸습니다. 그 이유는, 망태아亡胎兒는 말 그대로 엄마의 뱃속에서 아무런 이유도 모른 채 죽임을 당해 세상에 태어나지 못한 까닭에 출생 이후 인연 맺게 되는 세간에서의 이름이나 성姓은 물론이고 기족 일가의 인연관계를 아직 형성하기 이전의 죽은 생명체이기 때문입니다.

불전佛典에서는 중음신中陰神이 스스로 엄마·아빠를 선택해 입태入胎하기 때문에 생명을 받는 임신 순간부터 자신의 엄마·아빠가 누구인지를 안다고 가르치고 있습니다. 따라서 망태아의 영혼은 엄마·아빠 어느 한쪽 집안의 조상영가와 함께 위패를 나란히 모시고 천도할 수 있는 인연의 존재가 아닙니다. 거듭 강조하지만, 오로지 잉태와 인연 있는 엄마·아빠의 참회기도로써 그 원결을 풀어주어야 하는 것입니다.

구전口傳에 '자식이 죽으면 부모의 가슴에 묻고 제사도 안 지낸다'는 말이 있습니다. 하지만 망태아의 영혼을 위로하고 엄마·아빠의 업장소멸을 위해 참회기도하는 일은 실로 큰 의미가 있습니다. 그리고 亡부모 대신 기도를 올릴 경우에는 망부亡父·망모亡母의 본관을 써서 기도해 주어야 합니다.

① 조상영가 천도재 지내고 상황이 더 나빠지다

우리는 살다 보면 상대방에게 호의를 갖고 베푼 선행이 오히려 상대방과 내게 정반대의 결과를 일으키는 경우를 종종 목격합니다. 태아영가를 위무한다고 하고서 조상영가 천도재를 지내는 일이 그 가운데 하나라고 할 수 있습니다. 기도를 열심히 했는데 기대와 달리 오히려 이전보다 건강이나 사업 및 가정형편이 더 안 좋아지는 경우가 종종 있습니다. 대체 이런 '모순'은 왜 일어나는 것일까요?

다음 사연을 통해 한 번 알아보겠습니다.

전주에 계신 보살님은 기도법회 전날 기차를 타고 올라와 주무시던 분이었습니다. 보살님은 저녁공양을 마친 후 주변이 잠잠해지자 조용히 필자를 찾아왔습니다.

"스님, 우리 아이 마음 좀 잡게 해주세요."
"자제 분한테 어떤 문제가 있습니까?"
"제가 남편 몰래 많은 돈을 들여 조상영가 천도재와 굿을 했지만 아무런 효과를 보지 못하고, 오히려 조상영가 천도재와 굿을 하고 오면 아이가 정반대로 걷잡을 수 없이 난폭해 집니다. 대학교는 입학만 한 채 등교를 하지 않고 있어요."

필자는 뜻밖의 상황에 당황했습니다. 천도재와 기도를 잘못한 경우였기 때문입니다.

"무슨 이유인지 모르지만 아이가 나쁜 친구들과 어울려서 조상영가 천도재를 시작한 건데 효험은커녕 뭔가 일이 갈 수록 어긋나다 보니 하다하다 이제 여기가 마지막 기도처라 생각하고 먼 길을 기차타고 온 것입니다. 어떻게 하면 우리 아이가 마음잡고 예전으로 돌아갈 수 있을까요?"

애절하게 부탁하는 마음을 뿌리치지 못한 필자는 결국 다음 날 새벽에 단독으로 천도재 기도를 올렸습니다. 의혹은 금세 풀렸습니다. 아들 걱정을 하는 보살님은 과거에 낙태한 적이 있었는데, 한 맺힌 태아영가가 주변에서 맴돌고 있었습니다. 장애를 일으키는 태아영가를 위해 기도해 보았더니 "엄마는 왜 나를 위해서는 기도를 안 해주고 조상기도만 해주는 거예요?"라고 불만어린 표정으로 말하는 것이었습니다. 태아영가는 그게 심통이 나서 형제를 대신 괴롭히는 것이었습니다. 자신을 죽게 했으면 자기를 위해서 기도해 주어야 하는데 조상만 위하는 기도를 하니 그럴 수밖에 없었을 것이라 생각합니다.

② 외손녀가 희귀병의 고통을 받다

낙태로 인한 여러 장애현상은 부모뿐만 아니라 그 윗대에서부터 내려오기도 합니다. 친구의 소개로 어느 날 저녁에 찾아온 신도님을 본 순간 왠지 상담을 미루고 다음에 해주고 싶은 마음에 따로 날을 잡았습니다.

그리고 며칠 뒤, 다시 만난 신도님의 사연은 이러하였습니다. 신도님의 딸은 현재 원인도 병명도 알 수 없는 희귀병을 앓고 있다는 것이었습니다. 필자가 상담을 듣다 보니 친정어머니가 유산한 업 때문에 신도님 본인과 딸이 고통을 받고 있었습니다.

딸은 생리주기도 아닌데 하혈을 계속해서 치료해도 그때뿐 별 효과가 없다고 하니 여자로서는 치명적인 일이 아닐 수 없었습니다. 검사 날짜를 잡아 놓고 걱정이 된다고 기도 발원을 원하여 시작하였습니다.

낙태아의 영혼은 업장소멸을 위해 자기에게 꼭 필요한 원願을 표출하기 마련입니다. 외할머니가 유산한 태아영가는 아기동자 받침대 108개를 뜨개질로 손수 떠서 공양해달라는 것이었습니다.

필자는 신도님에게 친정어머니가 유산한 태아영가의 원결을 전해주었습니다. 신도님은 친정어머니와 딸을 위해 지극정성으로 아기동자 받침대를 만들어 공양을 올렸습니다. 딸은 그 후 병원에서 검진을 받았고, 기적처럼 결과가 정상으로 나왔습니다.

신도님은 희귀병에 고통 받는 딸을 시집도 보내지 못하고 살아야만 하는 줄 알았는데, 이제 그동안 자신을 옥죄던 근심과 걱정에서 벗어날 수 있게 되었다고 울먹였습니다.

이 사례를 보면 외할머니가 유산한 과보가 딸과 외손녀에게 장애로 나타나는 업보의 순환고리를 알 수 있습니다. 이는 곧 태아영가의 원결을 풀기 위해서는 그 업인의 주체가 집안의 윗세대이든 아랫세대이든 반드시 천도공양을 올려야 한다는 사실을 말해 주는 것입니다.

③ 남편의 행동이 갑자기 달라지다

요즘은 옛날처럼 손 편지를 쓰는 사람이 과연 몇이나 될까요? 투박한 유선전화기가 사라지고 그 자리를 무선전화기로 대체한 지 얼마 지나지 않아 전국이 시도 때도 없이 삐삐음으로 가득하던 시절도 이제는 아득한 옛 추억이 되었습니다. 개인 휴대전화기가 보급되면서 이제는 컴퓨터와 결합한 스마트폰이 우리의 삶을 바꾸는 시대에 상담자들이라고 해서 크게 다르지 않습니다.

얼마 전에 어느 보살님께서 여기저기를 찾아보다가 유튜브에 올라와 있는 필자의 영상을 보고 연락한다는 전화가 왔습니다.

"스님, 다름 아니라 며칠 전 조상영가 천도재를 올렸는데 저녁에 너무 뜻밖의 일이 일어났습니다."

"무슨 일이 일어났는데요?"

"그날 집안을 위해 조상영가 천도재를 올리고 들어왔는데, 남편이 퇴근 후 집에 들어오자마자 무슨 영문인지 화를 내기에 말대꾸하다가 싸움이 났습니다. 그런데 갑자기 남편이 아이를 모두 죽이자고 하면서 영화에서나 볼 법한 말도 안 되는 소동을 한바탕 일으키는 것이었어요."

"그래요. 마음고생이 심하셨겠네요."

"그런데 저도 뭐에 씌었는지 홧김에 '그럼 모두 다 죽자'고 말한 뒤 모든 식구가 차에 타고 한강으로 갔습니다. 차를 끌고 강물에 뛰어드는 순간 갑자기 정신이 번쩍 들어서 '정 죽고 싶으면 당신이나 죽으라'고 했더니, 그렇게 날뛰던 남편이 정신이 들었는지 꼬리를 내리면서 잘못했다고 빌더라구요. 모두 집으로 돌아와 각자 방으로 들어갔습니다."

보살님은 그날 밤 잠을 한숨도 못잔 채 왜 이런 말도 안 되는 일이 벌어졌는지 곰곰이 생각해봤다고 합니다. 며칠 전에 자식과 가족을 위해 조상영가 천도재를 올렸는데 기가 막힐 일이 일어났으니 너무나 황당했을 것입니다.

비밀은 꿈에서 풀렸습니다. 생각에 잠기다 그만 깜빡 잠이 들었는데 머리 위에서 태아영가가 자신을 원망스럽다는 듯한 표정으로 쳐다보는 것이었습니다. 이에 보살님은 순간적으로 자신이 태아영가를 빼놓고 기도를 올린 것이 화근이었음을 깨달았습니다.

"그래서 이렇게 늦은 밤에 실례를 무릅쓰고 전화를 드립니다. 유튜브에서 구담사 자모암 영상을 보고 스님에게 상의드리면 답이 나올 것 같아 이렇게 전화드렸습니다."

그러고 나서 보살님은 "태아영가를 위해 열심히 기도할 테니, 스님께서 천도재를 지내실 때 축원 좀 잘 해주시길 당부드립니다."라고 덧붙였습니다.

"네, 알겠습니다. 태아영가 천도를 지내주지 않고 조상영가 천도재만 올리시니 기도의 효험이 없었겠지요."

3일 후 보살님의 태아영가 천도재를 지내고 나니 그 후로는 지난번과 같은 해괴한 가족 간의 불화는 일어나지 않았다고 합니다.

④ 약물 때문에 기형아 출산을 두려워하다

어느 날 아내가 TV를 보다말고 갑자기 "조상영가 천도는 해주면서 우리 아기 천도재는 왜 안 해주냐?"고 남편에게 따지듯 말했습니다. 남편은 아내의 갑작스러운 말과 행동에 너무 당황스러웠습니다. '아닌 밤중에 홍두깨라고 하더니 대체 이게 무슨 소리인가?' 그러나 횡설수설하는 것만 같던 아내의 얘기를 들으며, 문득 30년 전 아내의 위 수술이 떠올랐습니다.

수술 당시 아내는 마취과정에서 마취가 잘 되지 않아 여러 번 시도한 끝에 간신히 수술을 받았습니다. 수술은 다행히 성공적으로 끝났지만, 아내가 아기를 가진 상태라 남편은 신경이 곤두설 수밖에 없었습니다. 아내는 아내대로 약물 부작용으로 기형아가 태어날까봐 두려움에 떨었습니다. 주변사람들이 "감기약만 먹어도 장애아로 태어난다."고 한 말이 생각나서 괴로워하던 아내는 결국 아기를 낙태하고 말았습니다. 당시 두려움 때문에 낙태한 행위가 무려 30년이 지나서 평온한 일상생활 중에 죄책감으로 밀려온 것입니다.

남편 분이 필자에게 상담을 요청해온 까닭이 그와 같습니다.

"스님, 그 아기의 원결을 어떻게 풀어주어야 할지 모르겠습니다. 그 당시 상황에서는 어쩔 수 없는 선택이었는데, 그동안 아내가 고통 받고 살아온 것이 너무너무 미안합니다. 이제라도 그 아기를 위해 열심히 기도하겠습니다. 아기와 다음 생에 좋은 인연으로 만나도록 기도할 테니 잘 부탁드립니다. 저희도 열심히 할게요."

이 부부는 비록 30년 만이지만 태아영가 천도기도를 올려준 공덕으로 부부금슬과 화목한 가정을 지탱할 수 있었습니다.

⑤ 낙태아의 원결로 엄마 두 눈에 피눈물이 흐르다

낙태아의 원결이 무섭고 두렵다는 것을 천도재 하면서 많이 느낍니다. 그 원결을 풀고 업장을 소멸하기 위해서는 반드시 천도공양을 올려야 한다는 교훈을 얻는 것도 그 때문입니다.

이와 관련하여 한 가지 사례를 살펴보겠습니다. 태아영가를 위한 참회기도의 절실함과 가피를 느끼게 해주었던 실제 사연입니다.

충북에 사는 어느 보살님의 이야기를 그 예로 전하겠습니다.

보살님은 특별한 이유 없이 몸이 너무 아파 몇 년을 고생하다가 조상영가 천도재는 물론 무당굿까지 다해 봤는데도 별 효험 없이 늘 극심한 고통 속에서 살았다고 합니다. 그래서 곰곰이 생각해보니 오래 전에 낙태한 기억이 떠올라 마지막 소망을 품고 태아영가 천도기도를 올리기 위해 필자를 찾아왔습니다.

보살님은 천도공양을 올리는 동안 성치 않은 몸인데도 지방에서 한걸음에 달려와 참회기도에 온 정성을 다했습니다. 정말로 믿기지 않은 일이 일어났습니다. 갑자기 두 눈에서 핏줄이 빨갛게 터져 기도 중에 당혹감을 주었습니다.

그 순간 '태아영가의 원결이구나' 라는 생각이 들었습니다. 태아영가는 억울하게 죽어간 자신의 존재를 잊고 조상영가만을 위해 천도재를 지내드린 엄마에게 서운함과 분노를 그렇게 표현하고 있는 것이었습니다. 그간 오랫동안 보살님의 몸이 고통스러웠던 현상도 모두 태아영가의 원결 때문이었다는 사실도 알 수 있었습니다.

우리는 흔히 몸이 아프면 먼저 병원을 찾습니다. 하지만 뾰족한 병명이 없는데도 극심한 고통을 이겨내기 힘들고 무력하기 그지없을 때가 있습니다. 무슨 방편을 써도 뚜렷한 진전이 없을 때는 태

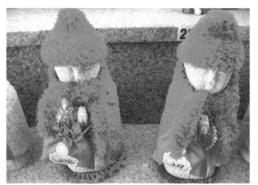

아영가의 원결이 원인일 수 있다는 생각을 해볼 수 있습니다. 태아영가는 엄마·아빠가 진심으로 참회기도를 해주지 않으면 엄마를 비롯한 가족과 인연 있는 사람들에게 온갖 장애를 일으키기 때문입니다. 비록 말을 할 수는 없지만 자신의 슬픈 처지와 억울함을 그렇게 장애현상으로 표현하는 것입니다.

따라서 피눈물이 나올 정도로 엄마·아빠의 진심어린 참회기도만이 태아영가의 원결을 해소할 수 있는 것입니다. 충북에 사는 보살님이 참회기도 중에 피눈물을 흘린 것은 비로소 태아영가의 소원이 이루어졌으며, 아울러 보살님을 괴롭혔던 고통도 사라졌다는 영험靈驗의 가피현상이라 할 수 있습니다.

⑥ 친정부모의 네 번 낙태가 아들에게 장애를 주다

어느 날 필자를 방문한 여성이 있습니다. 그 여성의 부부는 태아영가 천도공양을 올렸는데, 그 공덕으로 아들의 노이로제가 대체로 쾌유되었지만 완전히는 낫지 않았습니다.

그래서 의구심이 일어나서 기도방법에 뭔가 빠진 것이 없는지 물어보았더니 전혀 빠진 것이 없다고 하였습니다. 필자는 부부에게 다시 이렇게 물어보았습니다.

　"친정 양친께서 혹시 낙태한 적이 없습니까?"
　"아니요, 있습니다. 네 번 낙태했다고 합니다."
　"그럼 낙태아 천도공양은 어떻게 지냈습니까?"
　"전혀 하지 않았습니다."
　"그래요. 그 때문에 당신의 아이에게 재앙이 온 것 같습니다. 친정에서 충분히 천도공양을 올렸다면 당신의 아이에게 과보가 오지 않았을 텐데 말입니다. 당신의 친정에 네 명이나 낙태아가 있다면 아마도 남편 쪽에도 낙태아가 있을 겁니다. 왜 그런가 하면 부부는 대체로 같은 정도의 비슷한 인과因果의 당사자끼리 연결되기 때문에 부부의 한쪽에 있는 것은 대체로 다른 쪽에도 있다고 보아야 합니다. 자식에게 오는 장애를 조사해 보면 남편의 부모 쪽에 있다면 별도로 1구의 지장보살님을 모시거나 혹은 같은 호적의 일가이므로 양친의 낙태아 영혼에게 참회기도하면 집안이 편안해집니다. 하지만 당신의 친정 쪽은 호적이 다르기 때문에 친정댁의 태아영가 천도를 함께 해서는 안 됩니다. 별도로 친정에서 모시도록 권하십시오."

아가야! 미안하다

아가야!

미안하다.

내 주먹보다도 조그만 했을 아기.

그 작은 생명도 지켜주지 못하고 말았구나.

죽을 죄를 지었지만 엄마 애길 들어줄래?

우리 어머니는 내 언니, 오빠, 동생을 모두 지우고 나만 낳았대.

부모님 형편이 너무 어려워서 그랬다는구나.

나도 세상 빛을 못 볼 뻔 했지만 그땐 형편이 좀 나아져서 낳으셨대.

이번에 너를 위해 기도하면서 태어나지 못한

우리 언니, 오빠, 동생 생각도 많이 났단다.

내가 그들 대신 열심히 살아야겠다는 생각을 많이 했어.

그렇게 선택받아 태어난 내가 너를 낳지 못한 것을 어떻게 설명할까?

변명 같지만 네가 생겼다는 걸 알았을 때, 엄마는 몸이 너무 약하고

집안 형편이 좋지 않았단다.

그래서 뒤돌아보지 않고 병원으로 달려갔단다.

그것 말고 다른 생각은 할 수 없었어.

내가 너무 철이 없었나 봐.

그래도 너를 보내고 병원에서 마취가 깨어난 뒤

너무 허탈해서 울었단다.

눈이 퉁퉁 붓도록 울었단다.
갑자기 어머니 생각도 났어.
우리 어머니도 나처럼 슬펐겠지 싶었어.
여러 명을 보낸다고 슬픔이 약해지진 않았을 거야.
너한테도 미안하고 어머니 생각도 나서 계속 눈물이 멈추질 않았어.

아가야!
정말 미안하다.
엄만 입이 열 개라도 말을 할 수 없는 죄인이란다.
아, 널 지켜주지 못했으니 엄마라고도 할 수 없겠지.

만약에 말이야.
다시 한 번 하늘에서 기회를 준다면
어떤 환경이라도 굴하지 않고 너를 지킬 거야.
네가 다시 온다면 이번에는 그 누구보다 강해져서
너를 다시는 잃지 않을 거야.

약속할게.
그러니 네게 다시 한 번 와주렴.
사랑하는 아가야.

제4절 혼전낙태와 외도낙태의 업장 차이

낙태아를 위한 아빠의 심정도 엄마 못지않다
낙태를 강요한 업보가 쓸쓸하다
불행은 예기치 않게 다가온다
결혼 전후 거듭 낙태로 정신과 치료를 받다
남편 외도로 가족이 힘들게 고통받다
혼전의 낙태로 정신적 트라우마를 겪다
사업의 부도 위기에서 벗어나다
혼전낙태 후 정상적인 임신의 소중함을 알다
외도 임신의 회한이 깊어가다
낙태의 재앙은 부정할 수 없다
남자도 낙태로 인해 눈물을 흘린다

태아영가 천도재를 권유하는 곳의 안내문을 보면 대체로 누구나 천도의식을 집전해도 결과는 마찬가지라고 생각하기 쉽습니다. 하지만 천도방법에 따라서 결과는 다를 수 있습니다. 사찰에서 타력불공他力佛供을 하는 방식이라면 그럴 수도 있겠으나, 자력불공自力佛供을 한다면 생각이 달라질 수 있습니다.

남자에게 탈이 생겼다는 것은 낙태한 지 오래된 경우로 여겨지며 그런 만큼 그 탈도 심합니다. 그리고 분명히 짚고 넘어가야 할 사항은 그것이 현재 부부 사이의 낙태아인지, 아니면 다른 여자와의 사이에 있었던 낙태아인지 하는 점입니다. 경험에 의거해 개인적인 견해를 덧붙인다면, 이런 경우의 천도는 남자가 하는 것이 좋습니다. 남자가 뿌린 씨앗이기에 자신의 힘으로 수습하는 것이 도리에 맞기 때문입니다. 이와 함께 여성 쪽에서 힘을 보태 함께 천도하면 더욱 좋을 것입니다. 다만, 반드시 낙태했던 여자여야만 합니다. 남편의 업장소멸을 위한다는 명분으로 다른 여인과의 사이에 있었던 낙태아의 영혼을 지금의 아내가 천도하는 것은 아무 의미가 없습니다.

정반대의 경우도 마찬가지입니다. 결혼 전 연애시절에 사귀던 남자와의 사이에서 생긴 아기를 낙태했을 경우, 상대방이 현재 남편이 아니라면 상대방 남자의 이름을 쓰고 여자 쪽에는 남자 이름을 써야 합니다.

구담사 자모암에는 다른 사찰보다 남자분이 많이 오는 편입니다. 남자가 생각하기에도 여자 혼자 생긴 아기가 아니고 자신 때문에 생긴 생명이기 때문에 함께 기도하는 것이 좋은 것입니다. 사람들 대부분은 낙태했거나 유산했을 경우 모체母體, 즉 엄마인 여성에게만 의학적인 후유증을 비롯한 각종 탈이 난다고 알고 있으나 사실은 그렇지 않습니다. 낙태로 인해 상대방 남자나 배우자 및 아버지와 형제에게도 탈이 일어납니다. 실제로 낙태아 영혼의 분노와 증오로 사고를 당하거나, 하는 일이 여의치 못하거나, 부부의 화목이 깨지는 경우가 많고, 극단적인 경우에는 스스로 자해하는 사태가 발생하기도 합니다. 이처럼 낙태아 영혼의 분노와 저주로 인한 사달은 모체뿐만 아니라 가족과 주변사람, 심지어 증손에게까지 미친다는 사실을 알아야 합니다.

특히 무서운 것은 배우자 이외의 다른 남자와 다른 여자 사이에서 생긴 아기를 낙태했을 때 오는 장애는 낙태아 영혼의 분노와 증오로 인한 시간이 오래되면 오래될수록 심하고 강해집니다. 왜냐하면 태아영가의 실제 엄마는 천도공양(천도재와 참회기도)을 올릴 수 있기에 영가가 다시 몸을 바꿔 세상에 태어날 가능성이 높지만, 다른 남녀가 만나 생긴 낙태아는 실제 부모의 천도공양을 받을 수 없기에 영가가 자신의 존재를 알리기 위한 다양한 방편으로 장애를 일으키는 것입니다.

이처럼 낙태한 과보로써 그 장애가 부모에게 나타나지 않더라도 자식에게 장애가 올 수 있다는 것을 명심해야 합니다. 태아영가는 자신을 죽인 엄마와 아빠를 원망하고, 한편으로는 밝은 세상에서 살아가는 형제와 자매들을 질투하기도 합니다.

낙태로 말미암아 장애가 발생하는 인연관계를 살펴보면, 첫 번째는 낙태한 직접적인 관계자로서 어머니와 아버지이고, 두 번째는 낙태아의 형제 · 자매 등의 인연 있는 사람이며, 세 번째는 혈연이 닿는 모든 사람과 그 후손들까지입니다. 이처럼 낙태의 업장은 부모가 아닌 사람들에게도 일어나기 때문에 무섭고 두려운 것입니다.

흔히 혼전의 낙태로 인한 장애가 더 심각한지, 결혼 후 외도로 낙태한 경우의 장애가 더욱 심각한지 묻는 상담자가 있습니다. 이

질문은 현실적으로 많은 문제를 내포하고 있기에 대답하기 매우 어렵고 조심스럽습니다. 여기에는 다음과 같은 두 가지 경우가 있습니다.

첫 번째는 결혼 전에 만나 사랑했으나 결혼까지 이루어지지 않고 헤어지는 과정에서 낙태한 경우이고, 두 번째는 결혼 후 다른 남자 내지 다른 여자를 만나서 생긴 아기를 낙태한 경우입니다. 결혼 전 사귀던 여자를 임신시키고 낙태한 후 무책임하게 헤어진다면 그 과보는 여자와 남자가 함께 받겠지만, 결혼 후 자식이 있는데 바람을 피워 아내와 남편이 아닌 다른 사람의 아이를 가져 낙태하면 그 장애는 본인들 선에서만 끝나는 것이 아니라 자식과 다른 가족들까지 얽혀 여러 사람이 힘든 삶을 살게 됩니다.

그렇다면 어느 쪽의 장애가 더 심하겠습니까? 정상적인 부부 사이에서 생긴 아기를 낙태하는 경우보다 남편이 아닌 다른 남자 내지 아내가 아닌 다른 여자 사이에서 낙태하는 경우의 장애가 더욱 심하고 강할 수밖에 없습니다. 여기서 중요한 것은 낙태 이후에 낙태아의 영혼을 위해 무엇을 어떻게 했느냐는 것입니다. 태아영가를 위해 곧바로 참회기도를 지극정성 하다보면 가정에 평안이 오고 모든 장애가 잠잠해질 수 있습니다.

보살신도들과 상담하다 보면 남자와 헤어졌다거나 혹은 이혼했다면서 천도재 때 이전 남자의 이름을 올리는 것에 거부감을 드러내는 경우가 종종 있습니다. 여러 명의 남자와 교제한 사실이 부끄러워 감추고 싶은 마음은 이해합니다. 설령 이혼하고 헤어졌어도 남편의 아기가 되기 때문에 이름을 꼭 올려주어야 합니다. 태아영가 입장에서는 엄마·아빠가 분명하기에 두 분의 이름을 올려주어야만 하는 것입니다.

　필자는 오래 전에 'M'이라는 TV드라마를 본 적이 있습니다. 그 내용을 살펴보면, 과거 부모가 낙태하고 헤어져 각자 다른 삶을 살고 있는데, 주인공은 다른 사람의 몸으로 다시 태어나 그로 하여금 엄마·아빠에게 복수하는 내용입니다. 드라마에서 빙의된 주인공은 결국 죽임을 당하고 맙니다. 하지만 아쉬운 점은 이를 불교적으로 이해할 경우, 낙태아의 영혼을 천도하기 위한 천도재와 참회기도를 올렸다면 낙태영가의 원한과 분노를 해소하여 빙의된 주인공을 죽이지 않고 다음 생에 더 좋은 인연으로 만날 수 있지 않았을까 싶습니다. 또한 낙태아의 영혼이 과거에 자신을 낙태한 부모를 끝까지 찾아가 원한을 갚는 장면을 보았을 때 '생명체도 아닌 존재가 무슨 혼령이 있다고 그러냐?'라고 반문하는 사람도 있을 것입니다. 하지만 필자의 생각은 '아니다'고 말합니다. 부부가 성 관계를 맺는 순간에 수태되는 아기는 자신의 부모가 누구인지 알고 있기 때문입니다. 즉, 아기를 갖는다는 것은 태내에 생명체가 들어왔다는 것을 의미합니다. 만약 부모가 낙태하지 않았다면 그 태아는 부모의 핏줄로 태어나 행복한 삶을 살고 있을 것입니다.

① 낙태아를 위한 아빠의 심정도 엄마 못지않다

2020년 6월에는 유독 남자신도들의 상담이 많았습니다. 그중에 특히 기억에 남는 분들과의 만남을 소개합니다.

어떤 남자신도는 우연히 불교방송에서 필자의 법문을 듣고 자신이 과거에 낙태한 것이 잘못임을 깨달았다고 합니다. 사연을 들어보니 결혼 전 가난한 삶이 힘들어서 낳지 못하고 지워버린 아이를 잊지 못해 항상 가슴에 묻고 살았다고 합니다. 아무래도 그런 착한 심성을 가진 분이었기에 잘못을 깨달을 수 있었을 겁니다. 그 신도 분은 30년이나 지났는데도 그때 낙태한 아이가 생각난다면서 눈물을 글썽였습니다. 필자는 그분에게 위로의 말씀을 드렸습니다.

"시절이 시절이니 만큼 그때는 모두 다 어려웠습니다."
"아내는 저 혼자 기도한다는 사실을 전혀 모릅니다. 스님,
  허락하신다면 잠시만이라도 그때의 낙태아를 위해 참회
  기도를 하고 싶습니다."

남자신도는 법당에서 기도를 마치고 조용히 돌아갔습니다. 그분의 뒷모습은 처음 도량에 발을 디디셨을 때보다 한결 편안해 보였습니다.

구담사 자모암에는 그 신도 분처럼 조용히 홀로 와서 기도하고 가는 남자신도들이 많습니다. 이번에 3년 기도를 회향하는 또 다른 남자신도가 있습니다.

"스님, 제가 사실 누구한테 소개받고 왔는데 제 집사람도
모릅니다."

그 신도 분은 결혼 후 낙태한 경험을 갖고 있습니다. 되도록이면
부부가 같이 기도에 참석하면 좋겠지만, 정말 부득이하게 그럴 수
없는 경우에는 이렇게 혼자만이라도 기도해도 괜찮습니다.

"소개해 주신 분이 여기서 태아영가 천도재 하고 나서 가
피도 많이 받았다고 합니다. 입소문이 많이 났더라고요.
그래서 찾아왔습니다."
"그러셨군요. 잘 오셨습니다."

그분은 참회기도라는 것을 단 한 번도 해본 적이 없고 사찰이 그
저 낯설기만 하다고 했습니다. 과거에 몇 번 낙태한 적이 있는데
장성한 아들이 결혼을 못하는 것이 혹시 그 때문이 아닌가 싶어 자
신의 잘못을 뉘우치고 참회하고 싶다고 했습니다.

"낙태가 죄인지도 모르고 살다가 저와 비슷한 사연을 가
진 가까운 지인이 기도하는 모습을 보고 그제야 태아도
생명이라는 것을 깨달았습니다. '내가 잘못했구나' 하고
말입니다. 그래서 자식을 위해 아버지가 뭔가는 해야 하
지 않겠습니까?"

마지막 그 한마디가 뭉클했습니다. 세상의 모든 부모는 자식을
위해 악업을 마다하지 않습니다. 그리고 자신을 희생해서라도 자

식이 잘 되기를 바랍니다. 평상시에는 겉으로 잘 내색하지 않지만 아버지로서 자식의 앞날을 걱정하는 것은 어머니 못지않다는 것을 다시 한 번 느낀 만남이었습니다.

② 낙태를 강요한 업보가 쓸쓸하다

사연의 주인공은 젊은 시절 토목건설 관련 사업을 하다 보니 여성들이 많이 따랐다고 합니다. 그 남자는 교제과정에서 여자가 임신하자 별 다른 고민 없이 낙태를 권유했습니다. 그는 일말의 양심 때문인지는 몰라도 부인이 아닌 여자와의 사이에서 절대로 아이를 낳으면 안 된다는 원칙을 정하고 철저하게 지켰습니다. 그렇게 얼마나 많은 여자들이 그의 간택을 받기 위해 임신했다가 태아와 함께 곁에서 사라졌는지 모릅니다.

세월은 화살보다 빠르다고 하는 말처럼 어느 날 중년을 지나 노년에 접어든 그 남자에게 머리가 하얗게 센 여인이 찾아왔습니다. 나이가 들어 보이는 그 여성은 남자에게 당신의 아기를 낙태한 후 홀로 쓸쓸히 지내다가 더 늦기 전에 그 사실을 알리고 싶었다고 말하면서 흐느꼈습니다.

"나는 당신과의 사이에서 생긴 아기를 너무나 낳고 싶었
어요. 그런데…."

무정한 남자는 말을 잇지 못하는 여인의 모습을 보고 마음에 뭔가 깨달음이 왔나 봅니다. 어깨를 들썩이며 엎드려 우는 옛 여인을

보고 있자니 '지난 시절에 자신이 너무나 몹쓸 죄를 지었구나' 라는 생각을 하게 된 것입니다. 그 순간 과거에 낙태를 강요하는 과정에서 한 여인에게 원한을 품게 한 일을 피부로 느끼게 되었습니다.

비정했던 지난 날, 자신이 저지른 죄과를 후회하며 자책을 하던 남자는 여인의 원한을 풀어주고자 지장보살을 조성하는 불사에 동참해 죽은 아기를 위해 기도를 올려주었습니다. 그리고 그 남자를 변화시킨 여인은 그로부터 1년이 지나 한 많은 세상을 떠났습니다.

③ 불행은 예기치 않게 다가온다

결혼을 약속한 사람이 갑자기 사고로 사망하면서 낙태할 수밖에 없었던 어느 직장여성에게 어느 날 갑자기 병고病苦가 찾아온 사연입니다. 편지글을 그대로 소개합니다.

"스님, 저는 직장에서 만난 남자와 결혼을 약속하고 아이도 가졌습니다. 서로가 경제적으로는 풍족하지 않지만 여자로서 아이를 가졌다는 행복감에 젖어 하루하루를 즐겁게 보내며 결혼식 올릴 날만을 손꼽아 기다렸습니다.

그런데 갑자기 예기치 못한 불행이 닥쳐왔습니다. 건설현장에서 비정규직으로 일하던 남편이 높은 곳에서 발을 헛디뎌 추락하면서 사망한 것이었습니다. 관계자들의 말을 들어보니 안전장비를 다 갖추고 있었지만 사고는 속수무책이었습니다.

슬픔도 잠시, 그를 너무 사랑해 미혼모 소리를 들으면서라도 뱃속의 아이를 낳으려고 했는데, 친정 부모님을 비롯해 주변에서 낙태하라고 성화를 부리는 바람에 더 맞설 용기가 나지 않아 그만 낙태하고 말았습니다. 지금부터 3년 전의 일입니다.

몸에 이상이 생긴 건 얼마 전입니다. 과거의 악몽을 잊고 살아가는데, 일을 마치고 귀가하는 도중에 갑자기 두 발이 저려오더니 심한 통증이 엄습하면서 일어서지도 못하고 걷지도 못하게 되었습니다. 간신히 앰뷸런스를 타고 병원 가서 진찰받았지만 원인불명이라는 진단을 받았습니다. 그런 상태로 열흘쯤 지날 무렵 뇌리에 스치는 것이 있었습니다.

예전에 낙태한 4개월 정도의 태아영가가 저를 괴롭히고 있다는 사실을 알게 된 것입니다. 저는 날이 밝기를 기다렸다가 곧바로 사찰을 찾아 태아영가와 죽은 남자친구의 위패를 함께 모시고 열심히 참회기도를 올렸습니다. 그 덕분인지 몰라도 하반신 마비증상은 사라졌고 다시 예전처럼 정상적으로 활동할 수 있게 되었습니다. 그 후 지금의 남편을 만나 현재 두 아이의 엄마가 되었습니다.

아마도 예전에 낙태로 억울하게 생을 마감한 태아영가가 구천을 떠돌다가 자신을 위해 천도기도를 해달라는 뜻에서 엄마인 저에게 신호를 준 것이 아닌가 싶습니다. 뒤늦

게나마 천도기도를 올릴 수 있어서 정말로 감사한 마음
큽니다."

이 사례처럼 태아영가는 천도공양을 받지 못하면 어떤 형태로
든 낙태와 직접 인연 있는 사람에게 장애를 주어 자신의 존재를
알립니다. 낙태아의 영혼을 위무하는 일을 치부하거나 잊어버리
는 것은 살생업의 과보를 그대로 받겠다는 의미와 다르지 않습니
다. 이 사례는 낙태업의 인과를 잘 보여주는 영험담이라 하겠습
니다.

④ 결혼 전후 거듭 낙태로 정신과 치료를 받다

결혼 전 두 번의 낙태와 결혼 후 한 번의 낙태로 그 과보를 톡톡
히 받고 있는 한 남자의 사연입니다.

"저는 지금의 아내를 만나기 전에 사귀던 여자와 헤어졌
습니다. 안타깝게도 제 아기를 임신한 그녀는 낙태를 두
번 했습니다. 그 이유 때문인지 서로가 사랑의 결실을 맺
지 못하고 남남이 되고 말았습니다.

그런데 새로운 배우자를 만났지만 부부 사이가 평탄하지
않아 또 낙태를 했습니다. 지금은 맨 처음 사귀던 여자가
낙태할 당시 말리지 않은 것을 후회하고 있습니다. 왜 그
때는 태아도 생명이라고 생각하지 못했을까요?

저는 아빠로서 실로 엄청난 죄를 지은 것입니다. 제 자신이 부끄럽고 아기들을 생각하면 가슴이 아픕니다. 세상에 나오기도 전에 보내버린 그 아기들에게 너무 미안한 마음입니다.

저는 지금 정신과 치료를 받으며 힘들게 하루하루를 보내고 있습니다. 불안하고 초조한 마음을 가라앉히지 못하는 증세로 2년 반이나 고통을 받고 있습니다.

이 모든 게 여러 번 낙태한 죄업 때문인 것 같습니다. 울고 싶습니다. 그리고 그 이상으로 낙태아들의 영혼을 달래주고 싶습니다."

다행히 이 남자는 정신과 치료를 받는 고통 속에서도 낙태업에 대한 잘못을 알고 참회하고 있습니다. 태아영가들을 위한 참회기도를 게을리하지 않으면 아마도 업장을 소멸하는 날이 다가올 것이라 믿습니다.

신도님 어릴 때의 모습

남자들의 이기심

남편에게 이미 세 명의 아이가 있었고 저는 남편과 재혼했습니다. 그러다 임신하게 되었는데 남편이 난리가 났습니다. 자신은 세 명의 아이로 족하고 더 이상 아기를 낳고 싶은 생각이 없다고 말입니다.

임신한 저를 구타하고 협박하고 이혼까지 요구했습니다. 결국 견디기 힘들어 임신 9주 만에 뱃속 아기를 보내야만 했고 이혼하고 말았습니다. 그는 제 몸값이라며 제 계좌로 5백만 원을 입금시켜 주고 그동안 즐거웠다는 한마디를 하고는 떠나갔습니다.

그 충격으로 지금 저는 정신과 치료를 받고 있습니다. 우리 아기를 생각하면서 극락에서 만날 날을 기다리며 살고 있습니다. 엄마를 기다리라고, 사랑한다고 아기에게 전하고 싶습니다.

⑤ 남편 외도로 가족이 힘들게 고통 받다

바람기 많은 남편과의 사이에 딸 하나를 둔 주부의 사연입니다. 그분의 희망은 그저 유일한 자식인 딸이 어디 아프지 말고 건강하게 잘 자라는 것이었습니다. 남편은 사업이 잘 되면 잘 될수록 가정을 소홀히 한 채 밖으로 돌면서 부인에게 정신적으로 고통을 주었습니다.

문제는 거기서 그치지 않고 남편과 외도를 한 여자들이 번번이 낙태하고 헤어지는 것이었습니다. 신심 깊은 부인은 그들이 언젠가는 반드시 과보를 받을 것이라 생각했지만, 자신을 괴롭히는 업보를 받아들이기 힘들었습니다. 그녀가 할 수 있는 일이라고는 매일 같이 열심히 기도하는 것뿐이었습니다.

세월이 흘러 부인의 정성과 기도 덕분으로 잘 자란 따님이 취직하고 말썽을 피우던 남편도 마음잡고 가정으로 돌아왔지만, 가세는 이미 너무나 많이 기울어진 상태였습니다. 부인은 이것이 남편의 과거 적절치 못한 행위의 결과라 생각하고 남편이 낙태시킨 태아영가들의 원결을 풀기 위해 기도를 드리기로 결심했습니다.

어느 사찰에서 비용을 받지 않고 태아영가 천도기도를 지내준다는 말에 그곳으로 가려고 했는데, 그날 밤 신기한 일이 일어났습니다. 태아영가들이 꿈에 나타나 구담사 자모암에서 기도를 올려달라고 부탁하는 것이었습니다.

부인은 혹시나 하는 마음에서 알음알음이로 구담사 자모암을 찾아와 입구에서부터 경내의 이곳저곳을 둘러보았습니다. 꿈에서 본 것과 너무나 똑같아 할 말을 잊은 채 계단에서 한참 서 있다가 필자와 마주치고 나서야 겨우 정신이 들었다고 합니다. 방으로 모시고 들어가 차를 나누며 사연을 듣고서 빙그레 웃었습니다.

"보살님 같은 분들이 종종 있습니다."

"스님, 딸이 천만다행으로 시집을 갔는데 아기가 없어서 걱정입니다. 혹시 이것이 남편이 저지른 낙태아 영혼들의 원결 때문일까요?"

"너무 걱정하지 마십시오. 보살님은 신심이 깊은 분이니 이곳에서 산신기도하고 나면 틀림없이 따님께서 아기를 가질 것에요. 이 도량은 망태아 영가들을 좋은 곳으로 천도하는 곳이지만, 새로운 생명을 잉태하고자 하는 분들의 염원도 거의 들어주는 곳입니다."

"그랬으면 정말 좋겠습니다."

"한 번 두고 보십시오."

부인은 정말로 열심히 기도했고, 6개월 후 따님이 임신 3개월이라는 소식을 전해주었습니다. 그해 가을 따님은 친정어머니의 바람대로 잘 생기고 건강한 외손주를 순산했습니다.

기도영가 위패

⑥ 혼전의 낙태로 정신적 트라우마를 겪다

결혼 전에 있었던 두 번의 낙태가 트라우마로 작용하면서 부부 생활이 평탄하지 못했던 어느 남자의 이야기를 아내가 들려준 사연입니다.

"좋은 인연을 기다리다 노처녀로 죽는가 싶었는데, 지인 소개로 지금의 남편을 만나 결혼했습니다. 이미 늦은 나이에 결혼했기 때문에 빨리 아기를 갖고 싶은데 남편은 이러저러한 핑계로 잠자리를 거부했습니다. 나에게 무슨 잘못이라도 있는가 싶어 점점 자존감이 떨어지고 외로움에 젖어 살았습니다.

이혼을 생각해 보았지만 늦은 나이의 결혼인지라 친정과 주변에서 너무나 좋아하고 축하해주던 기억 때문에 쉽게 결정하지 못하고 괴로운 날의 연속이었습니다.

그러던 어느 날 남편이 조용히 저를 불러 말문을 열었습니다. 결혼 전 사랑하는 사람이 있어서 오랜 기간 연애했고 그 사람을 마음에서 떨치지 못한 상태로 저와 결혼하게 됐다는 것입니다. 더욱 놀라운 것은 그 여자와의 사이에서 아기가 생겨 둘이나 낙태했다고 합니다. 남편은 그로 인해 결혼을 포기하고 살다가 나를 만나 결혼하게 되었고, 양심에 걸려 아기를 갖고 싶지 않다고 합니다. 낙태한 아기들에게 참회하면서 평생 살겠다고도 말했습니다.

남편은 저에 대한 미안함보다 낙태한 아기들에 대한 미안함이 더 큰 것 같습니다. 남편의 말을 들으면서 너무 큰 충격을 받아 한동안 멍하니 천장만 바라보다 거실로 나오자 그 때부터 눈물이 흘렀습니다. 늦은 나이에 남편만 바라보고 결혼했는데, 과거에 얽매어 무거운 짐을 떨쳐내지 못하는 남편을 바라보는 제 자신이 너무나 초라하게 느껴졌습니다.

남편의 그 무거운 짐을 어떻게 벗을 수 있을까요? 혼전 낙태아의 영혼들을 천도하면 남편이 지난 과거로부터 벗어나 우리 부부도 좋은 인연으로 맺어질 수 있을까요?"

상담자 남편의 삶은 혼전에 있었던 살태업殺胎業의 과보를 받고 있는 경우입니다. 태아영가의 원결이 육체적 병고病苦보다는 정신적 트라우마로 표출된 사례로 볼 수 있습니다.

⑦ 사업의 부도 위기에서 벗어나다

지금은 밝은 미소를 지으며 이야기 하지만 불과 두 달 전만 하더라도 세상의 고민이란 고민은 다 짊어진 사람처럼 자포자기 하고 있던 거사 한 분이 있었습니다. 그는 언제 그랬느냐는 듯 얼굴에서 시종 웃음이 떠나지 않았습니다.

"솔직히 말해서 낙태아 영혼을 위해 천도공양을 올리라고 했을 때 대체 이게 무슨 소리인가 싶었습니다. 그것과 회사의 어려움이 무슨 상관이 있는 지 알 수가 없었거든요."

사업을 하다 보면 누구나 부도 위기를 겪기 마련입니다. 규모가 크면 클수록 위험률은 높아집니다. 처음 이분께서 필자를 찾아온 것은 상식 밖의 불운이 계속되어 사면초가에 이르렀을 때였습니다. 첫인상은 무엇인가에 쫓기는 듯한 사람들이 대개 그렇듯이 어둡고 험악했습니다.

　"지금은 그때와 달리 좋은 모습인 것 같습니다."
　"스님 말씀이 맞습니다. 처음 여기 왔을 때는 이제 다 틀렸구나. 평생을 바친 내 사업이 이대로 무너지는가 싶었습니다. 그동안 집안 대대로 물려받은 재산을 다 날릴 것만 같아 불안 속에서 하루하루 어떻게 살 길이 없을까 하고 근심걱정뿐이었습니다."
　"모두 다 일장춘몽 아니겠습니까?"
　"하하하. 그래도 스님을 찾아뵙고 상담하니 이런 길이 열린 것 아니겠습니까?"
　"회사가 잘 안 되시냐고 묻자, 잘 안 되는 정도가 아니라 엉망이라고 말씀하신 게 생각나네요. 생각도 못한 일들이 연달아 생기고…."

　윗대에서 물려준 철공소를 경영하던 그분은 갑자기 몇 달 전부터 큰 손실이 생기는가 하면, 사고가 연이어 발생해 능력 있는 간부들이 한 명씩 사표를 내고 회사를 그만두었습니다. 설상가상으로 공장운영의 실무를 책임진 중간관리자들이 사라지자 거래처의 주문이 취소되어 회사 설립 이후 처음으로 임금을 체불하기도 했습니다.

"그때 정말 심각했습니다. 그 상태로 6개월도 못 버티고 파산할 것 같았으니까요."

그가 제일 고통스러워한 것은 악화일로의 재정상태로 가정이 붕괴위기 직면에 처해 아내와 이혼을 해야 하는 것이었습니다. 매우 심각한 표정을 짓는 순간 필자의 눈에 그가 과거에 여러 번 낙태한 것이 보였습니다.

"사장님께서는 젊어서부터 여러 번 낙태하셨군요."

뭔가 큰 비밀을 들킨 것처럼 움찔하던 사업가는 순순히 인정했습니다.

"예, 아내와의 사이에서 전부 다섯 번 낙태한 적이 있습니다. 그리고 다른 여자한테서 한두 번 있습니다."
"문제는 다른 여자와의 사이에서 낙태한 일입니다."
"스님, 그럼 혹시 그것이 이유가 되어 제가 지금 이런 어려움에 봉착하게 된 건가요?"
"그렇다고 할 수 있습니다. 낙태아의 영혼과 상대방 여자가 함께 원한을 품었기에 탈이 났다고 해도 틀린 말이 아닙니다."

그는 무엇인가 짚이는 것이 있는 듯했습니다.

"그렇다면 제가 무엇을 어떻게 하면 되겠습니까?"

"그 낙태한 아이를 위해 참회기도를 올리십시오. 그래서
원결을 풀어야 합니다."

그는 행동해야 할 때를 아는 승부사 기질을 발휘해 지체하지 않
고 필자가 시키는 대로 태아영가 천도공양을 올리고 지극정성으로
기도했습니다. 그 공덕에 힘입어 부도 직전의 회사가 비로소 위기
에서 벗어날 수 있었습니다.

⑧ 혼전낙태 후 정상적인 임신의 소중함을 알다

철부지 시절 낙태를 경험한 후 좋은 남자를 만나 정상적으로 임
신하게 된 젊은 여성의 사연입니다. 그 여성이 들려준 애잔한 사연
을 그대로 옮기면 이렇습니다.

"저는 올해 22세의 예비신부이자 예비엄마입니다. 애가
애를 낳는다고 주변에서 놀립니다. 저희 엄마도 벌써 할
머니가 되는 거냐며 징그럽다고 하고요. 결혼할 신랑은
24세입니다. 둘이 애인 사이일 때부터 결혼을 전제로 만
났습니다. 양가부모님의 허락과 상견례를 한 이후 공식적
으로 교제를 시작했죠. 그러다 덜컥 임신했고 지금 8주차
됐습니다.

어제 산부인과에 가서 심장박동을 듣고 아기 형체를 보
고 한참 웃다가 나왔어요. 임신을 알고 제일 먼저 구담사
자모암의 홈페이지를 찾아봤어요. 한참 놀기 좋아하던

철부지 시절에 안 좋은 일이 있었습니다. 그때 이 사찰의 홈페이지를 찾아 적어놓은 글이 있었는데, 혹시나 싶어 들어왔더니 아직 남아 있네요. 오늘은 다른 분들이 적어놓은 글을 보면서 가슴 아파 눈물을 훔치고 있습니다.

저는 집안형편이 어려워 열일곱 살부터 안 해본 아르바이트가 없을 정도로 돈을 벌어야 했어요. 열아홉 살 때 남자를 만나 사귀었는데 덜컥 임신했습니다. 그때 저는 참으로 어렸어요. 피임이 뭔지도 모르고 남자랑 관계를 맺는 것의 의미도 잘 몰랐지요. 그렇게 해서 엄마가 된다는 것도 몰랐으니 참 현실을 몰랐지요.

아기를 지울 수밖에 없었어요. 그 뒤로 집에 큰일이 생겨 엄청난 빚이 생겼습니다. 새 아버지는 그동안 엄마와 제게 참 잘했는데 엄마의 실수로 생긴 빚 때문에 헤어지자며 한바탕 난리가 났습니다. 집안이 풍비박산 나기 일보직전이었지요. 저는 어쩔 수 없이 빠른 시간 안에 돈을 벌 수 있는 유흥업소에 들어가 보름에 3백만 원을 벌며 열심히 일했어요. 빨리 벌어서 빨리 벗어나자는 생각이었지요.

그러던 중 지금의 신랑을 만났는데, 그는 제가 유흥업소 일을 했다는 것을 모릅니다. 다른 여자와 다르다며 저보고 생각이 쿨하고 멋있다고 합니다. 결혼도 신랑 쪽에서 먼저 하자고 청혼했습니다. 신랑 눈에 콩깍지가 씌인 것 같습니다.

하지만 저도 신랑을 사랑합니다. 무엇보다 다행인 것은
이번 아기는 지우지 않아도 되는 겁니다. 이곳에 와서
예전 글을 읽으며 다시는 아기 손을 놓지 않을 거라 다짐
했습니다. 지금 제 뱃속에는 예쁜 우리 아기가 잘 자라고
있습니다. 아기를 위해 좋은 생각만 하고 좋은 음식 먹고
잘 지내려 합니다. 빨리 아기를 만나고 싶습니다."

이 여성은 어린 시절 어쩔 수 없이 낙태했지만, 다행인 것은 어
렴풋이나마 낙태업의 두려움을 알고 있었다는 사실입니다. 태아
영가 천도도량인 구담사 자모암과 인연 맺고 홈페이지에 글을 남
겼던 전례는 낙태업에 대한 참회의 마음을 가질 수 있었던 계기였
습니다.

낙태 후 집안에 어려움이 생기고, 자신은 정상적인 직업을 갖지
못한 고통을 감내해야 했던 것은 모두 태아영가에 의한 장애라 할
수 있습니다. 다만, 다행히 지금의 행복을 누릴 수 있게 된 것은 그
동안 낙태한 과거의 삶에 죄책감을 느끼고 회한悔恨을 가졌던 착한
마음의 결실로 볼 수 있겠습니다.

⑨ 외도 임신의 회한이 깊어가다

외간 남자와의 관계를 통해 임신한 어느 유부녀의 안타까운 사
연입니다. 이른바 이루어질 수 없는 사랑의 회한이 깊어만 가는 길
목에서 구담사 자모암 홈페이지를 방문해 남기고 간 글입니다.

"남들보다 어린 나이에 사랑이 뭔지도 모르고 결혼했습니다. 솔직히 말하면 임신해서 부랴부랴 결혼했지요. 딸 하나 아들 하나 낳고 열심히 키우며 살았습니다.

그러다가 한 남자가 내 앞에 나타났고 그를 사랑하게 됐습니다. 이루어질 수 없는 사랑이 시작됐지요. 그는 유부남이고 저는 유부녀. 서로의 가정을 침범하지 않는 선에서 사랑하자고 해서 만난 지 6개월이 지났습니다. 피임을 하다가 실수로 한 번 피임을 안 하고 관계를 했는데, 설마 했던 일이 벌어졌습니다. 임신한 겁니다.

남편한테 걸릴까봐 너무 무서웠습니다. 그런데 이 남자가 아이를 낳자고 합니다. 저 역시 살려고 생긴 아기를 지울 수 없다는 생각을 하긴 했지만, 이 아이를 낳으면 남자도 저도 끝없는 나락으로 떨어지고 말 겁니다.

남자와 함께 산부인과를 찾았는데 임신 4주차라고 하는데 여러 문제가 있다고 했습니다. 자궁외임신일 확률이 높고 난소모양이 안 좋아서 임신을 유지할 수 없고 유산기도 있다고 했습니다. 의사는 빠른 시간 안에 아기를 지워야 한다고 했습니다.

남자가 병원을 나와 제게 미안하다고, 자기 만나서 이런 고생 시켜 미안하다고 합니다. 그러면서도 우리 아기 가져줘서 고맙다고 합니다. 집에 와서 생각하니 빗나간 사랑 때문에 내 남편과 내 아이들, 그리고 그 남자의 부인과 아이들에게 너무 큰 죄를 짓고 있는 것 같았습니다. 어떻게 해야 할지 모르겠습니다.

다음날 그와 함께 병원에 가서 아이를 지우기로 했습니다. 아기가 더 자라기 전에 낙태해야 제 몸이 안전하다고 하니 그렇게 하려고 합니다. 하지만 내 몸에 싹튼 생명을 없애는 것도 마음에 자꾸 걸립니다. 답답한 마음에 이런 글을 남기고 갑니다."

여기서 우리는 엄마·아빠의 처음 인연이 얼마나 중요한 것인가를 알아야 합니다. 남자의 정자와 여자의 난자뿐만이 아닌, 과거 전생부터 이어온 인연이 초래되어 중음으로 있다가 세 요소가 만나는 찰나에 임신이 이루어지기 때문입니다. 처음 갈라람에서 일주일 동안 수많은 정자들이 죽고 마지막 한 덩어리 진액이 인연이 되어 착상하는 것입니다. 보통 임신이 된 것을 알게 되는 것은 수태된 지 4~5주 정도 지나야 한다고 합니다.

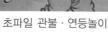
초파일 관불·연등놀이

⑩ 낙태의 재앙은 부정할 수 없다

한 남성이 결혼 전에 한 여성과 사귀었는데 그 여인이 임신한 채로 다른 남자와 결혼해 아이를 낳았으나 곧 죽었던 일이 있습니다. 이것은 낙태한 경우와는 다르지만 역시 영아의 영가로서 천도공양하지 않으면 안 되는 책임이 그 남성에게 있다고 볼 수 있습니다.

그 남성은 결혼해서 몇 명의 자녀가 있습니다. 이상한 것은 결혼 전에 임신시킨 아이의 이야기가 나오면 그 사람의 입에서 '그건 내 아이가 아니야' 라고 우겼습니다. '내 아이가 아니다' 라고 혼자말로 주장해도 인과因果는 숨길 수 없습니다.

그 남성이 70세가 지났을 때 매일 밤 7,8회씩이나 화장실을 자주 가게 되었습니다. 그분의 딸은 40세가 넘었는데 아버지가 화장실에 자주 가는 것을 알고 한밤중에 화장실 가다가 쓰러지지 않을까 매일 밤 걱정되어 잠을 제대로 이룰 수 없었습니다.

어떻게든 아버지를 위하여 좋은 방법이 없을까 고민하던 중에 어느 지인이 사찰에서 태아영가 영험담 책 한 권을 가졌다 주었는데, 그 책에서 낙태아의 원결과 관련된 내용을 보고 '아아, 이것이다' 라고 생각하게 되었습니다.

'아버지의 죽은 아이를 위해 사찰에 가서 지장보살의 원력을 세우고 아버지 대신 참회하자' 하고 천도기도를 지냈는데, 그날 밤부터 아버지의 비뇨가 진전이 있어서 한 번 정도만 화장실을 다녀

오게 되었습니다.

딸은 기도영험의 신통함에 놀라서 사찰에 가는 날만을 기다리고, 지장보살님께 불사공양도 올렸습니다. 딸은 자원봉사도 열심히 참가하였는데, 그러한 공덕으로 아버지의 병이 다 나아서 너무 좋고 걱정이 없어졌다고 좋아했습니다.

그 아버지는 딸의 기도 덕분에 자신의 몸이 좋아졌다는 사실과 관련하여 그 과보를 많이 생각하고 있다며 딸이 들려준 이야기는 이렇습니다.

"세상에서 제일 큰 죄의식은 살생이라고 생각합니다. 누군가 부모를 죽이면 상대방을 죽이겠다는 복수로 분노에 차 있기 마련인데, 부모는 자신들로 인해 잉태된 자식을 살생하는 경우가 적지 않습니다. 태아를 낙태한 것은 생명을 가졌기 때문에 일어나는 일입니다. 짐승도 자기 새끼를 죽이지 않는데, 하물며 사람이 되어 부모가 자기 자식을 죽이는 것입니다. 제가 젊은 시절에 정력이 흐르고 성욕에 취해 행동한 것들이 살아가면서 평생 후회하게 될 줄을 미처 몰랐습니다."

⑪ 남자도 낙태로 인해 눈물을 흘린다

결혼 전후에 몇 번의 낙태를 경험한 한 남성의 후회스런 고백입니다. 이 고백을 보면 남자도 낙태로 인해 눈물을 흘린다는 아빠로서의 한을 느낄 수 있습니다.

"지금의 아내를 만나기 전에 사랑의 결실을 보지 못한 채 두 아이를 낙태하고 아이 엄마와는 헤어졌습니다. 지금의 아내와도 부부 인연이 평탄하지 않아 또 낙태하였습니다.

지금은 과거 낙태한 것을 후회하고 있습니다. 왜 그때는 아이가 생명이라고 생각하지 않았을까요? 저는 아빠로서 엄청난 죄를 지은 것입니다. 저 자신이 부끄럽고 낙태한 아이를 생각하면 가슴이 아프고 눈물이 납니다. 세상에 나오기도 전에 가버린 그 아이에게 너무 미안한 마음입니다.

저는 지금 정신과 치료를 받으며 힘들게 하루하루를 보내고 있습니다. 불안하고 초조한 마음이 힘든 이 증세로 2년 반이나 고통을 받고 있습니다. 이 모든 게 아이들을 여럿 낙태한 죄 때문인 것 같습니다. 울고 싶습니다. 아이들을 위해 영혼을 달래주고 싶습니다."

태아영가 천도 때 불명佛名
또는 묘비나 납골이 필요한가요?

태아영가를 천도해주는 사찰은 많습니다. 종파에 따라 태아영가를 인정하거나 인정하지 않거나 또는 그 자체를 부정하기도 합니다. 최근에는 종파에 관계없이 태아영가를 천도하는 사찰이 적지 않습니다.

태아영가에게 불명佛名 또는 묘비나 납골에 관해서는 이렇게 생각합니다. 천도방법은 다양한 관계로 사찰에 따라서 불명이 꼭 있어야 한다고 주장하는 곳이 있습니다. 그것은 불명이 없으면 태아영가가 천도받지 못한다고 보기 때문입니다. 하지만 묘비나 납골은 굳이 조성할 필요는 없다고 합니다.

필자의 개인적인 소견으로는 비록 불명 내지 위패, 묘비나 납골은 없더라도 천도하는 사람이 태아영가에 대해 진심으로 참회하는 마음만 있으면 충분하다고 봅니다. 아무리 훌륭한 묘비나 납골을 세우고, 불명을 적은 위패를 올려도 천도하는 사람이 진심으로 참회하지 않는 한 태아영가는 천도되지 못할 것입니다.

태아영가 천도방식은 사찰이나 단체에 따라서 매우 다양하겠지만, 진정한 뜻에서 태아영가가 천도될 수 있도록 불공을 드리고 있느냐가 중요합니다. 천도불공에 대해서는 일반적으로 지장보살을 모시거나 또는 태아영가에게 불명을 지어 주고, 위패를 모시는 방법이 가장 보편적입니다.

이러한 질문은 생각하기에 따라서는 민감한 내용입니다만, 중요한 것은 '태아영가는 태어나지 못했기 때문에 이름이 없다'는 사실입니다. 요즘은 태명을 지어 부르기도 하는데, 유산될 경우에는 태명을 올려 기도해주기도 합니다.

부모는 이제부터라도 태아영가에게 참회하고 용서를 빌면서 태아영가로 하여금 이생의 모든 집착을 버리고 다음 생에는 꼭 좋은 곳에 태어나기를 염원해야 합니다.

태아영가는 낙태아의 영혼입니다. 부모에게 버려진 것도 서러운데 구천을 떠도는 영혼을 안아주는 어느 누구도 없습니다. 얼마나 서글픈 존재입니까. 부모는 이제부터라도 태아영가에게 참회하고 용서를 빌면서 태아영가로 하여금 이생의 모든 집착을 버리고 다음 생에는 꼭 좋은 곳에 태어나기를 염원해야 합니다.

태아영가 위패동자

제5실 낙태로 인하여 성장기에 겪는 장애

1) 갑자기 머리가 멍하고 공부가 싫다
낙태 후 낳은 아들이 ADHD 장애를 겪다
태아영가 참회기도, 아들의 꿈을 이루다
해외유학, 천도기도의 가피를 받다
부모의 참회기도 공덕으로 공기업에 입사하다
아들·딸 모두 바늘귀만한 취업문을 통과하다
기대에 어긋난 딸 드디어 성공하다
낙태의 업장을 참회기도로 소멸하다

낙태의 과보가 자녀에게 온다면 주로 사춘기에 오는 경우가 많습니다. 부모들은 이 시기를 흔히 질풍노도의 시기라 여기고 그냥 대수롭지 않게 무시하는 경향이 많습니다. 하지만 공부도 잘하고 부모의 말씀을 잘 듣던 아이가 갑자기 성적이 떨어지고 반항적으로 변한다면, 거기에는 다른 외적인 요소가 작용하고 있다는 것을 직관적으로 알아야 합니다.

주변에서 어떤 사람이 그 사람답지 않은 엉뚱한 행동이나 말을 할 때 흔히 '뭐가 씌었다'고 말합니다. 이런 경우를 보통 빙의憑依라고 합니다. 일상에서 벌어지는 그야말로 별문제 아닌 현상들이 태반이지만, 그간의 모습과는 완전 다른 형태의 상식을 뛰어넘는 감정적 내지 폭력적 행동이 돌발된다면 빙의를 의심해볼 수 있습니다.

필자가 특히 강조하고 싶은 것은 태아영가의 장애가 오는 시기의 공통점입니다. 70~80%가 한창 공부할 나이인 사춘기 내지 청소년기에 온다는 사실입니다. 공부를 잘하던 우등생이 이 시기를 맞이하면서 장애를 겪게 됩니다. 부모가 저지른 낙태의 업으로 자식이 고통 받고 있는 현실은 그저 힘들고 안타깝기만 합니다.

보통 열다섯 살 정도의 나이가 되면서 비슷한 현상들이 일어나지만, 요즘에는 초등학교 때부터 시작되는 경우도 많습니다. 그러다가 고등학생이 되면서 더욱 심해지고 급기야 자퇴하는 자녀들이 많습니다. 그렇지 않으면 공부 대신 게임에 빠지거나, 누군가 불러

나가는 것처럼 밖에서 정처 없이 헤매고 다닙니다. 심지어는 은둔형 외톨이가 되어 방 안에서 혼자 노는 것을 좋아하거나, 낮과 밤이 바뀌면서 사람들과의 대화가 끊어지기 시작합니다. 또한 자신을 억제하지 못하고 마치 자기 몸에 실려 있는 어떤 영혼이 먹는 것처럼 계속해서 먹어대는 바람에 눈에 띄게 비만해집니다. 그렇게 되면 자녀의 입장에서는 원하는 대학에 들어가지 못해 평생 후회스러운 삶을 살아가게 될 것입니다.

자녀가 마음을 잡지 못하고 평상시와 다르게 이상행동을 하거나 혹은 폭언을 거리낌 없이 하면서 감정적·폭력적인 모습을 보인다면 간과하지 말고 신중하게 대처할 필요가 있습니다. 이러한 장애 현상은 태아영가에 달라붙은 몹시 고약한 아귀령餓鬼靈에 의해서 일어난다고 할 수 있습니다. 따라서 실제로 폭력적이거나 심지어 자살과 살인을 저지르게 하는 것은, 실은 낙태아의 영혼에 달라붙은 아귀인 셈입니다. 그래서 필자는 부모님들에게 자녀가 사춘기를 겪거나 청소년기에는 더욱 성심을 다해 기도하라고 당부합니다. 그 시기를 잘 넘기면 모든 일이 어느 정도 순탄해질 수 있기 때문입니다. 그렇다고 빙의가 나타나는 시기가 꼭 사춘기나 청소년기에 국한되지는 않습니다. 중년이든 노년이든 빙의를 보이는 시기는 다양합니다.

필자가 상담과 기도를 올린 사례를 통계해보면 사춘기나 청소년기에 겪는 장애와 빙의 등은 대체로 태아영가의 원결怨結이 그 원인으로 파악되고 있습니다. 이와 관련하여 실제 사례를 몇 편의 주제로 나누어 살펴보겠습니다.

1) 갑자기 머리가 멍하고 공부가 싫다

어렸을 때부터 매우 온순하고 공부도 잘하는 아이로서 일류 고등학교에 입학했으나, 이때부터 그렇게 좋아했던 공부를 하고 싶어도 할 수 없게 된 학생이 있습니다. 머리가 멍해져서 도무지 공부가 되지 않았습니다. 고교시절 내내 병원에 다니면서 치료도 받고 약도 많이 먹었으나 전혀 좋아지지 않았습니다. 지칠 대로 지친 부모는 부모대로, 자식은 자식대로 모두 낙담하고 있습니다. 해결할 수 있는 방법은 있는지요?

① 낙태 후 낳은 아들이 ADHD 장애를 겪다

늦은 결혼에 임신했으나 여의치 않아 낙태한 엄마가 있습니다. 이 엄마는 첫째를 낙태하고 얼마 지나지 않아 또다시 임신해 아들을 출산했습니다. 그런데 아들이 성장하면서 말이 어눌해지는 모습을 보여 병원에서 진단해보니 주의력결핍 과잉행동장애(ADHD)로 판명되었습니다. 청천벽력이었습니다. 아들은 초등학교 선생님을 잘 만나 큰 문제없이 치유되는가 싶었으나, 중학생 사춘기를 맞이하면서 난폭한 행동이 돌발되었습니다. 첫째를 낙태한 과보를 여지없이 받아내고 있는 이 엄마의 사연인 즉 이렇습니다.

"저는 결혼을 늦게 하고 아이도 늦게 가졌습니다. 아들을 낳기 전에 낙태한 적이 있는데 그것이 후유증을 유발할 것이라고는 조금도 생각지 못했습니다. 늦은 결혼에 한 번 낙태했다고 출산한 아이에게 문제가 발생할 거라고 생각을 못했는데, 아들이 크면서 언어발달장애로 말이 어눌하다는 사실을 알게 되었습니다.

아들이 걱정되어 병원 가서 진단을 받아보니 ADHD(주의력결핍 과잉행동장애)라고 했습니다. 유치원에 들어간 아이가 폭력적인 행동을 보여 치료차 약을 먹였더니 부작용으로 머리가 빠지는 등 어린 나이에 감당하기 힘든 현상이 나타났습니다.

아들을 치료하는 도중에 천식폐렴을 앓기도 하고 어디부터 어떻게 치료해야 할지 막막한 상태에서, 제가 고통 받는 이유가 낙태 때문이라는 사실을 알고 참회기도를 위해 태아영가 참회기도도량을 찾게 되었습니다.

아들이 초등학교에 진학할 때 원래 장애인학교에 입학해야 하는 것을 거부하고 일반학교 특별반에 보냈습니다. 우려와 달리 1학년 때 선생님의 헌신적인 지도로 언어장애가 조금씩 좋아지면서 아이가 밝아지고 어수선하던 행동도 많이 얌전해졌습니다. 실로 놀라운 변화였습니다.

그렇게 서서히 학교생활에 적응하더니 3학년 때는 특별반에서 다른 아이들과 같은 반으로 옮겨 여느 아이들처럼 학교생활에 잘 적응하고 있습니다. 자식은 부모의 그늘이라는 말이 있듯이 아들을 바라보면서 생명의 소중함과 함께 제가 지은 죄업이 무섭고 크다는 것을 깨달았습니다.

ADHD로 고생하던 아들은 세월이 흘러 중학생이 되었고 공부의 욕심이 생기는지 벌써부터 명문대 진학을 꿈꾸고 있습니다. 물론 중간중간 위기는 있었습니다. 사춘기가 찾아와서인지 가끔씩 감정조절을 잘하지 못해 폭언과 난폭한 행동을 하는 겁니다. 이럴 때 저는 당황하지 않고 아들을 위해 지혜롭게 참회기도 합니다.

저는 업장이 소멸될 때까지 쉼 없이 기도할 생각입니다. 저의 잘못된 판단으로 낙태당한 태아영가를 천도하고 아들이 겪는 장애를 완전히 극복할 때까지 참회기도를 멈추지 않을 것입니다."

공부하다 잠이 들다

② 태아영가 참회기도, 아들의 꿈을 이루다

공주에서 늘 새벽버스를 타고 열심히 참회기도에 참석하시는 보살님이 있습니다. 그 보살님의 소원은 외아들이 교육대학에 진학하는 것이었습니다. 엄마로서 직장생활을 하면서 가정을 돌보고 아들을 건사하느라 여념이 없는데도 늘 밝은 미소로 주변을 밝게 만들어 주던 보살님입니다.

어느 날 필자는 보살님에게 장난치듯 물어봤습니다.

"예전에 아들이 공부 못해 꼴등했지요?"

그러자 보살님이 미소 지으며 대답했습니다.

"아니에요, 중간 정도 했어요."

몸이 고달플 텐데도 마음에 여유가 있는 분이라 우리는 한바탕 크게 웃고 말았습니다.

보살님은 외아들이 중2 때부터 공부에 재미를 붙이지 못하자 구담사 자모암을 찾아왔습니다. 그 세월이 어언 10년입니다. 아들이 지금은 임용고시 볼 때가 되었으니 세월의 흐름을 실감할 수 있었습니다. 처음에는 엄마를 따라와 천도재가 무엇인지도 모른 채 그저 묵묵히 앉아만 있던 아이가 차츰 공부에 재미를 붙일 줄 누가 알았을까요?

아들은 성적이 조금씩 올라가니 공부하는 것에 흥미를 느끼면서 고등학교에 올라가서는 반에서 1등까지 하게 되었습니다. 관성의 법칙이 작용하면서 그 자리를 놓치고 싶지 않아 더욱 열심히 공부해 전교 1등을 하더니 결국 자기의 꿈을 이룬 것입니다. 마침내 바라던 대로 교육대학에 합격했습니다.

보살님은 이제 아들이 임용고시에 합격하기를 바라며 언제나 한결같이 기도정진하십니다. 이 모든 시작이 태아영가의 장애로부터 비롯된 것이었으니, 오늘도 그 인연의 깊이에 가만히 두 손을 모읍니다.

③ 해외유학, 천도기도의 가피를 받다

몇 년 전, 태아영가 천도를 위한 참회기도에 동참하면서 말없이 사찰에 다닌 지 수 년이 지났는데도 여전히 자식을 위해 기도하는 어느 보살님의 사연입니다.

"아들이 유학을 가려고 하는데 여러 가지 상황이 좋지 않아서 애를 태우고 있어요."

필자는 안타까운 마음에 보살님에게 다음과 같이 권했습니다.

"아들을 위해 천도재 한 번 지내봅시다. 태아영가 천도기도의 영험을 기대해 보는 건 어떨까요? 어떤 해결책이 나오지 않겠어요."
"네, 그렇게 하지요."

보살님은 기도를 올렸습니다.

"보살님, 아드님이 유학면접 보는 시간을 정해진 시간
보다 3분만 늦추면 좋을 것 같습니다."
"스님, 그게 우리 뜻대로 되는 일이 아니에요."

보살님은 못내 아쉬워했습니다. 그런데 천도재 이후 극적인 일
이 일어났습니다. 며칠 후 보살님으로부터 기쁜 목소리의 전화가
걸려왔습니다.

"스님, 기적처럼 3분이 늦춰졌어요. 결과는 물론 뜻대로
되었습니다."

사연인즉, 이렇습니다. 아들이 미국대사관에서 면접을 기다리
는 동안 담당면접관이 다른 사람을 면접하는데 매우 까다롭다는
걸 보고 '아, 힘들겠구나!' 라는 생각을 갖게 되었습니다. 그런데
자기 앞사람과 면접관의 대화가 길어지면서 시간이 늦추어짐에 따
라 자연스럽게 다른 면접관에게 면접을 보게 되었습니다. 면접관
은 편안한 분위기를 만들면서 "왜 유학을 가려고 하나요?"라고 물
었습니다. 아들은 자신의 뜻을 잘 전달했고, 마침내 유학을 떠날
수 있었습니다.

얼마 후, 보살님으로부터 기쁜 목소리의 전화를 다시 받았습니다.

"스님! 제가요, 너무 자랑하고 싶어 제일 먼저 스님께

연락드립니다."

"네, 좋은 일 있으시군요!

"유학 간 아들이 전액 장학금을
받았어요."

"보살님, 정말 축하드립니다."

"네, 너무 기뻐요. 감사합니다."

미국으로 유학을 떠난 지가 엊그
제 같은데 아들은 벌써 박사학위를
받고 돌아올 때가 되었다고 합니다.
보살님은 "코로나19 팬데믹 상황이라는 어려운 시절에도 아들이
장학금을 받고 학업에 전념할 수 있게 해 주신 부처님의 가피에 깊
이 감사드린다."며 너무나 좋아하셨습니다.

④ 부모의 참회기도 공덕으로 공기업에 입사하다

종교를 떠나 부모가 자식의 학업성취와 좋은 회사에 취업하는
것, 그리고 천생연분의 배필을 만나 결혼할 수 있도록 기도하는 마
음은 한결같다고 생각합니다.

흔히 우리가 살아가는 삶과 관련하여 "고등학생까지는 다 똑같
은 길이다. 다만 공부를 잘하고 못할 뿐 나머지는 큰 차이 없다. 하
지만 대학을 진학하면서 자신의 길을 정하게 된다. 졸업하고 각자
인생을 선택할 때는 명칭이 달라진다."고 말합니다.

취업하고자 할 때 여러 번 떨어진 경험이 있는 구직자들은 면접을 보면서 '이번에도 또 떨어지면 어떻게 할까?' 하는 걱정에 그 심정이 얼마나 초조하고 불안하겠습니까?

누구라도 본받을 정도로 신심이 대단하고 기도도 열심히 하는 부부가 있습니다. 절에 다닌다고 하더라도 보통의 남자 분은 기도를 잘하지 않는데, 이 부부는 남달랐습니다. 아들이 취업하고자 아무리 노력해도 잘 되지 않을수록 부부는 더욱 더 열심히 진심으로 기도했습니다.

아들이 유수한 공기업에 원서를 접수하고 좋은 소식을 기다리는 동안 이 부모는 성심으로 천도재 기도를 올렸습니다. 그때 아들이 1차 합격소식을 어머니에게 전해드리면서 "면접 보러가야 하는데 옷차림을 어떻게 하면 좋겠느냐."고 상의해왔습니다. 그 자리에서 어머니의 상담을 받은 필자는 하얀 와이셔츠에 엷은 하늘색 넥타이와 정장을 입고 가는 게 좋겠다고 자세히 말해주었습니다.

그랬더니 아들이 말하기를 "엄마, 스님께서 말씀하신 옷차림은 제가 이력서 사진에 첨부한 양복과 넥타이 색인데 그걸 어떻게 아셨어요?"라고 말하는 것이었습니다. 그때 옆에서 어머니가 "아니, 너한테는 그런 옷들이 없는데 어떻게 된 거야?" 하고 묻자, 아들이 이력서에 첨부한 사진의 옷차림에 대해 자초지종을 설명했습니다.

아들의 실력과 잘 생긴 외모 덕에 면접관의 눈에 띄어 높은 점수를 받은 탓인지는 모르지만, 아들은 결국 원하던 대로 최종 합격했습니다. 현재 공기업에 입사해 잘 다니고 있습니다.

이 부부는 아들의 공기업 합격 이후에도 여전히 기도정진하며 열심히 봉사활동을 하고 있습니다. 여느 부모처럼 며느리도 잘 들였으면 하는 바람을 숨기지 않습니다.

⑤ 아들·딸 모두 바늘귀만한 취업문을 통과하다

요즈음 대학입시보다 더 어렵고 치열한 것이 취업입니다. 좋은 대학보다 좋은 회사 들어가기가 그만큼 힘든 시대입니다. 옛날 과거시험에서 장원을 하는 것만큼이나 어려운 것이 취업인 것입니다.

보살님들이 수능이나 취업시험을 보는 자식들을 위해 기도하는 모습을 보면 가슴이 찡해오는 무언가를 느낍니다. 보살님들은 자식들이 대학에 들어갈 때보다 졸업 후 취업할 무렵에 기도할 때 이구동성으로 심적인 고통이 더 크다고 말합니다. 대학진학과는 비교할 수 없는 관문이 취업이거니와, 이전과는 완전히 다른 새로운 인생의 시작이기 때문입니다.

어느 보살님의 이야기입니다.
수능 기도 덕분에 좋은 대학에 편입하고 졸업했습니다. 그런데 코로나 시국이라 취업길은 더욱 막막한 시기였습니다. 부모는 부모대로 자신들의 죄업 때문에 아들의 취업이 힘들어 지진 않을까 하는 마음에 무언가 잡고 싶은 심정입니다. 태아영가 천도재를 올리면서 참회기도로써 아들의 앞길이 순탄하기를 기원합니다.

"스님, 이제 우리 아들이 졸업하고 취업원서를 넣기 시작해요. 대학을 졸업하면 끝나는 줄 알았더니 더 큰 짐이 오네요. 여기저기 원서 넣고 기다리고 있어요. 새벽기도하면서 더욱 더 참회발원해야겠어요."

보살님은 간절한 마음으로 새벽에 절을 찾아 기도발원합니다. 아들은 대기업에 원서를 접수했는데, 기도 중에 1차 합격소식을 전해왔습니다. 반가운 마음 이루 말할 수 없었습니다. 그런데도 보살님은 남은 면접시험을 위해 그저 묵묵히 기도합니다. 마지막 면접시험 결과를 초조한 마음으로 기다립니다. 며칠 후 소식이 왔습니다.

"스님, 우리 아들이 대기업에 합격했어요."

보살님의 기쁨은 말할 수 없었습니다. 허공에다 크게 소리쳐 보고도 싶은 심정이었을 겁니다. 자식을 위한 보살님의 지극한 정성과 기도에 대한 부처님의 가피를 직접 체험하면서 필자 역시 뿌듯했습니다.

"정말 축하합니다. 우리 만세 부르고 다시 열심히 기도 정
진합시다."
"네, 스님 말씀대로 하겠습니다."

그런데 딸이 자꾸만 무언가 꼬이고 직장일이 순탄하지 않았습니
다. 그래서 미뤄 두었던 태아영가 기도를 서둘러야겠다며 상담을
청해왔습니다. 참회기도하면서 순간순간 놀라운 일을 경험했습니
다. 똑같은 영가를 놓고 기도하는 데 아들과 딸에게 서로 다른 업
으로 나타났습니다.

아쉬운 점은 조금만 일찍 기도를 지내주었으면 딸의 인생이 그렇
게 꼬이지 않고 좀 더 순조롭지 않았을까 하는 마음이 일어났기 때문
입니다. 딸은 현재 그 업이 풀어졌는지 하는 일마다 승승장구해 자신
의 일에 보람을 느끼면서 뭐든지 열심히 하고 있다고 합니다. 아들
딸이 부러울것 없이 취업에 성공했지만, 보살님은 또 다른 원을 세우
고 기도를 이어가고 있습니다.

⑥ 기대에 어긋난 딸 드디어 성공하다

2021년 6월 어느 날, 택배로 약을 전달받았습니다. 대구에 사는
보살님이 감사의 뜻을 표하고자 보내주신 선물입니다.

지금도 눈에 선합니다. 6년 동안 조그만 가방을 달랑 메고 대구
에서 첫 기차를 이용해 항상 웃는 얼굴로 씩씩하게 사찰에 기도하
러 올라오시던 엄마입니다. 3년 기도를 회향하고 다시 3년 기도를
시작하면서 그제서야 사연을 들려주었습니다.

"스님, 제가요 딸이 둘 있는데요, 아직 대학을 진학 못했어요, 전교에서 1등을 놓치지 않아 서울 명문대를 진학할 줄 알고 기대하면서 살았는데, 저의 꿈은 산산이 부서지고 말았습니다. 실망감과 아쉬움이 너무 크다 보니 여기저기 찾아다니며 딸들의 미래를 상담해 보기도 했습니다. 그러다가 제가 과거에 낙태한 태아영가의 원결이 자식들의 앞길을 방해하고 있는가 싶기도 해서, 인터넷을 검색하다가 태아영가 천도도량 구담사 자모암이 눈에 들어왔습니다. 스님, 어떻게 방법이 없겠습니까?"

사연을 들으면서 보살님의 심정을 충분히 이해할 수 있었습니다. 필자는 낙태로 인한 장애를 벗기 위해서는 기도가 방법이 될 수 있다고 상담해드렸습니다.

두 딸은 정말 예쁘고 똑똑해 보였습니다. 태아영가 천도재를 올려야 한다는 엄마의 뜻도, 필자의 설명도 모두 어렵지 않게 알아들었습니다. 그렇게 보살님은 두 딸과 함께 참회기도를 원만하게 회향했습니다.

천도기도 회향 이후 두 딸은 약대와 한의대에 합격해 우수한 성적으로 졸업한 뒤 각각 전공분야에 맞춰 취업까지 성취하는 기쁨을 누렸습니다. 보살님은 필자에게 감사의 인사로 약을 보내면서 "스님께서 건강하셔야 중생을 위해 기도해 주시니 꼭 복용해주시길 바랍니다."라고 전해왔습니다. 아울러 보살님은 "스님 덕분에 자신이 지은 낙태업으로 고통을 겪은 두 딸에게 빚을 갚는 마음"이라고 덧붙였습니다.

⑦ 낙태의 업장을 참회기도로 소멸하다

고등학교 시절부터 서로 사랑을 나누며 임신과 낙태를 거듭하다가, 성인이 되어 아들과 딸을 낳은 후 결혼해 가정을 이룬 어느 부부가 있습니다. 이 부부는 공부를 잘하던 아들과 딸이 자신들처럼 고등학생 시절부터 말썽을 피우며 끝내는 기대했던 대학에 진학하지 못하게 되면서, 지난날 낙태의 과오를 크게 깨우치고 태아영가 천도 참회기도로써 다시 가정의 행복을 찾은 사연입니다. 남편이 보낸 편지의 내용입니다.

"저희는 불교에 대한 깊은 신앙심은 없으나, 우연히 불교 TV를 보고 지난 날 아기를 지운 것 때문에 사찰을 방문하게 되었습니다.

저희 부부가 사랑에 눈을 뜬 것은 고등학교 시절이었습니다. 같은 동네에서 자라 자연스럽게 서로 좋아하는 마음을 키우다가 그만 임신하고 만 것입니다.
어른들이 임신사실을 알게 되었을 때는 뱃속에서 아기의 형태가 다 갖추어졌을 때입니다. 문제는 저의 어머니께서 지금의 아내를 몹시 싫어했다는 것입니다. 고등학생 신분으로 임신한 것도 용서할 수 없는 일이고, 거기다가 가난한 집 딸인데다 못생겼기 때문에 절대로 며느리로 받아들일 수 없다고 하시는 것이었습니다.

뱃속의 아기는 그런 이유로 할머니에게 버림받았고, 할머니의 반대를 설득하지 못한 부모들에 의해서 또 한 번 버림을 받고 말았습니다. 그때 낙태한 아기는 이미 형체를 다 갖추고 있었기 때문에 결과적으로는 단순한 낙태수술이 아니라 살생한 것이나 마찬가지였습니다.

어머니는 제가 고등학교를 졸업하고 군대에 다녀와서 성인이 될 때까지도 절대 결혼시킬 수 없다고 하셨습니다. 그러는 사이에 저희는 몇 번의 잘못을 더 저지르고 말았습니다. 아기를 갖지 않으려고 노력했으나 철저하지 못해서 임신을 거듭하고 낙태를 거듭했습니다. 그때마다 죄책감을 느끼지 않은 것은 아니었습니다.

저희는 끝내 어머니의 승낙을 받지 못한 상태에서 동거생활에 들어갔고, 아들과 딸 한 명을 낳은 다음에야 비로소 결혼식을 올릴 수 있었습니다. 저희 부부는 남매를 기르며 비로소 행복한 가정을 가꿀 수 있었습니다.

아들은 공부를 잘해 저희들에게 큰 기쁨을 선사했습니다. 그런데 고등학생이 될 무렵부터 조금씩 달라지기 시작했습니다. 3년 동안 제가 등하교를 시켜주었는데도 학업성적이 떨어지기 시작했습니다. 친구들과 어울려 다니기를 좋아했습니다. 야단을 쳐도 소용없고 달래도 설득할 수 없었습니다.

처음부터 학업성적이 뒤쳐진 아이라면 그러려니 할 텐데

줄곧 상위권을 유지하다가 고등학생이 되면서부터 성적이 떨어지니 속상하기가 이루 말할 수 없었습니다. 서울의 명문대학에 진학할 것으로 기대했었는데, 결국 재수 끝에 지방대학에 입학해 1년을 마친 다음 군에 입대했습니다.

게다가 둘째인 딸마저도 고등학생이 되면서 학업성적이 떨어지기 시작했습니다. 결국 딸은 고등학교를 졸업하고 겨우 전문대에 진학했습니다.

그 무렵에서야 젊은 날의 과오가 떠올랐습니다. 아내도 몇 번의 낙태수술한 것을 결코 잊지 않고 있었습니다. 그 중에서도 특히 첫 번째로 임신했던 아기에 대한 마음의 부담감은 매우 컸습니다.

저희 부부는 지난날 낙태한 아기의 영혼을 천도해주어야 한다는 생각으로 열심히 참회기도를 올렸습니다. 그 후 군에서 휴가를 나온 아들에게 변화가 생겼습니다. 다른 때 같으면 친구들과 만나 술타령이나 하다가 부대로 돌아갔을 텐데, 책을 구해다가 휴가기간 내내 마치 입시를 앞둔 아이처럼 공부를 하는 것이었습니다.

아들은 제대 후 몇 달 더 열심히 공부하더니 지방대학에서 서울의 명문대학으로 편입했습니다. 고등학교를 졸업하고 바로 진학하지는 못했지만 결국 저희가 바라던 대학교의 학생이 되었습니다.

전문대에 진학했던 딸도 오빠를 따라 뒤늦게 향학열을 불태우더니 전문대를 졸업한 다음 서울의 4년제 대학에 편입했습니다. 남매가 이런 식으로 변할 줄은 미처 예상하지 못했던 일이었습니다. 이 모든 것이 태아영가 천도를 통한 낙태아의 원결을 해소한 공덕이라 생각합니다.

젊었을 적에는 죄인지도 몰랐고, 낙태한 아기의 영혼이 원결이 되어서 저희 삶에 큰 영향을 끼칠 줄은 미처 몰랐습니다. 아들은 대학을 무사히 졸업한 후 현재 대기업에 취직해 가정도 이루고 행복하게 잘 살고 있습니다. 저희는 이 모든 것이 참회기도의 공덕이라고 생각합니다."

엄마 사랑하지, 아가야

제5절 낙태로 인하여 성장기에 겪는 장애

2) 공연히 집을 나가 소식이 없다
   가출한 아들이 10년 만에 돌아오다
   소식 없던 아들을 다시 만나다
3) 이유 없이 화를 내고 슬프고 외롭다
   죽은 엄마의 괴롭힘, 자해의 고통을 주다
   거듭 자해하던 딸이 마음잡고 공부하다
   애정 없는 아버지, 4남매가 고충받다

4) 의식은 있는데 환청과 빙의에 시달리다
   참회기도 후 환청에서 벗어나다
   환청에 시달리던 아들을 구하다
   빙의된 큰딸 "엄마, 오늘 어디가?"
   빙의를 통해 원망을 표현하다

2) 공연히 집을 나가 소식이 없다

> 자식이 특별히 이렇다 할 이유도 없어 보이는데, 저녁만 되면 누군
> 가 불러 나가는 것처럼 자주 집을 나가서 정처없이 헤맵니다. 그리
> 고 말과 태도도 일변하여 정신은 몹시 황폐해지고 인상人相도 점점
> 험악해져 부모조차 자식이 점점 무서워집니다. 자식이 마치 '귀신
> 에게 홀린 것이 아닌가' 하는 생각이 들 정도입니다.

⑧ 가출한 아들이 10년 만에 돌아오다

수산시장에서 새벽부터 일찍 가게 문을 열고 장사하시는 어느
보살님은 아들이 집을 나간 후 그 원인을 곰곰이 생각하다가 마침
내 답을 찾았습니다. 과거에 별생각 없이 낙태한 것이 오늘날 이런
과보로 되돌아 온 것을 깨달은 것입니다.

어느 날부터인가 아들이 집을 멀리하면서 띄엄띄엄 들어오더니,
마침내 종적을 감추었습니다. 보살님은 아들의 소식이 끊어진 후
에야 생명의 소중함을 미처 깨닫지 못한 과거의 잘못을 뉘우치게
된 것입니다. 보살님이 눈물을 흘리면서 말했습니다.

"스님, 제 아들 잘 살고 있겠지요?"

오늘도 가슴에 피멍이 든 보살님은 아들을 기다리면서 그저 무
사히 돌아오기만을 학수고대합니다. 장사를 끝내고 소주 한 잔 마

시면서 눈물을 글썽이던 때가 한두 번이 아니었습니다. 필자를 찾아올 때 마다 서러움과 슬픔을 하소연하는 날이 많았습니다. 그때마다 필자는 보살님의 등을 어루만지며 슬픔을 같이 나누었습니다. 그렇게 10년이라는 세월이 흘렀습니다.

그 보살님은 시간이 날 때마다 사찰에 와서 낙태아의 영혼을 위해 아기동자에게 옷을 예쁘게 입혀주고 따뜻하게 품어 안아주면서 정성껏 돌봐주었습니다. 지성이면 감천이라고, 그러던 어느 날 숨가쁜 목소리로 기쁜 소식을 알려왔습니다.

"스님, 기적이에요, 기적! 우리 아들이 돌아왔어요. 비록 건강하고 좋은 모습은 아니지만 살아 돌아왔어요, 감사합니다."

옆에 있던 다른 보살님들이 모두 환호와 함께 덕담을 건네며 힘내라는 의미로 다 같이 박수를 보내주었습니다. 필자도 아들이 이제라도 어머니에게 효도하면서 건강하게 잘 살기를 바라는 마음으로 기도를 올렸습니다.

"지장보살님, 감사합니다."

⑨ 소식 없던 아들을 다시 만나다

"스님, 감사합니다. 벌써 3년 기도가 끝나네요. 요 며칠
전 아들이 다녀갔어요."

코로나19로 힘든 시기인데도 팔순을 넘긴 노부부가 먼 지방에
서 버스 타고 절까지 찾아와 대중공양을 올렸습니다. 필자는 정중
하게 고개 숙여 "어르신이 무슨 돈이 있으시다고…. 너무나 감사
드립니다."라고 고마움을 표했습니다.

"아들을 다시 보게 되어 너무 좋습니다."

팔순을 넘기고서도 자식을 걱정하는 노부부를 바라보고 있자니,
천륜의 무거움과 함께 애잔함이 밀려왔습니다. 노부부는 장성한
아들이 집을 나간 지 10년이 지나도 소식이 없자, 혹시나 하는 마
음으로 필자를 찾아와 하소연했습니다.

"망태아를 위해 참회기도하면 소원을 들어주나요?"
"그렇습니다."

노부부는 지극정성으로 기도를 올렸습니다.

"그때는 얼마나 답답하셨습니까?"
"그러게 말입니다. 죽을 날이 멀지 않았는데 아들이 살았
는지 죽었는지도 모르니…. 죽을 때 죽더라도 아들 소식
한 번 들었으면 소원이 없겠다고 했었죠."

말을 마친 노보살님은 결국 오래도록 참았던 눈물을 보이셨습니다. 세상에서 부모가 자식을 위해 흘리는 눈물처럼 사람의 마음을 흔드는 것이 또 어디 있겠습니까? 사정이야 어찌됐든 불효한 자식을 둔 노부부의 고통에 필자도 같이 슬펐던 기억이 납니다. 지금도 노보살님의 간절함이 깃든 목소리가 생생합니다.

3) 이유 없이 화를 내고 슬프고 외롭다

마치 종기라도 건드린 것처럼 움찔하다가 갑자기 화를 내며 "엄마가 나빠. 미워." 하면서 울부짖습니다. 그리고는 "왜 나를 낳았느냐, 낳지 않았으면 좋았을 텐데. 죽고 싶다. 죽고 싶다. 함께 죽자."고 하면서 엄마인 나를 괴롭게 합니다. 마치 사형선고를 받은 사람처럼 "아무도 모른다. 말로는 표현할 수 없다. 너무 슬프고 외롭다."고 합니다. 이유도 없이 슬퍼하고 외로워서 어찌할 바를 몰라 하며, 아침부터 큰소리로 울음을 터뜨립니다.

아이가 무슨 연유로 어째서 이렇게 말하는 걸까요? 처음에는 그 원인이 무엇인지 전혀 몰랐습니다. 그러나 이제 이해할 것 같습니다.

⑩ 죽은 엄마의 괴롭힘, 자해의 고통을 주다

노 보살님께서 기도를 회향하는 날 상담을 요청해 왔습니다. 며느리가 죽은 후 엄마 없이 돌보던 손녀가 언제부터인가 "엄마가 자

기를 괴롭혀 무섭다."고 하면서 "죽어버리겠다."고 자꾸 자해한다
는 것이었습니다. 그 모습을 지켜본 할머니는 그만 가슴이 철렁 내
려앉았다고 합니다. 며느리는 그렇다 치더라도 어린 손녀까지 잃어
버릴까봐 마음이 늘 불안해서 견딜 수 없다고 하소연했습니다.

　　"스님, 제발 제 손녀 좀 살려주세요. 제 며느리의 영가가
　　손녀에게 달라붙어 해코지를 하는 것 같습니다. 제가 사
　　찰로 데리고 오고 싶은데 힘이 없어서 마음대로 되지 않
　　습니다."
　　"너무 걱정하지 마십시오. 제가 최선을 다해 기도하겠습
　　니다."

　　노 보살님을 안심시켜 집으로 보낸 후 필자는 최선을 다해 기도
를 올렸습니다. 일주일 가까이 아무런 소식이 없던 노 보살님이 지
장재일 저녁에 모습을 나타냈습니다.

　　"손녀는 지금 어찌하고 있습니까?"
　　"네, 아무렇지도 않습니다."

　　정말 다행스러운 일이었습니다. 그동안 돌아가신 엄마의 혼이
달라붙어 죽음을 충동질했던 것이 아닐까 싶었습니다.

　　"많이 좋아져서 학교도 잘 다녀요. 아직은 완벽한 것 같
　　지는 않아도 예전처럼 자해의 충동이 일어나면 스스로 자
　　제하려고 노력하는 것 같아요. 이만한 정도가 어딥니까?

스님, 감사합니다. 다음에 손녀랑 같이 찾아뵙겠습니다."

"손녀에게는 엄마 몫의 사랑이 필요합니다. 보살님께서
따뜻하게 많이 안아주세요."

손녀가 아무런 거리낌 없이 마구잡이로 자해하던 행동과 비교하면 천만다행이었습니다. 필자도 적잖이 안도가 되었습니다.

⑪ 거듭 자해하던 딸이 마음잡고 공부하다

어느 날 사춘기의 딸아이를 데리고 사찰을 찾은 엄마가 있습니다. 그 엄마는 심신이 몹시 초췌해 보였습니다.

필자는 뼈만 앙상하게 남은 엄마와 상담하고 나서 습관적으로 자해한다는 딸아이를 살피는데, 딸아이가 갑작스럽게 발작을 일으켰습니다. 여태껏 가만히 있던 아이는 눈을 홉뜨고 부라리면서 자신의 허락도 받지 않고 사찰에 데리고 왔다며 고래고래 소리 지르기 시작했습니다.

"스님, 죄송합니다. 얘가 또 시작이네요. …너, 가만있지
못해? 여기가 어디라고 행패야!"

태아영가가 빙의된 전형적인 현상이었습니다. 인상적인 건 아이답지 않게 너무나 말을 논리적으로 잘 하는 것이었습니다. 필자가 아무런 대꾸도 하지 않자 흥미가 안 나던지 이번에는 갖은 욕을 다하기 시작했습니다.

딸아이의 그런 모습을 보고 있자니 엄마가 불쌍해 보였습니다. 자기 자식이지만 오죽하랴 싶었습니다. 고도 불면증에 걸린 사람처럼 파리하게 마른 엄마에게 필자는 동정과 연민의 눈길을 보냈습니다. 엄마는 자식에게 너무 시달려서인지 산송장처럼 말랐습니다.

더 내버려 두면 극단적인 일이 일어날 수 있다는 것은 불 보듯 뻔한 일이었습니다. 이미 손목을 자해한 흔적이 있는 딸을 위해 필자는 온 힘을 다해 기도를 마친 후 구병시식救病施食을 집전했습니다. 그 과정에서 아이는 광기를 부리며 날뛰었습니다. 발로 차고 욕을 하는 데 정말 감당되지 않아 겨우 달래서 집으로 보냈습니다. 그런데 그 다음날 저녁에 문자가 왔습니다.

"스님, 정말 감사합니다. 어제 절에 다녀온 후 딸아이가 깊은 잠을 자더니 아침에 일어나 공부를 하고 있습니다. 눈빛이 예전으로 돌아왔어요. 믿을 수가 없어요. 생긋 웃으며 '엄마!' 하고 저를 부르는데 목소리가 어찌나 사랑스러운지…. 좀 더 두고 봐야겠지만, 스님 덕분입니다. 얼마 전까지 폭력적이고 자해하던 아이라면 누가 믿겠습니까."

참으로 감사하고 고마운 일이었습니다. 무엇보다 엄마의 노력에 따뜻한 위로의 박수를 보내고 싶습니다.

⑫ 애정 없는 아버지, 4남매가 고충받다

생사가 불이不二라는 말처럼 극락과 지옥이 따로 있는 것이 아닙니다. 어느 날 정읍에 사는 중년의 부부가 사찰을 방문했습니다. 이 부부는 지금까지 전부 아홉 번 임신해서 네 명을 낳았다고 합니다. 남편 말로는 낙태 시기를 놓쳐서 네 명을 낳았다고 말하는 것으로 보아 다섯 명은 낙태를 한 것이었습니다. 태어난 아이들은 달리 말하면 낙태 시기를 놓친 결과물인 셈이니 어찌 부모 자식 사이가 좋을 수 있을까요?

아이들 입장에서 보면 부모의 축복을 받고 태어난 것이 아닙니다. 비정하기 이를 데 없는 부친의 결단으로 세상의 빛을 보지 못할 뻔 했다가 다행히 살아남게 된 것이지요. 서로 간에 애정이 전혀 없다고 해도 과언은 아니었습니다. 그나마 엄마의 입장에서는 소중한 자식들이기에 다행히 아이들과 관계가 괜찮다고 합니다.

장남은 운수업에 종사하는데 어쩌다 집에 들러도 비정한 아버지 때문에 결코 자고 가는 날이 없다고 합니다. 3남은 대학생이고, 막내는 여고생인데, 차남이 특히 문제가 심한 것 같았습니다. 부인은 차남에 대한 고충을 털어놓았습니다.

"이 아이는 겁이 많고 산만합니다. 그래서 그런지 공부와
거리가 멀고 사람 만나는 것을 극도로 꺼립니다. 짐승처
럼 먹고 자기만 합니다. 좋아하는 게 아무것도 없어요.

TV도 보지 않고 그저 늘 멍한 표정으로 우울하게 앉아 있
기만 합니다.”

이때 옆에 있던 남편이 끼어들었습니다.

“그래서 내가 그 놈을 싫어하는 거야! 그 놈만 보면 화가
나서 미칠 것 같다고. 어떤 때는 정말로 죽이고 싶지만 그
러면 내가 살인자가 되기 때문에 참는 거라고.”
“당신이 그렇게 인정머리 없이 매정하게 구니까 둘째가
자꾸 그러는 거예요.”
“차남이 어떤 행동을 하나요?”
“평소에는 정말 존재감 없이 소심한 아이인데, 남편이 화
를 내기만 하면 이 아이도 불같이 화를 내면서 냉장고 안
에 있는 물건을 전부 꺼내 던져버립니다.”

필자가 보기에 영가가 들어와 몸에 자리를 잡으면 나타나는 전형
적인 현상이었습니다. 그러나 그 사실을 이들 부부에게는 말하지 않
았습니다. 듣고 있던 남편이 분한 지 씩씩거리며 끼어들었습니다.

“그것뿐만이 아니라 마루에 기름 붓고 불까지 질렀습니
다. 다행히 큰불로 번지지 않고 금세 꺼졌는데…. 하여간
그런 일도 있었습니다.”

제3자의 입장에서 듣는 것만으로도 짜증나는 일이었습니다.

"말하자면 애정 없는 원수들이 만난 것처럼 생지옥이 따로 없네요."
"네, 맞습니다. 정말 생지옥 그 자체입니다."

부모 자식 간에 오순도순은 둘째 치고 한 집 안에서 얼굴 보고 산다는 게 얼마나 괴로운 일일까요?

"앞으로는 어떻게 될지 생각해 보셨습니까?"

부부는 말을 하지 못했습니다. 필자가 상담을 이어갔습니다.

"제가 생각하기로는, 우선은 아버지의 잘못이 큽니다. 낙태를 다섯 번이나 한 것도 부족해 태어난 아이들을 사랑으로 키우지 않고 냉대했으니 당연히 사이가 좋을 리 없겠죠. 자식들이 아버지를 미워하는 것은 너무나 당연합니다. 여기서 악연을 더 이어가면 매우 곤란합니다."
"그럼, 제가 어떻게 해야 할까요?"
"낙태한 자식들을 위해 천도기도를 올리시고, 자녀들에게는 아버지가 따뜻하게 대해 주지 못한 것을 뉘우치고 용서를 비세요. 그래야 차남 몸에 들어간 낙태한 자식들의 영혼이 사라져 아버지를 미워하는 마음이 없어집니다. 제 말은 이치적으로도 사실입니다. 자녀들과 이제라도 서로 사이좋게 화목한 가정을 이루어야 하지 않겠습니까?"

겨울 눈사람 만들기

　필자의 당부에 부부는 느끼는 바가 있는 지 수긍하겠다는 뜻으로 고개를 끄덕였습니다.

4) 의식은 있는데 환청과 빙의에 시달리다

의식은 분명한데 신체가 압박 당해 자주 움직일 수 없으며, 자유를 속박 당해 일어날 수도 없습니다. 그리고 때때로 환청의 목소리 따위가 들린다고 합니다.

부모의 고민을 상담하다 보면 자녀가 영靈의 기운이 없을 때는 아무런 느낌과 다를 바 없는데, 영靈의 빙의憑依 기운이 들어오면 엄마에게 화를 내면서 '엄마 때문에 내가 이렇게 되었다. 나에게 잘못했다고 빌라'고 소리를 지르는 등 평소의 모습과 전혀 다른 상태로 변합니다.

⑬ 참회기도 후 환청에서 벗어나다

우연히 태아영가를 위해 참회기도 천도재를 지낸다는 사찰의 기사를 보고 필자를 찾아온 어느 엄마는 그야말로 드라마 같은 지난날의 사연을 털어놓았습니다.

"세상을 사랑만으로 살 수 없다는 걸 그때 알았어요. 막상 결혼하려니까 서로가 여건이 맞지 않는 거예요. 그 사람과는 헤어지고 뱃속의 아기도 지울 수밖에 없었습니다. 그 후 지금의 남편을 만나 결혼했어요. 저는 나이가 많아 임신이 힘들지 않을까 생각했는데, 다행히도 결혼하자마자 아기를 가졌어요. 그렇게 기쁠 수가 없었지요. 아기는 어렸을 때부터 정말 예뻤어요. 엄마·아빠 속 썩이는 일도 없었고요."

그런 아이가 고등학교에 입학하면서 내 자식이 아닌 다른 아이로 변하는 모습에 엄마는 너무나 큰 충격을 받았습니다. 하나뿐인 아들이 대체 자신과 무슨 악연인지 마주치기만 해도 인상을 찌푸리고 거친 말과 행동을 하기 일쑤였습니다. 부모의 말과 정반대로 행동하며, 친구와 어울리지도 않고 은둔형 외톨이처럼 방에서 나오지도 않았습니다.

언제부터인가는 또 '못생겼으니까 수술하라'는 환청을 듣고 엄마 카드로 몰래 수술했는데도, 계속 '수술하라'는 소리에 시달렸다고 합니다. 아들은 그 뒤로도 남들이 하지 않는 행위만 하는 것이었습니다. 게다가 밤만 되면 엄마에게 "저리 가라."고 소리 지르는가 하면, "나에게 잘못했다고 빌어! 빌어!" 하면서 소란을 피워 이웃집의 항의를 받기 일쑤였습니다. 엄마는 아들의 문제를 해결하기 위해 굿도 해보고 조상영가 천도재도 지내보았으나 별다른 효과를 보지 못했습니다. 혼전에 낙태한 아기가 마치 지금의 자식으로 태어난 것처럼 엄마에게 온갖 원망을 다하고 있는 것입니다.

기도를 올리다보니 태아영가가 엄마에게 "엄마와 아빠가 사랑해서 나를 가졌는데, 왜 엄마 맘대로 나를 낙태했어?" 하고 원망하는 말을 하는 것이었습니다. 그래서 태아영가에게 "엄마는 그 과보를 지금 받는 거야."라고 말했습니다. 한마디로 과거에 낙태한 아기가 자식으로 태어나 고통을 주는 것이었습니다. 낙태한 아기가 여자였는지 아들의 얼굴은 보통 여자보다 더 예쁘고 고왔는데, 그것으로도 모자라 환청을 듣고 성형수술을 한 것이었습니다.

> "자식이 아무 문제없이 잘 자라고 있다고 생각했는데, 아이가 고등학교에 입학하면서부터 제가 알던 아이가 아니라 다른 인격체로 변하는 모습을 보면서 아무래도 혼전에 지워버린 낙태아의 한을 품고 다시 태어나 고통을 주는 것 같습니다."

기도를 통해 비로소 인과因果를 이해하게 된 엄마는 자신의 잘못을 깨닫고 진심으로 태아영가에게 용서를 구했습니다. 그 정성 덕분에 아들의 거친 행동과 반항은 조금씩 사라지더니, 3년 기도가 끝날 무렵에는 아들을 괴롭히던 환청이 완전히 사라져 예전처럼 온순해졌습니다. 오히려 "엄마, 내가 잘못했어."라고 하면서 너무 잘해준다는 것이었습니다.

엄마의 진심어린 기도정성이 아들을 구한 것입니다. 그토록 엄마를 힘들게 했던 아이가 이제는 엄마를 위로해주는 반전이 일어나 예전의 행복한 일상으로 돌아간 것입니다. 그 엄마는 지금도 자신이 지은 죄를, 자식의 업을 소멸시키기 위해 시일을 정하지 않은 채 평생 기도하는 삶을 살고 있습니다.

이 사례에서 보듯이 낙태의 과보는 얼마나 무섭고 두려운 것인가를 알 수 있습니다. 한낱 작은 핏덩어리라 생각하고 생명이 아닌 줄 알았던 존재가 원결을 갖고 이토록 엄청난 일을 벌인다는 사실을 다시 확인할 수 있었습니다.

⑭ 환청에 시달리던 아들을 구하다

말복이 지난 늦여름, 도량에서 풀을 뽑고 있는데 한 보살님이 정신 나간 사람처럼 걸어 올라왔습니다. 땀으로 범벅이 된 채 필자를 보자마자 지인에게 자식 이야기를 하니 이곳에 가서 기도해보라고 권해서 찾아왔다고 합니다.

"스님, 제 아이를 도대체 어떻게 해야 하는지 방법을 알려 주세요."

얼마나 다급하면 무슨 내용인지 구체적으로 말하지도 않고 그저 기도좀 해 달라고 애원하겠는가 싶어 일단 방으로 모시고 들어갔습니다.

　보살님의 사연을 들어보니 예전에 자식 둘이 영아嬰兒일 때 죽고, 겨우 다시 들어선 어린 생명을 그만 낙태한 적이 있다는 것입니다. 근래 들어 매우 드문 경우였습니다. 한 명도 아닌 두 명이나 세살 이전에 죽었다는 것은 부모에게 문제가 있다고 볼 수 있기 때문입니다.

> "마지막으로 간신히 자식 하나를 얻었는데 갑자기 아이가 정신이상을 일으켰습니다. 똑똑하고 바른 아이인데 시도 때도 없이 환청이 들린다고 하면서 괴롭다고 마구 소리 지르며 여기저기를 미친 듯이 뛰어다닙니다. 눈에 넣어도 아프지 않은 내 자식이 대체 무엇 때문에 이렇게 됐는지 생각할수록 억장이 무너져 날마다 통곡하고 있습니다."

　명문대를 들어가 집안의 자랑이자 보배로 부모에게 기쁨을 주던 아들이 갑자기 그렇게 변해버렸으니 상심이 얼마나 클 것인지는 안 봐도 알 것 같았습니다.

> "그래서 어떻게 하셨습니까?"
> "병원을 전전하면서 이런 저런 치료도 해보고, 차도가 없어 나중에는 조상굿도 다해 보았지만 마찬가지였습니다. 그러다 이곳에 오게 된 겁니다. 한때는 남부럽지 않게 그런대로 잘 살았습니다. 하지만 남편은 그 많은 재산을 병

원비로 썼지만 화병으로 죽고 이제는 아무것도 없이 빈털
터리입니다."

필자는 보살님에게 너무 걱정하지 말라고 말씀드렸습니다. 보살
님은 고맙다면서 허리를 굽혀 정중하게 인사하고 돌아간 뒤 열흘
후에 다시 연락이 왔습니다.

"스님, 태아영가 기도를 올린 후 아들이 너무 많이 달라지
고 있어요."
"잘 됐군요. 차츰차츰 더 좋아질 겁니다."
"지금, 아들이 휴양소에 있어요. 평소 같았으면 감히 누구
한테도 말을 못할 텐데 이제는 서슴없이 누구에게나 예전
처럼 밝고 명랑하게 인사를 먼저 하고 장난도 칩니다. 그리
고 자기를 괴롭히던 환청도 더는 들리지 않는다고 해요."

항상 누군가 자신을 부르는 것만 같아 괴롭다던 아들은 환청을
씩씩하게 이겨내고 이전의 정상적인 상태로 돌아가고 있었습니다.

"이게 다 보살님의 헌신적인 믿음과 기도 덕분입니다."

⑮ 빙의된 큰딸 "엄마, 오늘 어디 가?"

○○지방에 사시는 한 거사님으로부터 온 편지입니다. 큰딸의
이상증세로 매일 괴롭힘을 당하고 있다는 하소연이었습니다.

"스님, 아내가 매일 큰딸에게 같은 말로 괴롭힘을 당해 힘든 나날을 보내고 있습니다. 딸은 서른 살이며 직장이 학교인데도 언어폭력으로 매일같이 엄마를 괴롭힙니다. 하루에도 몇 십 번이고, '엄마, 오늘 어디 가?' 라고 같은 말을 반복합니다.

처음에는 아내가 어디 외출하는지를 묻는 줄 알았는데, 그게 아니었습니다. 분명 제 아내는 아무데도 가지 않고 집에서 쉬고 있거나 일을 하고 있는데, 느닷없이 뜬구름 잡는 소리를 장난처럼 반복하는 겁니다. 시간이 지나면서 그것이 장난이 아니라는 것을 알게 되었고, 저희 내외는 딸에게 시달리기 시작했습니다. 딸이 마치 뭔가에 씌인 사람 같았기 때문입니다.

한참이 지나고서야 알 것 같았습니다. 저희 내외는 '그동안 세 번 낙태했는데, 혹시 딸의 증세가 그것과 연관 있는 게 아닌가' 하고요. 그렇지 않다면 딸에게 하루에도 수십 번씩 집요하게 그런 말을 들어야 할 이유가 없으니까요. 낙태한 지 오래되어서 까맣게 잊고 지냈는데, 날마다 과거를 추궁당하니 괴롭습니다. 어떻게 하면 좋을까요?"

필자는 이렇게 답장을 썼습니다.

"두 분의 걱정이 이만저만 아니겠습니다. 그 고통이 말이 아닐 텐데요. 따님의 증세는 전형적인 빙의현상인 것 같습니다. 빙의된 따님을 회
복시키기 위해서는 빙의한
영혼을 달래주셔야 합니다.
아마도 낙태아의 영혼으로
보입니다. 그 낙태아의 영
혼을 위해 천도공양을 올려
주셔야 합니다. 하지만 천
도공양이 기대한 만큼 잘
되지 않으면 한 번의 천도
재로 끝나지 않을 수도 있
습니다.”

큰딸의 입에서 매일 “엄마, 오늘 어디 가?”라는 말이 무의식적
으로 튀어나오는 현상은, 아마도 태아영가가 큰딸의 입을 통해 엄
마의 기만欺瞞을 꾸짖는 것이라고 볼 수 있습니다. 태아영가의 입
장에서 보면 엄마가 낙태를 하고서도 태연하게 살고 있는 모습을
도저히 참을 수 없었기에 형제자매에게 의지해 자신의 처지를 호
소하고 있는 것입니다.

태아영가를 위한 천도재를 지내고서야 큰딸은 더 이상 “엄마,
오늘 어디 가?”라는 말을 하지 않는다고 합니다.

⑯ 빙의를 통해 원망을 표현하다

자녀문제로 부모님들과 상담을 해보면 자녀에게 다른 영혼이 빙의되어 엄마에게 화를 내고 '엄마 때문에 내가 이렇게 되었다'고 소리 지르면서 자신에게 '잘못했다고 빌라'고 하는 경우도 종종 있습니다.

> "아이는 마치 종기라도 건드린 것처럼 움찔하다가 갑자기 화를 내며 '엄마 미워. 엄마 나빠' 하면서 울부짖습니다. 그리고는 '왜 나를 낳았느냐, 낳지 않았으면 좋았을 텐데. 죽고 싶다. 죽고 싶다. 함께 죽자'고 하면서 엄마인 저를 괴롭힙니다. 이유도 없이 슬퍼하고 외로워서 어찌할 바를 몰라 하며, 아침부터 큰소리로 울음을 터뜨립니다. 그 모습은 마치 사형선고를 받은 사람처럼 말로는 도저히 표현할 수 없습니다. 너무 슬프고 외롭습니다. 아이가 어째서 이렇게 말하는 것인지 처음에는 그 원인을 전혀 몰랐습니다. 그러나 이제 이해할 것 같습니다."

엄마의 고백은 계속되었습니다.

> "아이의 의식은 분명한데 몸이 보이지 않는 뭔가에 압박당한 듯이 마음대로 움직이지를 못합니다. 그리고 때때로 환청 따위가 들린다고 합니다."

멀쩡하던 자녀에게 순간적으로 다른 영혼이 들어오면 부모에게 반말하고 위아래가 없어집니다. 그럴 때는 절대로 서로 흥분할 수 있는 대화를 나누면 안 됩니다. 무엇보다 자녀의 마음을 안정시키는 것이 중요합니다. 대개 낙태아의 영혼은 자신의 죽음을 억울하다고 생각하기 때문에 엄마가 나쁘고 엄마 때문에 자신의 인생이 이렇게 되었다고 원망합니다.

이러한 사실을 인지하지 못하면 태아영가의 슬픔을 이해할 수 없기에, 갈등 속에서 애꿎은 자녀만 미워하고 원망하게 됩니다. 서로가 서로를 미워하면 결국 모두에게 마음의 상처만 남습니다. 그 갈등을 해결하기 위해서 부모는 자녀를 위해 태아영가 천도공양과 참회기도를 올리면서, 자신들의 낙태업에 대한 잘못을 뉘우치고 자녀를 사랑으로 감싸야 합니다.

천도공양을 올릴 때는 엄마뿐만 아니라 아빠도 함께 참여해 자녀를 포근히 안아주고 '내가 잘못했다'고 따뜻한 말로 위로해줘야 합니다. 그러면 태아영가는 물론 자녀의 마음도 녹아 서로를 이해하는 가정으로 돌아갈 수 있습니다.

제5절 낙태로 인하여 성장기에 겪는 장애

5) 괜히 화가 나서 난폭해지고 학교 가기 싫어하다

두 아들의 폭언·폭력에 시달리다

야, 학교 가지 마'라는 환청에 시달리다

활발한 아들이 엄마에게 폭언하다

식탐으로 비만해진 딸이 취업하다

5) 괜히 화가 나서 난폭해지고 학교 가기 싫어하다

부모가 미워지며 괜히 화가 나고 주위에 있는 것을 난폭하게 해 놓지 않으면 성에 안 찹니다. 부아가 치밀어 오르고 참을 수 없어 마구 부수고 때립니다. 학교에 가도 공허하고, 시간이 가지 않으며, 수업시간에도 가만히 있지 못하고 교실을 뛰어다닙니다. 학교에 간다고 나갔는데 곧바로 돌아와서 방에 들어가서 잠만 잡니다. 그러다 일어나면 큰소리로 웁니다. 그저 밥 먹고 잠자고 아무것도 하지 않습니다. 활동을 하지 않아 살이 찌는데, 유독 배만 나옵니다.

자신의 잘못을 인정할 줄 아는 사람은 행복한 사람이고, 자신의 잘못을 인정하지 않는 사람은 불행한 사람이라고 합니다. 부모의 입장에서 보면 자식이 건강하게 잘 크는 것이야말로 가장 큰 행복이 아닐까 합니다.

⑰ 두 아들의 폭언 · 폭력에 시달리다

저녁 무렵 한 부모가 찾아왔습니다. 법당 참배도 하지 않은 채 급히 방으로 들어온 엄마는 다리가 불편해 방바닥에 앉을 수 없으니 의자를 내달라고 했습니다. 그러더니 옷을 걷어 올리고 깁스한 팔 · 다리를 보여주면서 하시는 말씀이 "우리 아들에게 맞아서 이렇게 퍼렇게 멍들고 부었다."고 하소연했습니다.

사연인즉 이렇습니다. 두 아들을 두고 있으며, 둘 다 공부도 잘해 아무런 탈 없이 잘 지내던 가정이었습니다. 그런데 큰 아들이 고등학교에 들어가면서 공부는 멀리한 채 엄마에게 폭언하는가 싶더니, 증세가 점점 심해져 엄마만 보면 습관처럼 때리는 행동을 반복했다는 것입니다. 아들의 화풀이 대상이 된 엄마는 맞아야만 하는 처지가 되어 피할 수도 없었습니다.

결국 큰 아들은 대학에 진학했지만, 꿈도 펼치지 못하고 지금은 아무것도 할 수 없는 처지가 되었습니다. 그것으로 끝이 아니었습니다. 큰 아들의 폭력적인 모습이 수그러지는가 싶더니, 이번에는 작은 아들의 대책 없는 폭행이 시작되었고 엄마에 대한 원망도 큰 아들보다 더 심했습니다.

그날도 작은 아들한테 맞아 병원에서 팔·다리를 깁스하고 오는 길이라며 팔을 보여주는데 차마 볼 수 없을 정도였습니다.

"남편께서는 왜 말리지 않으셨어요?"
"스님, 저라고 말리지 않았겠습니까?"

아버지가 말리기라도 하면 아들이 눈이 뒤집혀 엄마를 더 심하게 때리니, 남편은 그저 방으로 들어간다는 것이었습니다. 아무런 이유도 모르고 맞아야 하는 엄마. 엄마를 때리는 자식의 모습을 어쩔 수 없이 바라보기만 하는 아버지의 심정은 오죽했을까요?

"스님, 대체 무슨 악연이 있어서 그러는 걸까요?"

"아마도 낙태의 경험이 있어 보이는데요. 태아영가를 위해
천도재를 지내주어야 합니다. 세상의 빛도 보지 못하고 죽은
낙태아에게 참회기도를 올리며 자식들의 성난 마음을 가라
앉게 해주는 것, 부모라면 당연히 해야 할 일이 아닐까요?"

부모는 그제야 낙태아의 영혼이 자신을 위해 기도해 달라고 한
것임을 깨닫고 천도재와 참회기도를 시작했습니다. 참회기도를 올
린 뒤 두 아들은 몰라보게 달라졌습니다. 폭력이 심했던 작은 아들
은 유학을 떠났고, 잠시 쉬겠다며 휴양지에 가 있던 큰 아들도 정
상생활을 하기에 부족함이 없을 만큼 좋아졌습니다.

"이게 다 스님 덕분입니다. 아들이 '엄마, 다시 공부하고
싶은데 도와주실 거예요?' 하는 데 얼마나 기쁘던지 제가
감격해서 울고 말았어요."

엄마는 그 말을 전하면서 눈시울을 붉혔습니다. 그런데 얼마 뒤
절에 온 엄마는 아들의 증세가 다시 시작되었다며 안절부절 못했
습니다. 아이들이 잠시 괜찮아졌다고 기도를 멈춘 것이었습니다.
대부분의 부모들이 아이의 장애가 잠시 멈추는가 싶으면 기도를
끝내는데, 문제는 여기서 다시 시작될 수 있다는 것입니다.

강조하건대, 한 번의 참회기도로 모든 것이 원만해질 것이라는
생각은 잘못된 생각입니다. 태아영가가 장애를 완전히 멈출 때까
지 기도해주셔야 합니다.

⑱ '야, 학교 가지 마' 라는 환청에 시달리다

부모님들과 상담하다 보면 의외로 자녀의 문제로 고통을 호소하는 분들이 많습니다. 자녀들이 학교를 가기 싫다거나 학교 주변을 맴돌다 그냥 집에 돌아오는 경우가 적지 않습니다. 학교 정문 앞에만 가면 누군가 자신의 이름을 부르면서 '야, 너 학교 가지 마!' 라는 소리가 들린다고 합니다. 뒤돌아보면 아무도 없는데 '가지 말라' 는 소리에 흠칫해서 자연스럽게 발길을 돌린다고 합니다. 다음 사연의 주인공도 그런 경우입니다.

어느 날 보살님 한 분이 절을 찾아와 상담을 요청했습니다.

"제 아들이 학교를 안 가고 방 안에서 꼼짝도 하지 않고 있는데, 방법이 없겠습니까?"

그 보살님이 상담할 때, 마침 한 학생이 먼저 필자와 상담하고 있었습니다. 옆에 앉아 있던 학생이 보살님의 상담내용을 듣더니 자신의 얘기를 들려주었습니다.

"지금 말씀하신 이야기가 제 경우와 똑같은데요. 제가요, 영靈이 들어오면 학교 간다고 인사하고 집을 나섰다가, 정작 학교 정문 앞에만 가면 누가 뒤에서 '야, 가지 마!' 하는 소리가 들립니다. 그러면 이상하게 저도 모르게 학교를 가기 싫은 거예요. 정문만 들어서면 되는데 뭔가 계속 방해한다는 느낌을 받습니다. 그래서 결국은 학교를 그만

두고 지금 검정고시 준비하고 있어요."

그렇게 말하는 학생은 평상시에는 매우 착한데 갑자기 영靈이 들어오면 눈동자가 뒤틀리고 반말로 화를 내면서 전혀 다른 사람이 된다는 것이었습니다. 학생의 얘기를 듣고 있던 보살님이 기이하다는 눈빛으로 말을 이어갔습니다.

"우리 아들이랑 비슷하네요. 우리 아들도 똑똑하고 공부를 잘했습니다. 어느 날부터인가 학교 간다고 분명히 인사하고 나갔는데, 학교는 가지 않고 어느새 집에 들어와 있거나 밖에서 하릴없이 헤매고 있어요. 스님, 이게 낙태아의 영혼이 빙의돼서 그런 건가요?"

아들의 이상 행동에 초조함을 감추지 못하던 보살님은 처음에는 어리둥절하다가 곧 아들을 병원으로 데려갔다고 합니다. 그렇게 정신과 치료를 받았지만 정확한 원인도 모르는 상태에서 약물을 투여하다 보니 점차 아들의 심신이 망가지는 것 같아 중단했다고 합니다.

이처럼 환청에 시달리는 아이들은 공통적으로 먹는 걸 제대로 통제하지 못해 비만해지는 경우가 많습니다. 그러다 보니 점점 친구들 사이에서 왕따가 되고 학교에 가기 싫어지는 것입니다. 환청에 시달린다는 것은 태아영가의 장애로 볼 수 있습니다.

⑲ 활발한 아들이 엄마에게 폭언하다

얼마 전 도반스님이 한 보살님을 모시고 왔습니다. 어떻게 지내냐고 서로 안부를 묻는데, 실은 이 보살님의 아들 때문에 왔다고 합니다. 도반스님이 먼저 보살님을 소개했습니다.

> "이 보살님께서 아드님을 위해 조상영가 천도재도 지내보고 방생도 해봤지만, 아이는 더 난폭해지고 학교를 안 가다 보니 이제는 퇴학 직전이라고 합니다."

필자가 보살님에게 물었습니다.

> "아드님 행동이 어떻던가요?"
> "활발하고 시원시원한 성격인데, 이상하게 변해 버렸습니다."
> "어떻게요?"
> "아들은 아침만 되면 일어나지 못합니다. 겨우 억지로 일어나서 학교를 가는가 싶었는데, 현관에서 한쪽 신발을 장난치듯이 신었다가 벗었다가를 계속 반복하더니 도로 방으로 들어가 잠을 잡니다. 아무리 깨워도 일어나지 못해 결국 학교를 못 가요. 그리고는 늦게 일어나서 두리번 거리다가 하늘이 꺼질 듯 큰소리로 웁니다. 그저 밥 먹고 잠자는 것 말고는 아무것도 하지 않아요. 그러다보니 점

점 뚱뚱해지는데, 그것도 배만 이상하게 나옵니다. 보고 있으면 속이 터져요. 제 잔소리가 귀찮은지 견디다 못하면 방문을 열고 나와 폭언을 합니다. 이 모든 게 '엄마 때문!'이라고 말입니다. 기가 막힐 뿐입니다. 엄마가 밉다며, 보기만 해도 괜히 화가 난다면서 주위에 있는 것들을 성에 찰 때까지 거의 다 때려 부숩니다. 부아가 치밀어 올라서 참을 수 없다고 합니다."

"혹시 예전에 낙태하신 적이 있습니까?"

"아들이 초등학교 5학년 때 임신했는데 낳을 형편이 아니었어요. 그래서 그만 낙태했습니다. … 늦게라도 태어나야 할 인연이었는데 제가 어리석었던 것 같습니다."

"……."

태어나지 못한 한을 품은 망태아 영가가 원결을 풀기 위해 형에게 장애를 일으키는 것이 분명했습니다. 다행스럽게도 천도기도 후 아들의 습관적인 폭언이 사라졌습니다. 다시 예전처럼 학교에 출석하려고 했으나 이미 너무 결석하다보니 수업을 따라가기 힘들어 어쩔 수 없이 자퇴하고, 지금은 새로운 의욕과 자세로 검정고시를 준비하고 있다고 합니다.

본인이 꿈꾸는 미래를 위해 도전 중이라고 하니 얼마나 다행인지 모르겠습니다. 아들 걱정에 잠을 이루지 못하던 엄마는 그런 아들을 위해 즐거운 마음으로 뒷바라지하고 있습니다. 큰 문제가 해결되었으니 이제 근심걱정에서 해방될 것입니다.

자녀에게 어떤 문제가 생길 때 부모는 자녀를 위해 무엇을 해야 할지 고민하게 됩니다. 이성과 상식에 의한 합리적인 사고로 문제점을 발견할 수 없고 해결할 수 없다면, 그 원인이 혹시 낙태에서 비롯된 것일 수 있으니 한 번쯤은 '그럴 수도 있겠구나' 하고 생각해 볼 필요가 있습니다.

과거에 내가 무심코 했던 행동이 때가 무르익어 과보로 나타날 때 그것을 빨리 알아차려 더 이상 악화되도록 방치해서는 안 됩니다. 누군가에게 잘못을 뉘우치고 용서를 빌어야 한다면 마땅히 그렇게 해야 합니다. 그래야 업장이 소멸됩니다.

⑳ 식탐으로 비만해진 딸이 취업하다

식탐食貪으로 비만이 걱정인데도 계속 먹기만 하는 딸 때문에 근심걱정이 많은 어느 어머니의 사연입니다.

> "스님, 딸이 무엇 때문인지 계속 먹기만 합니다. 밤이 되면 더 심해집니다. 아무리 타이르고 혼을 내도 그때뿐이에요. 제가 잠든 것 같으면 몰래 편의점에 나가 과자와 빵과 탄산음료를 사 먹는 적이 한 두 번이 아닙니다. 대체 이 노릇을 어찌해야 좋을까요?"

사실 이런 사연의 주인공이 꽤 많습니다. 아이들은 자기 불만이 있으면 먹을 것을 달라고 합니다. 본인은 먹지 말아야 하는 데 하면서도 밤만 되면 몰래 먹는다고 말합니다.

필자는 태아영가의 장애를 감지하고 천도재를 권유했습니다. 처음에 어머니는 반신반의했지만 결국에는 열심히 참회기도에 동참했습니다.

"스님, 딸의 식탐이 멈췄습니다. 식탐이 멈추면서 아이의 행동에 변화가 오더니, 요즘 같이 취업이 힘든 시절에 뚱뚱한 우리 아이가 취업을 했어요. 얼마나 기쁘고 좋은지 모르겠어요. 태아영가의 원결 때문에 마음고생을 많이 했는데, 스님! 감사드립니다."

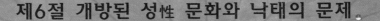

제6절 개방된 성性 문화와 낙태의 문제

낙태를 가볍게 여기다
동거하다 임신하다
임신 후 출산을 선택하다
낙태 선택 후 후회하다
낙태하고 생명의 소중함을 알다

요즈음 청소년들의 낙태문제가 사회적으로 심각합니다. 낙태한 죄가 얼마나 무서운 과보와 악연을 부르게 되는지 모르고 귀중한 생명을 별 고민 없이 살생하고 있는 것입니다.

흔히 청소년들은 분출되는 성적性的 에너지를 스스로 주체하지 못하는 경우가 적지 않습니다. 더욱이 이러한 행위를 금기시하고 억압하는 사회적 분위기를 수긍하기보다는 납득할 수 없다는 생각이 강합니다. 매스미디어의 뉴스나 시사프로그램을 시청하다 보면 사회적으로 낙태나 어린이 및 청소년 성폭행 등에 대한 우려의 목소리가 높아지고 있는 현실을 알 수 있습니다.

청소년들의 성에 대한 잘못된 인식은 그들만의 문제이기에 앞서 우리 사회의 책임이라는 사실을 인식할 필요가 있습니다. 언제 어디서든 어렵지 않게 접할 수 있는 무분별한 성 관련 사회적 환경과 그러한 문화를 형성한 기성세대들의 이중적 행태에서 우리 사회의 구조적 모순을 찾을 수 있기 때문입니다.

청소년기에 이른 낙태의 경험을 하게 된다면 씻기 어려운 죄업 속에서 일생을 살아갈 수 있습니다.

첫째, 생명의 소중함을 모른 채 태아를 죽인 죄요,

둘째, 어린 나이에 저지른 부정적 경험이 기억에서 떠나질 않아 평생 마음의 고통을 받는 것이요,

셋째, 청소년기에 저지른 성범죄의 고통으로 결혼한 배우자와 자식에게 죄 지은 마음을 버릴 수 없다는 사실이 그것입니다.

우리 사회는 낙태행위로써 처벌을 받는다는 인식조차 없습니다. 하지만 낙태의 심각성을 사회법적 테두리 안에 포함시켜 여성보다 남성에게 처벌을 가중시켜야 한다고 생각합니다. 특히 어린이 및 청소년 성폭행이나 강간사건의 경우 공개비판과 함께 냉혹한 형사처벌을 일률적으로 가해야 한다는 생각입니다. 산부인과 의료법을 제정해 청소년이 불가피하게 낙태를 선택해야 할 경우, 남자친구는 물론 부모님의 동의 하에 음지가 아닌 양지에서 수술을 행할 수 있도록 한다면, 무분별한 임신의 예방과 낙태의 위험성에 대한 사회적 인식이 정립되지 않을까 싶습니다.

"이 세상에 태어나려고 했으나 낙태로 태어날 수 없었던
아이도 이 세상에 태어난 아이와 똑같은 생명입니다."

이번 절에서는 청소년들의 무분별한 성 의식을 살펴볼 수 있는 몇 가지 사례를 통해 그들의 성 문화와 낙태에 대한 사회적 책임 등을 짚어보고자 합니다.

① 낙태를 가볍게 여기다

어느 날 한 대학생이 태아영가 천도재를 올리고 싶다고 해서 기특하게 생각하고 상담에 응했습니다. 하지만 상담을 진행하면서 참으로 황당한 상황에 직면했습니다. 중학생 시절부터 임신과 낙태를 거듭하면서, 지금은 아예 낙태에 대한 일말의 가책이나 책임감조차 없어 보였기 때문입니다. 무슨 생각으로 천도재를 지내고 싶다는 마음을 내었는지 의아할 정도였습니다. 학생의 상담내용은 이렇습니다.

"스님, 저는 대학생입니다. 제가요 아기를 낙태해야 하는데 그 아기를 위해서 천도재를 올리고 싶습니다."
"학생이 어떻게 그런 마음을 다 가졌어요?"
"지금 사귀는 여자친구가 있는데, 먼저 알고 지낸 여자친구가 임신해서 낙태하려고 합니다. 새로 만난 여자친구를 사귀어야 하기 때문에 이전의 여자친구 아기를 낙태시키고 천도재를 올려 기도해 줄려고 하는데, 그러면 안 되나요?"
"그 죄업이 얼마나 크고 무서운데요? 한 번 더 생각해 보세요."
"스님, 저는요, 중학교 2학년 때부터 관계를 맺어 여중생을 낙태시킨 적도 있어요. 낙태를 한두 번 한 것도 아닌데, 지금 또 한다고 그게 무슨 죄가 되겠습니까?"

너무나 생각 없이 말하는 학생의 당당함에 어이가 없었습니다. 그 남학생은 순간의 즐거움을 위해 성관계를 갖고 낙태하는 것에 대해 부끄러워하는 마음을 전혀 갖지 않았습니다. 필자는 남학생의 당당함을 넘어서는 뻔뻔한 태도가 너무도 황당했습니다. 차분히 타이르듯 학생에게 훈계를 주었습니다.

"학생, 낙태한 아기에게 미안한 마음 안 들어요? 비록 지금은 어려서 모르겠지만 아기를 낙태하면 그 악업이 결혼한 뒤 큰 장애로 나타납니다. 그러면 학생의 삶이 매우 힘들고 피곤할 거예요. 학생이 과거에 여자친구에게 저지른 낙태로 사라진 태아는 어둠 속으로 묻혀버린, 마땅히 태어났어야 할 생명을 일방적으로 없애버린 것이므로 지극한 정성 없이는 그 원결을 풀 수가 없어요. 낙태아의 원결이 일생을 따라 다닌다고 생각해보세요. 얼마나 끔찍한 일일까요? 그러니 지금이라도 한 번 더 생각해보세요."

② 동거하다 임신하다

어느 여고생이 학교를 자퇴하고 또래와 동거하면서 임신한 사연입니다. 아직 어린 나이라 아기를 낳아야 하는 지, 주변 어른들 말처럼 낙태해야 하는지 고민이 많습니다. 사찰 홈페이지에 올라온 글을 소개하면 이렇습니다.

"제 또래들은 교복을 입고 학교에 다닙니다. 저는 고등학교에서 나쁜 친구들과 어울려 지내다가 학창시절을 제대로 보내지 못했지요. 결국 학교를 자퇴하고 가출해 한 남자와 동거하게 되었습니다.

그 남자도 저와 같은 또래의 청소년이었습니다. 만난 지 2년 되었어요. 그는 이른 나이에 남편 역할을 한답시고 막노동판에 나갔고, 저도 편의점 아르바이트를 하면서 겨우단칸방을 구해 살림을 차렸습니다. 생활형편이 그래서 아기를 갖는다는 것은 꿈도 꾸지 않았답니다.

그런데 피임하는 걸 깜박 잊는 바람에 은근히 걱정되었는데, 아니나 다를까 아르바이트를 하는 도중에 갑자기 배가 너무 아팠어요. 그 즈음 생리도 없던 차라 혹시나 해서약국에서 임신테스트기를 사서 확인해보니 두 줄이 나오더군요. 남편과 함께 산부인과병원에서 진찰을 받아보니, 임신한 지 5주 정도 되었다고 합니다.

갑자기 눈물이 막 쏟아졌고, 뱃속 아기를 생각하니 몸서리쳐지더군요. 낙태하기로 마음을 정하고 남편과 함께 병원을 찾아가는 길에 남편이 아기를 지우지 말자고 그러더군요. 저도 아직 5주밖에 안 된 아기가 너무 불쌍해 꼭 낳고 싶습니다. 하지만 주변 어른들은 당장 지우라며 저와 남편을 나무랐습니다. 저와 남편의 미래를 생각하라고 말입니다.

정말 어찌해야 할지 모르겠습니다. 계속 밤을 새워가며 편의점 아르바이트를 하는데, 뱃속 아기에게 지장이 없을지도 걱정됩니다. 이 아기를 꼭 지워야만 하는지 묻고 싶어 글을 올렸습니다."

필자는 이 사연을 보고 마음이 무겁습니다. 시대의 흐름에 따라 변화하듯이 윗세대인 할머니와 어머니 세대에는 생리를 시작하면 혼인할 나이가 되었다고 해서 일찍 혼인시키는 풍습이 있었습니다. 일찍 혼인해 자식을 낳으면 건강하게 태어나기도 합니다. 지금도 동남아나 어느 나라에서는 미성년자인데도 일찍 결혼을 시키는 나라가 있습니다. 하지만 우리나라와 다른 선진국에서는 교육이 우선이기 때문에 최소한 청소년기를 벗어난 이후에 결혼하는 분위기가 높습니다.

따라서 청소년기에 임신하여 여러모로 마음의 상처를 받지 않았으면 하는 바람이 큽니다. 생명의 귀중함과 낙태의 필연과보를 깊이 생각해 소중한 생명인 태아도 행복을 누릴 수 있을 때 서로 사랑을 나누었으면 합니다.

③ 임신 후 출산을 선택하다

아직은 학교에서 한창 공부할 나이의 고교생이 아기를 낳은 사연입니다. 미혼모의 험난한 길을 홀로 가야 하는 줄 알면서도 낙태하지 않고 아기를 낳은 신념

아가등

은 상찬 받아 마땅한 일입니다. 그런데 이 학생의 사연을 들어보니 마음이 너무 짠하고 아픕니다. 사연은 이렇습니다.

"어린 나이에 아기를 낳은 게 특별히 잘못된 건 아니라고 해도 칭찬받을 일은 아닌 줄 압니다. 그래도 낙태를 생각하시는 분들에게 조금이라도 도움을 드리고 싶어 이렇게 글을 남깁니다.

저는 열일곱 살에 처음 성 관계를 가졌고, 올해 3월 아기를 낳았습니다. 그것도 제가 사랑하는 사람이랑 맺은 결실이 아니고, 소위 말하는 성폭행을 당한 겁니다. 처음에는 낙태할 생각에 이것저것 알아봤습니다. 그러다가 입덧이 가라앉고 5개월쯤 지났을 때, 보건소에 갔다가 태아의 사진을 본 후 마음을 바꾸었습니다. 그래도 제 몸에 잉태한 제 아기니까 낳아서 키우고 싶었습니다.

정확히 10개월을 못 채우고 아기를 낳았습니다. 아기가 얼마나 예쁜지 모릅니다. 비록 아빠는 없지만 잘 키우고 있습니다. 입에 담기 어려운 일을 당하고 낳은 아기가 이 정도인데, 다른 분들은 사랑하는 사람과의 사이에서 생명을 잉태한 것 아닙니까? 그런 아기를 어떻게 지울 생각을 하는지, 태아의 사진을 보면 생명체란 것을 느낄 수 있는데 말입니다.

낙태란 뱃속의 아기에게는 목숨을 잃는 일이고, 산모에게는 건강을 버리는 일입니다. 낙태 한 번 하는 것이 분만하는 것보다 3배나 힘든 일이라고 배웠습니다. 그만큼 몸에 안 좋고 정신적으로 피해가 많습니다. 저는 차라리 낳아서 못 키울 것 같으면 입양을 보내라고 권하고 싶습니다.

아기를 지우면 그걸로 끝일까요? 제가 아는 어떤 사람은 낙태 후에 아이들을 볼 때나 하다못해 텔레비전에서 유아에 관한 상식을 알려주는 프로그램만 봐도 눈물이 난다고 합니다. 하루 이틀 시간이 지난다고 끝나는 게 아닙니다. 몇 년, 몇 십 년이 흘러도 잊히지 않을 수 있습니다.

제발 낳으세요. 낳아서 기르세요. 어린 나이에 아기를 낳은 엄마로서 드리는 말씀입니다. 뱃속의 아기를 죽이는데 얼마 드는지 묻지 마세요. 부탁입니다. 낙태하는데 금액까지 따진다면 너무 슬픈 일입니다."

이 어린 학생은 굳건히 아기를 낳았지만, 부모의 입장에서는 상상할 수 없는 일입니다. 공부해야 할 나이에 학교를 자퇴하고, 사랑이 무엇인지 판단도 서지 않는 나이에 임신하고서 책임을 지겠다고 하면 누가 이해하겠습니까?

하지만 부모가 도움을 줄 수 있다면 이 학생은 희망을 가질 수 있습니다.

졸업 동시에 결혼식을 올려 부부가 되어 낳은 아기는 눈에 넣어도 아프지 않을 정도로 너무 예쁘고 모두에게 웃음과 행복을 주었습니다.

만약 이 청소년 부부의 부모가 반대하여 끝내 낙태했다면 저 아기의 예쁜 모습을 어찌 볼 수 있었겠습니까? 아기는 잘 자라 너무나 귀여운 꼬맹이가 되어, 사찰에 올 때마다 "스님! 사랑해요."라고 아양을 떠는 모습을 보면 소중한 생명의 가치를 한없이 느끼게 됩니다.

④ 낙태 선택 후 후회하다

여고생이 임신한 사실을 알고 출산과 낙태의 길목에서 고민하다가 결국에는 낙태를 선택한 안타까운 사연입니다.

"저는 고등학교에 다니는 17세 여학생입니다. 제가 이렇게 글을 올리는 이유는, 낙태하지 않았다면 지금쯤 태어났을 우리 아기에게 조금이나마 사과하고 싶은 마음과, 또한 저와 같은 일이 생길지 모르는 분들께 도움 되길 바라는 마음에서입니다.

저는 한 남자를 사랑했습니다. 그리고 그와 몇 번의 성 관계를 가졌습니다. 어느 날 버스를 탔더니 속이 울렁거렸습니다. 식사 후 바로 타서 그런 거려니 생각했지요.

그런데 일주일이 지나도 계속 울렁거려서 설마 하는 마음으로 약국에서 임신테스트기를 구입했습니다. 아침에 일어나자마자 검사를 해보니까 선명하게 두 개의 빨간 줄이 나타났습니다. 그때의 충격이 얼마나 컸는지 모릅니다. 현실이 아닌 것 같았습니다.

일단 그 사람에게 사실을 말했습니다. 그는 괜찮다며 저를 안심시켰습니다. 그때부터 많이 고민했습니다. 처음에는 무섭고 두려웠지만 당연히 낳으려고 생각했습니다. 제가 처음으로 가진 아기이고, 서로 사랑해서 임신한 일이고, 또 제 나이 열일곱 살이면 책임져야 한다는 생각이 들었습니다. 더욱이 뱃속 아기의 삶도 한 생명이기에 제가 맘대로 지울 수 없다는 생각이 들었습니다.

하지만 시간이 지날수록 마음이 흔들렸습니다. 일단 애를 낳으면 부모님께 뭐라고 말할 것인지, 또한 양쪽 집안의 형편도 고려하지 않을 수 없었습니다. 저희 집은 경제적으로 어려운 형편이었고, 남자 쪽도 어느 정도 살지만 애를 키울 만큼의 형편은 안 되었습니다. 부모님들이 도와주신다고 해도 열일곱 살에 아이를 키운다는 건 심리적으로도 많이 힘들 거라는 생각이 들었습니다. 그래서 결국 포기하기로 마음먹었습니다.

아기를 가진 지 한 달 후에 알았고, 낙태하기로 생각하고 병원비를 마련하는데 2개월이 걸렸습니다. 그 두 달 동안 저는 정말 수많은 생각에 빠졌습니다. 과연 애를 지우는 게 옳은 건지, 낳아야 하는 게 옳은 건지…. 그렇게 고민에 고민을 거듭했지만 결국에는 낙태를 선택하고 말았습니다. 지금은 너무나 후회하고 있습니다."

이 학생의 사연을 보면, 미성년자로서 마음의 상처가 클 수밖에 없을 것입니다. 서로 사랑할 때는 앞뒤를 생각 못했지만, 덜컥 임신하고 보면 무섭고 두려움에 당황하는 것이 당연합니다. 내 뱃속에서 생명체가 살아 움직이는데, 낙태하겠다는 생각을 하게 되면 두려움은 더욱 커질 수밖에 없습니다.

미성년자가 임신하고 출산하는 일은 나쁘다고 할 순 없지만, 우리의 사회적 정서는 당연지사처럼 받아들이기 힘든 상황인 것은 부정할 수 없습니다. 안타까운 일은 낙태비용을 마련하기 위해 2개월이 더 지났으면 뱃속의 아기도 많이 자랐을 텐데, 마음이 아플 따름입니다.

⑤ 낙태하고 생명의 소중함을 알다

학생시절 부모님 모르게 혼전동거하면서 두 번의 낙태를 경험하고, 대학졸업하고 결혼한 후에야 낙태의 위중함을 알게 된 어느 남자의 사연입니다.

"입시준비에 짓눌린 지긋지긋한 청소년시절을 보상받기라도 하겠다는 듯이, 대학시절 저는 부모님 눈을 피해 여자친구 자취방에서 동거를 시작했습니다. 임신이 쉽게 되지는 않을 것이라고 막연히 생각했습니다. 그러다가 임신 사실을 알고 정말 기가 막혔습니다.

부끄럽지만 아기를 낳아서 기른다는 생각은 아예 없었습니다. 낙태비용은 얼마나 들까, 그 비용을 어떻게 마련할까 하는 걱정부터 생각했으니까요. 여자 친구를 데리고 병원에 가서 낙태하면서도 여자 친구가 얼마나 힘이 들었는지 잘 몰랐습니다. 그 후부터는 예전과 달리 피임에 대해 많이 알아보고 신경을 썼습니다.

대학 졸업식 날 가족들과 헤어지고 여자 친구와 술 한 잔 마시고 함께 잤습니다. 여자 친구가 생리 중이라서 임신할 확률이 아주 낮은 것으로 알았는데, 저의 기대와 상식을 비웃듯 여자 친구는 또 임신하고 말았습니다.

제가 졸업했으니 아기를 낳자고 했는데, 이번에는 여자 친구가 완고한 태도로 못 낳겠다고 말하더군요. 이제는 아기를 낳아도 기쁘게 잘 키울 수 있다고 생각했는데, 여자 친구는 저의 바람과 달리 4개월 된 태아를 혼자 지웠습니다. 우여곡절 끝에 두 번이나 낙태하고 지금은 그 여자 친구와 결혼한 지 2년이 되어 갑니다.

며칠 전 아내가 임신했다며 초음파 사진을 들고 왔습니다. 5주 하고도 2일이 됐다고 합니다. 정말 하늘을 날 것 같은 기분으로 온종일 실실 웃으며 다녔습니다. 지난 2년간 아기가 생기지 않아 '낙태를 두 번이나 해서 벌 받느라 그런가 보다'고 생각하며 포기하고 있었거든요. 지금의 아기 상태는 어느 정도일까 궁금해 인터넷 검색을 하다가 구담사를 알게 되었습니다.

낙태에 대한 많은 분의 경험과 낙태하지 않고 어려움을 견디며 아기를 낳은 이들의 이야기를 읽으며, 만약에 우리가 낙태를 고민하던 그 시절에 이런 곳을 알았다면 조금이라도 도움 되지 않았을까 생각해봅니다. 이곳 게시판을 보면서 나이는 숫자에 불과하다는 걸 알았습니다. 나이에 비해 정말 용기 있고 책임감이 많은 분들을 보며 부끄럽습니다.

마지막으로 한 가지 말씀드리고 싶습니다. 아기를 낳는 것이 최선의 선택이지만, 만약 다른 선택을 했더라도 상심할지언정 너무 자책하거나 죄책감을 갖지는 마세요. 잘못된 판단은 한 번으로 충분합니다. 그리고 반드시 책임질 수 있는 사랑을 하시길 바랍니다. 사랑은 권리 이전에 의무이기 때문입니다."

포근한 엄마

제7절 태아영가 천도와 기도의 성취

아들의 결혼·출산 소원성취하다
할머니의 지극정성으로 손자·손녀를 보다
시어머니의 욕심에 낙태업을 짓다
팔순 노 보살님의 소원이 이루어지다
"옷이 없어 추워" 하며 호소하다
"명품 옷 나는 왜 안 사줘요"
49재 지내면서 신발을 올리지 않았더니…
아빠의 기도 힘, 딸의 실명위기를 벗어나다
유방암 시한부 삶을 뒤바꾸다
"거듭 유산 끝에 얻은 손녀가 너무 예뻐요"
묵묵히 봉사하면 원결을 풀 수 있다
태아영가가 맞선을 방해하다

구담사 자모암은 태아영가천도 전문도량이지만 아기를 잘 갖게 하는 도량으로도 유명합니다. 그 이유를 정확하게 알 수 없지만 낙태아의 영혼이 간절히 아기를 갖고 싶어 기도하는 부모의 마음을 알아주고 태어나는 것이 아닌가 싶습니다. 이 도량에서 기도를 통해 '아기를 염원하는 부부는 거의 소원성취합니다.' 그것은 애자모 지장보살님께서 아기를 갖고 싶어 하는 간절한 마음으로 참회기도하는 엄마에게 태어나고 싶은 아가의 영혼과 인연을 맺어주기 때문입니다.

낙태와 유산으로 아기를 갖지 못하는 엄마의 심정은 얼마나 애가 탈까요? 경험해 보지 못한 사람은 모를 겁니다. 그런데 신기한 것은 기도를 마치면 아기를 갖는 엄마가 많아진다는 것입니다. 포대화상과 애자모상 앞에서 아기를 낳게 해달라고 소원을 빌고 배를 일곱 번 쓰다듬듯 만지면서 발원하면 대체로 소원을 이루는 편입니다.

때로는 보시공양 함으로써 많은 가피를 받기도 합니다. 엄마 · 아빠의 정성 어린 손길이 닿는 대로 소원이 이루어지는 곳이 바로 구담사 자모암의 매력입니다. 엄마 · 아빠들은 대체로 아이들이 좋아하는 과자 · 초코파이 · 아기분유 · 기저귀와 옷 · 칫솔 · 비누 · 치약 · 수건 등을 공양물로 올리는데, 구담사 자모암은 아기용품을 모두 모아 미혼모 시설에 보냅니다. 성인용 기저귀는 요양원에 보시하고, 생활용품은 독거노인에게 전달합니다.

구담사 자모암은 또한 학업 및 취업성취 기도도량으로도 이름이 높습니다. 이 도량에는 다른 단위사찰에 비해 기도 발원하는 곳이 많습니다. 아기의 잉태를 발원하는 포대화상, 학업 및 취업을 기원하는 나반존자, 합격성취를 발원하는 모자상, 결혼인연과 신랑 · 각시 · 가족건강 성취도량으로서 불자들의 발길이 끊이지 않습니다.

태아영가 천도공양과 참회기도의 공덕으로 장애를 벗어나는 가피는 물론이고, 학업 · 취업 · 출산의 염원을 성취한 실제 사례들을 중심으로 구담사 자모암의 영험이력을 살펴보도록 하겠습니다.

① 아들의 결혼 · 출산 소원성취하다

복福 중의 가장 으뜸은 '인연복' 이라고 하던데, 정말 그런 것 같습니다. 포천에서부터 인연을 맺었던 노 보살님 한 분이 지방으로 이사 가서 한동안 못 보고 지냈는데, 이곳 남양주 구담사 자모암으로 옮기고 나서 얼마 지나지 않아 다시 만나게 되었습니다.

당시 남양주 사찰은 불사를 한창 진행 중이었는데, 여러 가지 악조건으로 예상보다 많은 불사비佛事費가 들어가 전기공사를 못하는 어려움을 겪고 있었습니다. 그때 노 보살님께서 선뜻 불사비를 시주해 주시어 무사히 공사를 마칠 수 있었습니다. 불사공덕으로 밝은 등불 아래서 기도할 수 있으니 얼마나 기쁘고 감사하던지 이루 말할 수 없었습니다.

필자는 모든 조건을 갖춘 노 보살님에게 물어보았습니다.

"기도 발원이 무엇이신가요?"
"아들이 아직 장가를 못 가고 있어서 걱정입니다."

손주를 빨리 보고 싶다는 지극히 소박한 말씀을 하셨습니다. 그러면서 이렇게 덧붙이셨습니다.

"스님, 불사공덕의 인연을 주셔서 감사합니다. 산신각이 아직 불사가 안 되어 초라한 모습인데, 제가 그 불사를 하면서 아들을 위해 발원기도를 하고 싶습니다. 스님께서도 기도해주실 수 있겠습니까."

노 보살님의 화끈한 제의에 필자는 웃으면서 그렇게 하겠노라고 대답했습니다. 필자는 그날 이후 노 보살님의 아드님 인연발원을 위해 임시로 만든 비닐천막에서 100일 기도를 시작했습니다. 그 약속을 지키기 위해 엄동설한에도 추운 줄 모르고 열심히 기도하는 동안 산신각 불사는 원만히 진행되었습니다. 그리고 마침내 기도회향이 끝나갈 무렵 노 보살님의 아드님이 장가를 가게 되었다는 기쁜 소식을 들었습니다.

> "스님, 정말 제 아들이 장가를 가게 됐습니다. 참한 며느리를 맞아들였습니다."
> "저도 기도가 성취되어 감사합니다."

산신각을 완공하고 점안식을 봉행했습니다. 노 보살님의 아드님은 결혼식을 올렸습니다. 그러자 노 보살님께서는 이제 손주만 보면 된다고 기도 좀 해달라고 너스레를 떨어 주변사람들이 모두 한바탕 웃었습니다.

이 영험사례는 노 보살님의 불사공덕과 기도염원으로 아드님의 결혼과 손주가 태어나 소원성취한 경우라 할 수 있습니다. 새 생명을 얻는 영험도량에서 기쁜 마음으로 불사시주를 했으니 어찌 보답이 없겠습니까?

이처럼 구담사 자모암은 부모와 태어날 아기를 이어주는 곳으로 모두에게 기쁨을 주는 도량입니다. 앞으로도 많은 분들이 이곳에서 인연을 맺고 모두 소망하는 대로 건강한 자녀를 얻으실 것이라 생각합니다.

② 할머니의 지극정성으로 손자·손녀를 보다

낙태아의 영혼을 위해 천도재를 지내려고 부산에서 밤차를 타고 올라와 기도하는 노 보살님이 계십니다. 그분은 본인이 지은 업장 소멸과 따님이 유산한 아이를 위해 열심히 기도했습니다.

유산 경험이 있는 노 보살님의 따님은 난소수술을 해서 아기를 갖기가 힘든 상태였습니다. 하지만 기도를 해보니 아기 인연이 있어서 필자는 그 사실을 노 보살님에게 말씀드렸습니다. 노 보살님께서는 아기를 낳을 수 있다는 말을 듣고 따님에게 "자식을 낳고 싶으면 직장생활이 아무리 바빠도 꼭 이 도량에 와서 아기의 인연을 맺게 해달라고 발원기도를 올려라."고 말씀하고는 부산으로 내려가셨습니다.

어머니의 지극한 정성을 어려서부터 보고 배운 따님은 어머니의 뜻을 받들기 위해 시간이 늦어도 꼭 절을 찾아 기도하고 갔습니다. 하지만 기다리는 소식은 오지 않았습니다. 그러다 1년이 지난 즈음 아기가 태어난 지 100일 되었다는 소식을 전해왔습니다. 필자는 기쁜 마음으로 "그동안 소식이 없어서 궁금했는데, 어찌 되었든 잘 되었네요."라고 축하해 주었습니다.

"아기가 잘못될까봐 조심스러워 태어나면 말씀드리려고 그랬어요."

노 보살님은 그렇게 감사의 인사를 하고는 다시 기도를 올렸습니다.

"노 보살님, 10년 기도를 회향했는데 또 접수하세요?"

"네, 처음 3년은 제 자신의 업장소멸을 위해서 기도했고, 그 다음 3년은 딸자식이 아기를 갖도록 기도했고, 또 그 다음 3년은 손자와 손녀를 위해 기도했고, 지금 3년은 그 아이들의 미래를 위해서 하는 겁니다."

부산이라는 먼 거리에도 불구하고 일심으로 기도 발원하는 대단한 정성으로 소원성취를 이룬 사례라 할 수 있습니다.

③ 시어머니의 욕심에 낙태업을 짓다

며느리가 연속해서 세 명의 딸만 낳자 시어머니가 "너는 여자아이 밖에 낳지 못하냐?"고 비아냥거린다면 어떻게 보일까요?

결론부터 말하면 시어머니가 매우 잘못한 것입니다. 성별을 결정짓는 것은 여자가 아니라 남자의 염색체에 달려 있기 때문입니다. 즉, 딸만 낳는 것은 아내의 책임이 아니라는 뜻입니다. 문제가 있는 아들은 추궁하지 않고 며느리만 추궁하는 것은 예전 우리 사회의 나쁜 관습 중의 하나였습니다.

시어머니의 비아냥과 추궁에 위축된 며느리는 넷째를 임신한 후 다시 딸을 낳을지 모른다는 두려움에 그만 몰래 낙태를 해버렸습니다. 물론 태아가 딸인지 아들인지는 알 수 없었지만 낙태 후유증이 있어서 다섯 번째 임신했을 때에는 꼭 낳아야겠다고 결심했습니다. 그러나 임신 후 계속 출혈이 멈추지 않아 병원을 찾아 주사를 맞았지만 지혈되지 않았습니다.

담당의사는 "이런 몸으로는 아무리 애를 낳고 싶어도 무사히 낳을 수 없으니 어쩔 수 없이 낙태할 수밖에 없다."고 말했습니다. 며느리는 어찌할 바 몰라서 필자에게 상담을 요청해왔습니다.

필자는 그 며느리에게 방법을 알려드렸습니다. 그랬더니 극적으로 출혈이 멈추었고 의사의 예상과 달리 무사히 순산했습니다. 하지만 기대와는 달리 또 딸이었습니다. 불쾌한 표정을 감추지 못하는 시어머니 때문에 집안은 우울했습니다. 얼마 후 그 며느리는 다시 필자를 찾아와 하소연했습니다.

"스님, 저는 남자아이를 원하는데 어찌하면 좋습니까?"
"낙태한 아기의 영혼을 위해 참회기도를 올리세요."

딸만 낳아 시어머니에게 구박 받던 며느리는 알려준 대로 참회기도를 열심히 올렸고, 소원대로 아들을 낳았습니다.

"이제 우리 집은 걱정이 사라졌습니다."

전화기 너머 기쁨에 찬 며느리의 목소리가 하늘을 날 것만 같았습니다.

④ 팔순 노 보살님의 소원이 이루어지다

아무리 세월이 흘러도 자식은 부모가 생전에 풀고 가야 할 숙제가 아닌가 싶습니다. 팔순을 넘긴 노 보살님이 다리가 아파 절뚝거리면서도 절을 찾아와 자식을 위해 기도하는 마음은 무엇일까요? 노 보살님은 3년 기도를 끝냈지만, 또다시 3년 기도를 시작해 2016년 7월에 회향하셨습니다.

노 보살님의 꿈은 당신이 죽기 전에 아들이 장가가는 것이었습니다. 노총각 아들이 장가를 가지 못해 애태웠는데, 드디어 장가를 간 것입니다. 얼마나 좋으신지 필자에게 거듭거듭 "스님, 감사하다."면서 주름진 손으로 봉투를 꼭 쥐어주고 가셨습니다.

"스님, 혼자서 맛있는 것 사서 드시고 건강하세요."

팔순 노 보살님의 그 모습을 보면서 어찌나 눈시울이 붉어지던지…. 이젠 나이를 너무 드신 노 보살님이 언제 절에 다시 오실지 모릅니다.

⑤ "옷이 없어 추워!" 하며 호소하다

지방에 거주하는 어느 보살님의 사연입니다. 결혼을 앞둔 셋째 딸이 그만 실수로 약혼자가 아닌 다른 남자와의 사이에서 임신하고 말았습니다. 보살님은 당장 딸을 병원으로 데려가 낙태를 시켰습니다. 결혼을 눈앞에 두고 다른 남자의 아기를 낳게 할 순 없었던 것입니다. 딸의 뱃속에서 꿈틀거리는 아기가 불쌍하기는 했지만 결혼을 앞둔 딸의 행복을 위해서는 침묵으로 감수해야 했습니다. 아마 어느 어머니라도 마찬가지였을 겁니다.

셋째 딸이 임신했었다는 사실은 보살님과 딸 그리고 처참히 죽어간 태아영가만 알 뿐, 그 비밀은 조용히 세월 속에 묻혔습니다. 아픈 기억은 세월따라 흔적도 없이 사라졌고, 낙태한 딸도 결혼 뒤 그럭저럭 잘살았습니다. 하지만 일종의 살인교사죄를 저지른 보살님은 그렇지 못했습니다. 보살님은 셋째 딸이 임신한 아기를 낙태시킨 이후 계속해서 불면증에 시달려 이상 추위를 호소하는 고통을 겪었습니다.

"옷이 없어 추워! 옷이 없어 추워!"

낙태 당한 아기의 원망이었을까요. 보살님은 잠시 꾸벅꾸벅 졸 때마다 환청을 듣곤 하더니, 마침내 자신의 입으로도

"옷이 없어 추워!"라는 소리를 중얼거리기 시작했습니다. 셋째 딸의 태아영가가 원결을 풀지 못하고 자신을 죽게 만든 외할머니에게 빙의되어 춥다고 호소한 것으로 볼 수 있습니다.

그런 일이 있은 이후 보살님은 사찰에 지장보살 원불을 모시고 태아영가에게 정성껏 천도공양을 올린 뒤에야 빙의현상에서 벗어날 수 있었습니다.

⑥ "명품 옷 나는 왜 안 사줘요"

기도법회 때마다 전날 사찰에 도착해 하룻밤을 묵으면서 열성적으로 기도하는 경북 안동에 사는 부부가 있습니다. 이들 부부는 결혼 초기에 임신할 때마다 태아가 아들이 아닌 경우 모두 낙태한 경험이 있는데, 이후로 많은 장애를 겪으며 힘들게 살아왔습니다.

더욱이 장애가 자식들에게까지 미치자 무속인을 찾아가 굿도 여러 번 했습니다. 그 과정에서 모든 안 좋은 일들이 태아영가의 장애에 의한 것임을 알고는 먼 길을 마다 않고 구담사 자모암으로 달려와 천도기도를 하기 시작한 것입니다.

지극한 마음으로 천도재를 올리자 기도 중에 낙태아의 영혼이 말하기를, "엄마, 내 옷은 왜 안 사줘?"라고 하소연하는 것이었습니다. 세상에 태어나 빛을 본 형제는 명품 옷을 입는데, 자신은 왜 안 사주는 거야라고 따지듯이 말하는 태아영가의 사연을 듣고 필자가 깜짝 놀라 물어보았습니다.

"보살님, 자녀들이 어릴 때부터 명품 옷을 입고 자랐나요?"

"네, 아이들에게 명품 옷만을 입혀 길렀어요."

"시골인데 집안이 잘사셨나 봐요?"

"네, 잘살지는 못하지만 그냥 그렇게 살았어요."

"그런데 태아영가 천도공양에는 명품을 떠나 아예 옷을 올리지 않으셨네요."

"지방에서 급하게 올라오다보니 미처 준비하지 못했습니다."

"지금 태아영가가 명품 옷을 입고 싶다고 하니까 얼른 나가서 명품 옷이 아니더라도 예쁜 옷을 사서 태워주세요."

　필자의 말이 끝나자마자 거사님이 바로 나가더니 좋은 아기 옷을 사갖고 와서 태워주었습니다. 비록 죽은 아기라고 하지만 영靈의 식識은 있는 것입니다. 태어나지 않은 아기도 살아있는 아기들처럼 좋은 옷을 입고 싶고, 신발도 신고 싶습니다. 그래서 구담사 자모암에서는 49재 지낼 때 5재 때 관욕灌浴을 하는데, 이때는 꼭 아기들 물품을 사서 공양해주어야 합니다.

⑦ 49재 지내면서 신발을 올리지 않았더니…

　태아영가 천도의식을 치르다 보면 믿기지 않는 일들이 일어납니다. 예를 들면, 어느 노 보살님이 천도재를 지내면서 관욕할 때 옷을 사서 아기동자에게 갖다 놓았지만, 신발을 미처 준비하지 못했습니다. 신발을 사 갖고 절에 다시 오기로 했으나, 갑자기 몸이 아파 바로 오지 못하셨습니다. 그랬더니 그날 밤 꿈에 태아영가가 나타나서 "엄마, 나 신발이 없어서 가지 못해."라고 울먹였다고 합니다.

　노 보살님은 깜짝 놀라 다음날 신발을 갖고 절에 오셨습니다. 노 보살님은 자신이 겪은 유산과 낙태의 경험이 늘 마음에 걸려서, 아들이 결혼해 손자를 낳으면 손자 돌봐주는 일을 자기 업으로 삼아 최선을 다하겠다는 원을 세웠습니다.

　태아영가 천도재를 지낼 때는 아기들 용품을 꼭 올립니다. 그런데 태아영가가 옷이 없어 춥다고 하는 경우가 있습니다. 분유를 올리지 않았더니 배가 고프다고 엄마 꿈에 나타났다는 말을 전해 듣고 필자가 분유를 사서 올린 적도 있습니다.

　작은 핏덩어리였던 태아의 영가가 어떻게 그리 잘 알고 표현하는지, 때로는 궁금하기도 합니다. 아마도 이것은 태아영가가 자신이 필요한 물품을 엄마에게 꿈으로 알려주는 것이라고 할 수 있습니다.

비록 몸도 없고 형상도 없지만 영혼은 잠재의식에 살아 있습니다. 형상이 다 이루어지지 않은 핏덩어리라고 생각하지만, 낙태아의 영혼은 영원하다는 사실을 알아야 하겠습니다.

⑧ 아빠의 기도 힘, 딸의 실명위기를 벗어나다

믿음은 종교를 초월해 기적을 일으킵니다. 이 사연의 주인공도 거기에 해당한다고 할 수 있습니다. 거사님 내외는 처음에는 그저 절에 가서 '사주나 좀 볼 수 있을까' 하는 가벼운 마음으로 왔다가 지금은 서로가 귀한 인연이 되었습니다.

거사님은 신도이기 전에 누구보다도 심지가 곧고 신심 깊은 분이었습니다. 태아영가 천도기도를 올린 후부터는 더욱 더 자식을 위해 열심히 봉사도 하고 끊임없이 기도를 올렸습니다.

그런 어느 날이었습니다. 평상시와 달리 근심어린 얼굴로 필자에게 둘째 딸의 눈에 이상이 생겼다고 걱정했습니다.

"상태가 어느 정도입니까?"
"앞을 거의 보지 못할 정도입니다."

예상보다 심각했습니다. 어떻게 하다가 그 지경이 됐는지는 모르겠지만, 당장 수술을 받아야 할 병세였습니다.

"수술하려고 하는 데, 그 전에 스님 말씀을 좀 들어보려고
왔습니다."
"병원은 정하셨습니까?"
"아직 못 정했습니다."

병원도 환자와 좋은 인연이 있어야 수술해도 탈이 나지 않는
법입니다. 그래서 수소문해 어느 안과로 딸을 데려가 검진 받도
록 했습니다. 의사는 "지금 수술하면 오히려 실명 가능성이 높으
니, 6개월을 기다려 보자."고 말했습니다.

거사님 내외는 그렇게 하기로 하고, 그동안 이전보다 더 열심히
봉사하고 기도에 정성을 드렸습니다. 그렇게 6개월이 지나고 1년
이 지나도 수술했다는 얘기가 없었습니다.

"따님 수술 언제 합니까?"
"눈에 아무런 이상이 없다고 합니다. 조만간 그냥 라식
정도만 해주면 좋을 것 같다고 해서 수술 안 하기로 했
어요."

필자는 그것이 모두 거사님의 순수한 마음에 부처님께서 감응하
신 것임을 느낄 수 있었습니다. 엄마보다 더 열심히 자식을 위해
기도하는 아빠가 과연 몇이나 될까요? 거사님의 사심 없는 봉사와
기도에 대한 응답은 결국 실명 위기까지 겪은 딸의 눈을 정상으로
돌려놨습니다.

⑨ 유방암 시한부 삶을 뒤바꾸다

중복이 막 지난 무더위에 이제 갓 마흔을 넘은 두 보살님이 찾아왔습니다. 두 분은 유방암 환자였습니다. 병원에서 치료를 받은 두 사람은 오랜 세월을 같이한 친구 같았습니다. 서로의 이야기를 들어보니 아직 생을 마감하기에는 이른 나이인데도, 병원에서 얼마 남지 않았다는 사망선고를 받은 상태라고 합니다.

> "스님, 왜 저희가 암에 걸려 일찍 죽어야 하나요? 아직 할
> 일이 많은데 너무 아쉽고 슬퍼요."

필자도 사연을 들으면서 눈시울이 뜨거워졌습니다.

> "병원에서 방사능 치료를 받으며 곰곰이 생각해 봤는데, 그
> 렇게 큰 죄를 지은 것도 없는데 갑자기 낙태한 것이 생각나
> 더라고요. 그래서 더 늦기 전에 참회기도 하려고 부랴부랴
> 여기를 찾아왔어요. 제가 나중에 이 세상에 없더라도 예전
> 에 낙태한 아기의 극락왕생 발원을 잘 부탁드립니다."
> "……."

동행한 보살님은 기독교 집안에서 자란 탓에 절에는 처음이어서 뭐가 뭔지 어리둥절한 표정이었습니다. 암환우를 따라 절에 왔지만, 그녀 역시 종교를 떠나 생사를 다투는 병고病苦 앞에서 지푸라기라도 잡고 싶은 심정은 마찬가지였습니다.

"두 분 모두 제가 시키는 대로 하시겠습니까?"

"네, 그렇게 하겠습니다."

필자는 두 보살님을 위해 태아영가 천도재를 올렸습니다. 두 보살님도 참석하도록 권했습니다. 그 뒤 어떤 일이 일어났을까요? 불과 6개월도 살지 못할 것이라는 의사의 진단과는 달리 차츰 건강이 좋아지더니, 3년 째 기도회향하는 날에 모두 다 몰라볼 정도의 건강한 모습으로 당당히 자리를 빛냈습니다. 처음에는 항암치료 부작용으로 머리가 빠져 모자를 쓰고 왔던 분들이 파마머리를 하고 "스님, 저희가 이렇게 기적같이 살아 있어요."라고 너스레를 떨었습니다.

물론 기도한다고 소원을 모두 이루는 것은 아닙니다. 종교의 궁극적인 목적과 이유는 소원을 성취하는 것이 아니기 때문입니다. 그러나 진실한 마음으로 간절하게 기도하다 보면 알게 모르게 이와 같은 기적이 일어난다는 사실은 부정할 수 없습니다. 필자도 그분들도 이 모든 것이 태아영가의 원결을 풀어주었기 때문이라 믿고 있습니다.

⑩ "거듭 유산 끝에 얻은 손녀가 너무 예뻐요"

시어머니는 임신만 하면 유산하는 며느리가 걱정과 조바심으로 불안하게 사는 모습을 보고 함께 태아영가 천도기도를 올리자고 권했습니다.

예전에 지금처럼 의학이 발달하지 않았을 때 우리 어머님들은 장독대에 정화수井華水 한 그릇을 떠놓고 정성으로 빌면서 자식을

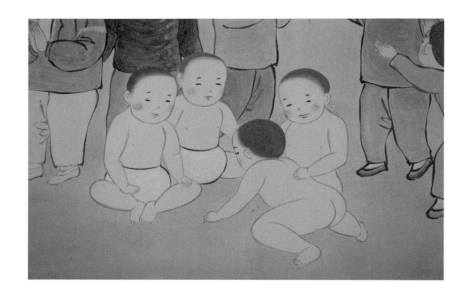

낳게 해달라고 염원하셨습니다. 그러나 요즘은 그런 믿음을 미신
이라 치부하며 무시합니다. 며느리는 천도기도하면 자식이 생길
것이라는 시어머니의 말씀을 받아들이지 못했습니다.

필자가 기도하는데 유산된 태아영가가 일러주기를 "아빠가 엄
마와의 잠자리를 거부해요."라고 말했습니다. 필자는 며느리에게
그 사실을 물어보았습니다.

"아직 신혼인데 남편이 잠자리를 왜 피하세요?"
"네! 그걸 어떻게 아셨어요?"

며느리는 깜짝 놀란 얼굴로 말했습니다.

"어떻게 알긴요. 다 알지요."

이후부터 며느리는 생각이 180도로 바뀌어 시어머니를 따라서 열심히 절을 찾아 기도하고 봉사활동을 자청했습니다. 그리고 기도회향하는 날 거짓말처럼 임신하는 경사를 맞이했습니다.

시어머니는 현재 무럭무럭 크고 있는 예쁜 손녀를 바라보며 행복한 나날을 보내고 있습니다.

⑪ 묵묵히 봉사하면 원결을 풀 수 있다

15년 전부터 절에 오시는 날이면 누가 시키지 않아도 묵묵히 봉사활동을 하시는 부부가 있습니다. 이 부부는 딸을 낳았지만 아들이 있어야 한다는 생각에 낙태를 거듭하다 보니 습관처럼 유산되는 바람에 뜻하지 않은 살생을 많이 하게 되었습니다.

어렵게 아들을 잉태하여 잘 낳고 별 탈 없이 성장하는가 싶었는데, 사춘기에 접어들면서 학업을 멀리하고 갖은 말썽을 부리며 부부를 힘들게 하였습니다. 이를 지켜보던 지인이 태아영가의 장애 같다며 구담사 자모암을 찾아가보라고 소개해주었습니다.

이 부부는 구담사 자모암에서 천도재를 지냈고, 그 공덕에 힘입어 부모가 낙태한 업으로 방황하던 아들은 아무 일도 없었던 것처럼 공부도 열심히 하는 착한 아들로 돌아왔습니다. 부부는 아들의 회복된 모습을 보고 더욱 신심을 내어 기도와 봉사를 열심히 하고 있습니다. 아들은 비록 실력이 부족해 원하는 대학은 가지 못했으나, 적성에 맞는 전공학과를 선택하여 우수한 성적으로 졸업하여 부모의 마음을 기쁘게 해주었습니다.

어느 날 부부는 반가운 소식을 전해주었습니다. "스님!" 하고 크게 부르더니, 밝은 모습으로 아들을 자랑하는 것이었습니다.

"스님! 글쎄, 저희 아들이 대학졸업하고 명문대학원 석사과정에 합격했어요. 그렇게 공부 안 하고 속을 썩이더니 뒤늦게 철들어 저희에게 희망을 주네요. 부처님께서 저희의 참회기도를 받아주시는 것 같아 너무 기쁩니다. 스님께도 감사하다는 인사를 꼭 드리고 싶어 이렇게 찾아왔습니다."

⑫ 태아영가가 맞선을 방해하다

공무원 아들을 둔 어머니가 찾아왔습니다. 어디에 내놔도 부족함이 없는 아들이건만 맞선만 보러 가면 퇴짜를 맞든지 퇴짜를 놓고 돌아온다는 것이었습니다. 짝을 골라 맞선을 주선했지만 늘 원만히 이루어지지 않아서 누군가 장난을 치는 것만 같은 생각이 들어 천도재를 지내러 왔다고 했습니다. 필자는 기도과정에서 웃음을 참으며 보살님에게 물어봤습니다.

"아들이 선보러 갈 때 양복도 입지 않고 머리도 다듬지 않고 가지요?"
"예, 그걸 어떻게 아셨어요?
"태아영가가 선보는 자리에서 장난을 치네요."

정말 그랬습니다. 샘이 난 낙태아의 영혼이 훼방을 놓고 있었습니다. 아무리 그래도 예의는 차리고 나가야 하는 데 아들이 자신 있었나 싶었습니다. 가끔씩 있는 일인데 태아영가가 샘을 내면 평소의 자신과는 상관없이 다른 행동을 하고 차림새도 멋대로 하곤 합니다.

이런 경우에는 진실한 마음으로 간절히 천도기도를 올려야 합니다. 그래야 부모에게 의지하고 있던 태아영가가 이승의 인연을 미련없이 끊고 저승에 안주할 수 있기 때문입니다. 그리고는 하루속히 다음 생에 좋은 인연을 만날 수 있도록 정성을 다해 천도기도를 지내주어야 합니다.

그 보살님은 필자의 당부를 그대로 따랐고, 그 후 공무원 아들은 머리를 다듬고 옷도 단정하게 입고 맞선자리에 나갔습니다. 결과는 OK였습니다. 좋은 배필을 만나 결혼에 골인한 것입니다.

제5장 낙태의 사회성과 저출산의 문제

낙태와 저출산의 시대적 배경
태아의 생명성 인식 절실
저출산과 미혼모 정책의 상호성
낙태와 저출산 예방을 위한 제언

1. 낙태와 저출산의 시대적 배경

우리나라는 한때 인구가 급증하자 정부차원의 강력한 산아제한 정책을 전개한 시절이 있었습니다. 6.25한국전쟁 이후 1970년대까지 연간 출산율이 한 가정 대여섯 명은 보통일 정도로 인구가 크게 늘면서 학교의 교실과 식량 등이 부족해지자 정부가 산아제한 정책과 함께 캠페인에 직접 나서게 된 것입니다.

"딸 아들 구별 말고 둘만 낳아 잘 기르자."

이 구호는 당시에 정부가 매체와 벽보 등을 통해 대대적으로 선전했던 캠페인 슬로건이었습니다. 하지만 이 구호는 정부의 의도와는 달리 남아선호사상男兒選好思想을 부추겨 이른 바 '낙태落胎의 붐'을 일으키는 부작용을 낳았습니다. 그래서 정부는 산아제한 정책을 더욱 강력하게 추진하게 되었고, 캠페인 슬로건도 이렇게 바꾸었습니다.

"잘 키운 딸 하나 열 아들 안 부럽다."

정부는 "둘도 많다. 하나만 낳아 잘 기르자." "덮어놓고 낳다 보면 거지꼴을 못 면한다."는 취지의 이러한 캠페인을 전개하면서 전국 곳곳에 보건소와 가족계획 시범진료소를 설치해 무료로 피임 시술을 실시하고, 세 자녀 이상을 둔 가정의 셋째에게는 의료보험을 적용하지 않는 등의 불이익을 주었습니다. 이 시절 낙태행위는 너무나 자연스러웠고, 이러한 행위를 부채질한 장본인은 다름 아닌 정부당국이었습니다.

작금의 우리 사회는 어떻습니까? 우리나라는 현재 OECD국가 중 출산율 최하위를 기록하고 있습니다. 저출산 문제를 넘어서서 인구절벽이라는 심각한 사회문제를 낳고 있는 것입니다. 한 명씩만 낳아도 삼천리는 초만원이라며 산아제한정책과 가족계획사업을 벌이던 때가 엊그제 같은데 불과 반세기 만에 OECD국가 중 아이를 낳지 않는 일등국가가 되었습니다. 학생이 없어 문을 닫는 학교가 많아지고, 생산연령인구가 급감하는 현상이 나타나는 등 우리 사회의 암울한 전망은 눈앞의 현실로 드러나고 있습니다. 저출산 문제가 지속된다면 아마도 '형제' '자매' '남매'는 물론이고 '숙부·숙모' '백부·백모' '이모' '고모' '삼촌'이라는 가족·친척 간의 호칭을 비롯해 가족사랑과 이웃 간의 인지상정까지도 사라진 삭막한 세상의 도래가 분명한 현실로 다가올 것입니다. 주변에 아무도 없는 '혼자'라는 '외로움'이 팽배해 사람 사는 세상은 마침내 붕괴되고 말 것입니다.

이러한 낙태와 저출산의 시대적 배경에는 1960년대 정부의 산아제한정책과 1970년대 중반이후 가족계획사업을 추진했던 시절로부터 시작되었다고 보아도 틀린 말은 아닐 것입니다. 이는 태아영가 천도공양을 올리는 분들의 평균연령을 살펴보니 대다수가 이 시절의 부모라는 사실에서도 확인할 수 있습니다.

예나 지금이나 '자라나는 아이들이 곧 우리의 미래'라고 할 수 있습니다. 그런데 작금의 시대를 지켜보고 있자니 우리의 미래가 어떻게 될지 실로 안타깝기만 합니다. 흔히 미래를 결정하는 것은 현재라고 합니다. 1980년대 초반까지만 해도 인구과잉성장을 두려워했던 한국사회가 불과 40년 사이 완연한 고령화사회로 접어들더니 이젠 초고령사회를 목전에 두고 있습니다. 우리 사회는 지금 초고령시대를 거부할 수 없는 노인정책과 인구절벽을 가져온 저출산 문제에 따른 출산장려정책이라는 두 가지 쟁점에 직면해 있습니다.

이 두 가지 쟁점 모두는 낙태와 절대 관련 있다는 공통점을 시사합니다. 매년 낙태되는 태아가 모두 정상적으로 출산되어 성장했다면 작금의 심각한 시대적 문제로는 드러나지 않았을 것이기 때문입니다.

2. 태아의 생명성 인식 절실

어느 산부인과 남자의사의 이야기입니다. 오래 전 언젠가 이 의사가 필자에게 상담을 요청하더니 이렇게 당부했습니다.

"스님! 낙태된 아이들을 위해 기도해주십시오."

필자가 "네?" 하고 의아해서 되물었습니다. 산부인과 의사는 "본인이 낙태한 것은 아니지만 자기로 하여금 죽임 당한 낙태아이들에게 항상 죄를 짓고 있다는 생각에 마음이 무겁다."며 "낙태아이들을 위해 기도하고 싶다."고 말했습니다. 그 분은 지금은 고인이 되어 세상에 없지만, 생각해보니 자신의 직업으로 말미암아 본의 아니게 큰 죄업을 저질렀던 행위에 대해 스스로 깨닫고, 낙태한 부모 대신 자신이 기도해주고 싶었던 것입니다. 생명을 살리는 의사이기도 하였지만, 한편으론 태아의 생명을 죽이는데 동조했다는 사실에 늘 가슴 아파했던 실제 얘기입니다. 이렇듯 산부인과 의사도 낙태수술을 하면서 죄책감에 마음이 무거운데, 하물며 뱃속의 아이를 직접 낙태한 엄마의 심정은 어떻겠습니까?

오늘날 우리는 과거에 보지도 못한 슬픈 광경을 접하며 살고 있습니다. 각종의 애완용 동물이 애완의 개념을 넘어 반려자로서 가족의 일원으로 자리매김하게 된 것입니다. 반려동물들이 죽으면 화장터에 가서 장례식을 치르고 좋은 곳에 태어나기를 기원하는 천도재도 지내줍니다. 하지만 낙태된 아이는 얼마간 생명으로 존재했지만 장례절차도 없이 잊혀진 존재일 뿐입니다.

낙태한 아이에게 말할 수 없는 미안한 심정을 간직하고 있는 부모도 있지만, 무책임하게 변명하는 부모도 있습니다. 그저 핏덩어리에 지나지 않은 것인데 낙태한 아이의 장례나 천도재를 왜 지내주어야 하는가를 반문하는 어느 젊은 부모도 있습니다. 낙태한 아이는 생명도 자식도 아닌 핏덩이라 생각하고 반려동물에게는 온갖 애정을 쏟는 현실을 어떻게 이해해야 하는지 의아할 따름입니다. 그렇다고 동물의 생명이 하찮다는 얘기는 결코 아닙니다. 다만, 사람과 동물을 구분해야 한다는 생각입니다.

청소년기 낙태의 불가피성과 관련하여 가장 근본적인 문제는 아이를 낳아 기를 수 있는 사회적 인식과 토대가 부족하기 때문일 것입니다. 청소년 임산부가 임시보호소가 아닌 장기적인 쉼터 내지 아이를 양육할 수 있는 능력을 갖출 때까지 보호해줄 수 있는 공간과 특별배려 등의 정책마련이 시급하다고 강조하는 까닭이 그것입니다. 아울러 임신의 신중함과 낙태의 두려움을 각인시킬 수 있는 사회적 환경조성이 청소년들의 분별없는 성 문화를 개선하는데 일정한 툴을 제공할 것입니다.

한 생명이 사람으로 태어나기 위해서는 최소 몇 겁에서 수천, 수억 겁의 인연을 기다려야 가능하다고 합니다. 그러한 고귀한 생명을 낙태시켜버린다면 낙태한 부모나 낙태 당한 영혼에게 어찌 상처가 남지 않겠습니까. 엄마 뱃속에 잉태한 생명을 지키기 위해

서는 부모의 사랑이 무엇보다 중요합니다. 생명을 지키지 못하고 급기야 낙태를 선택한 부모의 진정한 참회와 천도공양을 통해 후손들에게 낙태로 인한 무거운 업보와 생명의 존엄성을 인식시키는 일은 우리 모두의 숙업일 것입니다. 필자가 천도재의 절차적 의미보다 금생에 낙태한 죄업을 소멸함으로써 낙태 없는 생명존중문화를 조성하는 일이 더욱 중요하다고 강조하는 이유도 그 때문입니다.

우리 사회는 막 태어난 갓난아이를 죽일 경우 살인죄를 적용해 응분의 대가를 치르게 합니다. 하지만 태아를 낙태한 경우에는 살인죄로 보지 않습니다. 태아도 분명 생명일진대 생명을 죽였는데도 살생과는 무관하다는 사회적 인식은 분명 잘못되었습니다. 낙태행위에 대한 우리 사회의 제고提高가 필요하다고 봅니다.

3. 저출산과 미혼모 정책의 상호성

한 생명을 태어나게 하는 것이 얼마나 고마운 일입니까. 하지만 사회적 비난의 대상이 되어버린 여성들이 있습니다. 우리 사회 어디에서도 마땅히 그리고 당당하게 설 수 없는 여성들로서 지난한 임산부의 터널을 건너온 다수의 '미혼모未婚母'가 바로 그들입니다.

미혼모에 대한 우리 사회의 부정적 인식은 엄마가 산고産苦를 견디며 출산한 아이마저 제대로 키우지 못하게 하는 사회적 고통을 거듭 안겨줌으로써 급기야 갓난아이를 팔아넘긴다는 보도가 적지 않은 현실입니다. 이러한 사회적 환경은 야만적인 모습에 지나지 않습니다. 정부차원의 미혼모 정책수립과 사회적 배려가 절실한 까닭입니다.

살생업보의 낙태를 선택하지 않고 태아의 생명존엄성을 스스로 인정해 출산을 선택한 그들에게 사회적 비난은 집단적 폭력과도 다르지 않습니다. 우리는 그들의 출산선택을 존중하고 태어난 아이를 건강하게 양육할 수 있도록 관심과 성원을 보여주는 인간의 도리를 다해야 합니다.

미혼모 각각의 불가피한 입장이 있겠습니다만, 이미 출산의 길을 선택해 태어난 아이가 존재한다면 그 아이는 단지 미혼모의 자식만이 아닌 인류사회의 소중한 인재로서의 의의를 부여하고 우리 사회가 함께 양육한다는 의식을 가져야 합니다.

그러한 사회적 인식을 전제로 미혼모의 아이들을 여법하게 양육한다면 작금의 우리 사회에 들이닥친 저출산의 문제는 조금이나마 해결될 수 있겠다는 생각입니다. 미혼모 복지시설을 확충하고 미혼모로서도 자신감 있게 살아갈 수 있다는 사회적 지표를 설정해 주어야 합니다.

필자는 아기용품을 가지고 미혼모 시설을 자주 방문합니다. 필자가 자주 찾는 시설 가운데 어느 종교재단에서 운영하는 미혼모 임시보호소에서 경험한 일입니다. 필자의 마음을 안타깝게 하고 아프게 한 건 다름 아닌 그 미혼모들 가운데 아직 엄마가 되기에는 이른 나이, 여전히 부모의 손길이 절실한 나이의 청소년들이 적지 않다는 사실입니다. 한창 공부할 나이에 어쩌다 이곳까지 오게 되었을까? 그들이 무엇을 알기에 아이를 낳은 것일까? 마음속 깊이 혼돈이 자리를 잡습니다.

엄마로서 책임감 때문이었는지, 생명을 소중히 여겨 아이를 낳겠다고 생각한 건지 저마다 사연이 있겠습니다만, 그래도 낙태하지 않고 미혼모 시설에서 잠시나마 거주하는 그들의 모습을 보면서 마음이 찡했습니다. 아직 젖도 떼지 못한 아기들, 누런 황달기가 채 가시지도 않은 갓난아기들이 울음을 터뜨리면 미혼모들도 눈물을 훔치면서 한 손에는 아기를 안고 또 한 손으로는 흐르는 눈물을 연신 닦아내며 우는 모습을 보고 있자니 너무나도 안타깝고 가슴이 아팠습니다. 아기를 낳고 잠깐의 기간만 있다가 시설에서 나가야 하는 보호소의 규정 때문에 미혼모는 아기를 시설에 두고 떠나야 한다는 게 더욱 안타까웠습니다.

아기도 엄마도 얼마나 가슴이 찢어지고 아플까요? 엄마 품이 한창 그리울 아기, 자식을 눈에 넣어도 아프지 않을 엄마의 마음, 그러나 임시보호소의 규정대로 아기와 엄마는 더 이상 정들기 전에 헤어져야만 하였습니다.

미혼모의 아기들은 임시보호소에서 입양을 하게 되거나 보육원으로 보내지게 됩니다. 아기와 엄마가 말 그대로 생이별을 하게 되는 것입니다. 필자는 이러한 서글픈 순간을 접할 때마다 우리 사회에서 미혼모와 아기 모두를 수용해 보호할 수 있는 시설이 없다는 것에 의구심을 갖습니다. 미혼모들의 임시보호소가 아니라 정부 차원에서 아기와 엄마가 함께 할 수 있는 공간, 엄마가 아기를 양육할 수 있는 능력이 마련될 때까지 보호해줄 수 있는 장기쉼터를 왜 조성할 수 없는지 여전히 의문입니다. 아무리 미혼모라고 하지만 아이를 키우는 엄마를 특별배려해 주고 살아갈 수 있는 토대를 마련해주는 일은 국가의 의무요 우리 사회의 공동책임이라는 생각을 버릴 수 없기 때문입니다.

최근에는 또 하나의 참으로 슬픈 현실을 목도하고 있습니다. '비혼모非婚母'에 대한 사회적 인식입니다. 비혼모의 사전적 의미는 '결혼은 하지 않고 아이만 낳아 기르는 여자로서, 일명 자발적 비혼모(Single Mothers by Choice)'라고 정의합니다. 독신주의자이면서 남자의 정자은행을 통해 아이를 낳아 기르는 현대판 신여성입니다. 가부장제를 벗어나 독자적인 호적과 성姓을 사용한다고 합니다.

필자가 비혼모 현상을 두고 슬픈 현실로 표현한 것은 미혼모에 대한 사회의 부정적 인식과는 달리 비혼모에게 '잘했다'는 평가를 주는 현상 때문입니다.

결혼식 의례를 밟지 않았을 뿐 이성간의 정상적인 관계를 통해 아이를 낳은 미혼모에게는 험할 정도로 손가락질하면서, 아빠가 누구인지 성도 이름도 모르는 남자의 정자를 사서 아이를 낳는 비혼모에게는 칭찬일색의 현실을 어떻게 받아들여야 하는지 깊이 생각해보았습니다. 아울러 비혼모 현상이 사회적으로 얼마나 큰 혼란을 일으킬 수 있는지에 대해 고민해보았습니다.

갈수록 혼자 사는 사람들이 많은 개인주의 사회에서 비혼모는 아빠 없는 세상과 독신여성사회를 부채질함으로써 심각한 사회적 현상을 야기할 것입니다. 비혼모와 그 자녀들은 가족일가도 모르고, 종족도 모르고, 아빠도 누구인지 모르는 채 세상을 살아가야 합니다. 인간관계의 본질적 문제에 직면하게 되면서 최소한의 상호관계를 담보할 수 없는 질서의 붕괴를 추동할 것입니다. 또한 결혼하기는 싫고 아이만을 원하는 여성이 증가할 경우 자연순리적인 이성관계 속에서의 혈족관계가 아닌 비혼모와 그 자녀들의 급증현상으로 이 또한 인간관계의 본질적 문제 앞에 혼란을 부채질할 것입니다.

자식은 엄마의 사랑으로 자라지만 아빠와 형제자매라는 '가족'의 단어가 더욱 중요합니다. 그래서 가족은 그에 상응한 행복을 가져다주는 것입니다. 비혼모에게 잘했다고 보내는 갈채보다 미혼모가 낳은 아이에게 희망을 주는 사회적 정서와 환경조성이 보다 평화롭고 행복한 인간적인 사회를 만드는데 더욱 긴요할 것입니다. 더욱이 저출산을 고민하는 국가적·사회적 과업의 해결점은 비혼모와 그 자녀들의 양산이 가져다주는 비인간적인 사회구조보다는 미혼모와 그 자녀들의 미래지향적인 환경조성을 통해 지극히 인간적인 관계구조를 정립하는 데서 찾을 수 있다는 사실을 인식해야 할 것입니다.

4. 낙태와 저출산 예방을 위한 제언

　과거에는 낙태가 주로 혼인관계 안에서 발생했지만, 현재는 개방적인 성性의식과 생명경시 풍조가 확산되면서 낙태가 스스럼없이 이뤄지고 있는 현실입니다. 지극히 정상적인 혼인관계에 있는 여성임에도 불구하고 경제적 부담을 이유로 임신을 기피하는 현상이 만연해 있거니와, 혼외관계에 있는 미혼여성은 임신 자체가 사회적 낙인이 될 뿐더러 출산할 경우 최소한의 육아지원조차 기대하기 어려운 현실입니다. 사회적 인정을 받을 수 없는 미혼여성의 임신은 불가피하게도 낙태행위로 이어진다는 것입니다. 결국 저출산과 낙태에 내포된 키워드는 경제만능주의에 기반한 편의주의와 개인주의에 기인하고 있다는 사실을 알 수 있습니다.

　성전환수술을 받고 새로운 인생을 살게 되는 사람들도 공존하는 시대에 새삼스레 낙태문제를 꺼내느냐고 반문하는 이들도 있을 것입니다. 하지만 오늘날의 낙태현상을 들여다보면 정상적인 부부 사이에서도 성에 대한 무지나 실수로 낙태하는 경향이 적지 않으며, 혼전 청춘남녀의 성적 충동에 의해서도 야기되고 있는 현실이고 보면 합리적인 대책 마련이 시급하다고 할 것입니다.

　우리나라는 세계적으로 가장 낮은 출산율과 가장 빠른 고령화 속도를 내면서 2025년 즈음에는 초고령사회로 진입할 전망입니다. 준비할 기간이 길어야 사회적 충격도 적고 대책도 수립될 수 있겠지만, 지금으로서는 시간이 너무 부족한 상황임을 부정할 수 없습니다. 낙태의 수용 분위기와 저출산으로 인한 인구급감 문제에 직면한 우리 사회는 두 가지 대책을 일시적으로 해결하지 않으면 안 되는 현실에 놓인 것입니다. 인구감소를 막기 위해 젊은층에게 가정 및 출산육아에 대한 인식을 바꾸는 정책과 노인인구정책이 그것입니다. 지금부터라도 적극적인 출산장려와 육아지원이 이루어져야 할 것이며, 노인들의 주거 및 직업 문제와 요양시설 문제 등 고령층에 대한 효율적인 대책이 요망되고 있는 것입니다.

우리는 이제 임신과 낙태, 출산과 육아 등이 개인문제가 아니라 우리 모두의 문제이며 사회가 나서야 하는 과제라는 점을 깨닫고 산모와 태아, 출산과 육아는 국가와 사회가 함께 지원하고 키워나가야 하는 중대사로 인식할 필요가 있습니다. 그러기 위해서는 낙태를 선택할 수밖에 없는 사회구조부터 바꾸어야 합니다. 생명존중과 낙태예방, 결혼과 출산에 대한 긍정적인 가치관을 젊은 세대들에게 심어줄 수 있는 획기적인 방안들이 국가와 사회차원에서 마련되어야 할 것입니다. 무엇보다 가장 큰 책임을 지고 있는 주체가 중앙정부와 지방정부라는 사실을 각인하고, 육아에 대한 보육비와 교육비를 지원해주는 정책과 "적어도 둘은 낳아야 우리나라의 미래가 있다."라는 심각성을 국민들이 체감할 수 있도록 결혼정책부터 임신·출산·육아정책 등에 있어서 각종 혜택과 지원을 아끼지 않아야 할 것입니다.

아이들이 아파서 병원에 가면 무료로 진료해 주고, 아이와 함께 대중교통수단을 이용할 경우 아이는 당연히 무료로 승차할 수 있어야 합니다. 직장여성이 아이를 낳고 출산·육아 휴직 후 다시 복

귀한 여성들에게 경력단절의 불이익이 가지 않도록 하는 정책도 매우 중요한 과제입니다. 저출산과 낙태의 실태를 점검하고 그에 따른 청사진을 제시함으로써 임신여성이 쉽게 낙태를 고려하지 않는 사회적 환경조성을 위한 방안도 모색해야 할 것입니다. 현재 제한적으로 낙태를 허용하고 있는 모자보건법의 조항들이 실효성을 가질 수 있도록 시행령을 구체화하는 방안과 낙태예방을 위한 적극적인 홍보 및 정책적 지원과 사회 · 경제적 대안 등을 보다 구체적으로 제시해야 하겠습니다.

과거 정부차원의 "딸 아들 구별 말고 둘만 낳아 잘 기르자."는 산아제한정책의 구호처럼 이제는 "낙태는 살생 행위, 생명존중 가치실현 가정행복 이룩하자."는 취지의 태아생명보호정책을 적극 추진할 수 있기를 기원해봅니다.

결론적으로 저출산 정책의 핵심은 출산의 주체인 '여성'에 있다고 볼 수 있습니다. 국가와 사회가 철저한 양성평등에 기반해 여성들이 일과 가정에 양립할 수 있는 환경을 만들어가는 일이 최우선 되어야 할 것입니다. 여성이 아이를 낳겠다고 마음먹게 하려면 여성친화적인 일터를 조성하고, 정부는 이러한 환경조성을 위해 정책적으로 지원해주어야 합니다.

낙태와 유산의 업장소멸을 발원하며

부모와 자식의 인연도 시절과 무관하지 않은가 봅니다. 예전에는 임신과 출산의 비율이 높았다고 한다면, 작금의 시절에는 낙태의 비율이 높아졌고 임신을 하지 않는 경우도 더 많아진 것 같습니다.

부모님들의 심정을 헤아리다 보면, 자녀들이 결혼하면 금방 아기가 생길 줄 압니다만, 젊은 부부들 사이에 아기를 갖지 못하는 경우가 많다 보니 불안한 심정을 호소하는 분들이 많습니다. 또한 예전보다 늦은 나이에 결혼하는 정서가 일반화되었고, 아기를 꼭 낳고 살아야 한다는 개념이 없어진 것도 사실입니다. 여러 가지 사회적 조건과 경제적 환경으로 말미암아 아기를 낳는 부담보다, 현재 서로 재미있고 행복하게 살기를 바라는 부부가 많아졌기 때문입니다.

더욱 심각한 현실은 성년과 미성년의 경계 또는 결혼여부와 무관하게 성性의 개방화가 보편화되었고, 만남의 인연을 쉽게 저버리는 일도 무감각해졌다는 사실입니다. 하지만 아무리 고귀한 사랑을 나눈다고 해도 결혼이라는 의례를 거쳐 부부의 인연을 맺지 못하면 '불륜不倫'이라는 시각의 사회적 함의含意를 망각해선 안 됩니다.

예로부터 결혼은 인륜지대사人倫之大事라 하여 사람이 하는 일 가운데 가장 중요한 덕목이었습니다. 결혼은 평생 함께 살아가는 가정

행사의 기초이며, 가족을 구성하는 출발입니다. 결혼을 통해 비로소 부부가 되고, 이로써 가족과 가정을 형성하게 되기 때문입니다.

가정을 이루는 토대로서 부부에게 가장 중요한 명제는 화목입니다. 화목은 부부가 원만한 임신을 위한 우선조건이기 때문입니다. 그래서 부부는 서로 존중공경하는 마음과 자세가 필요합니다. 하지만 오늘날의 사회적 흐름은 개인주의와 편의주의에 기댄 문명이기와 황금만능주의로 말미암아 결혼과 임신의 환경과 조건에 많은 문제점을 일으키고 있는 것도 부정할 수 없습니다.

부부란 인생의 동반자로서 한 길을 한마음으로 함께 가는 좋은 벗입니다. 우리의 조상들은 혼인날을 정할 때 여자의 월경주기를 따져 택일했습니다. 합방 첫날을 좋은 날로 잡아 이날에 임신하게 되면 건강하고 똑똑한 아기가 태어난다는 믿음 때문입니다. 이처럼 태어나는 날보다 더 중요한 임신은 숭고하고도 엄숙한 의례와도 같은 것이기에 함부로 성 관계를 맺지 않았던 것입니다.

경전에서도 밝히고 있듯이 남녀가 성 행위를 하게 되면 중음신中陰神이 이를 현전現前에서 보게 됩니다. 중음신은 자신이 어떤 부모를 선택해 수태受胎하고 태어날 것인지를 잘 알고 있습니다. 중음신은 수태 즉시 태아로서 생명을 키워갑니다. 태아는 부모가 무슨 생각을 하고, 무엇을 하려고 하는지를 그대로 느낍니다. 부모가 낙태하고 설령 헤어진다고 해도 낙태아는 부모가 누구인지를 알고 있으며, 그래서 낙태 당한 원망과 분노로써 부모를 비롯한 가족들에게 무서운 장애를 주는 것입니다.

태아가 부모의 생각과 교감한다는 것은 곧 생명체라는 사실을 말해줍니다. 세상에 태어난 아기와 다르지 않는 살아있는 존재라는 사실을 인식할 필요가 있는 것입니다. 필자가 '낙태는 살생중죄'라고 성토하는 이유입니다.

우리가 한 생각을 바꾸어 갖은 노력에도 임신이 잘 안 되어 '시험관 아기' 시술을 시도하는 부부의 간절한 염원을 들어보면 생명이 얼마나 소중하고 존귀한 것인가를 느끼게 합니다. 우리가 꽃을 사랑하고 애인을 사랑하듯이 수태된 인연을 귀한 생명체로서 받아들인다면 사회적으로 심각한 저출산 문제도 해결할 수 있다고 봅니다.

구담사 자모암은 갈음하여 '엄마·아빠의 참회기도도량'입니다. '부모가 한순간의 잘못된 판단으로 귀한 생명을 지워버린 행위를 진심으로 참회하고, 천도기도를 통해 다음 생에 태어나기를 간절히 바라고 있을 태아영가의 원결怨結을 풀어준다'는 의미를 담고 있습니다. 태아영가의 원결을 풀어주고 새 생명을 잉태해주는 인연도량인 만큼, 부모님들께서 한 생명을 위해 정성을 다해 참회기도해 주시길 바랍니다.

이 영험록을 수지독서受持讀書하는 인연 있는 분들의 업장소멸과 삼세인과가 원만하고 복되시길 합장발원합니다. 모두 성불하십시오.

나무아미타불
나무지장보살
나무애자모 지장보살마하살

지율(智律) 스님

현재 경기도 남양주시 진접읍 '죽엽산竹葉山 구담사瞿曇寺 자모암慈母庵' 주지로 있다. 태아영가 천도의 절실함과 태아생명의 소중함을 대중에게 처음 인식시킨 스님으로 평가받고 있다.

1993년 9월 서울시 광진구 중곡동에 첫 포교당 '구담사'를 개설한 이래 1997년 경기도 포천시 이동면 연곡리로 이전 개원하고, 2006년부터 지금의 구담사 자모암 도량을 개척했다.

첫 포교당 개원 당시부터 30여 년 한결같이 어두운 곳에서 광명을 보지 못하고 낙태된 태아영가들의 천도와 함께 애잔한 그 부모들의 마음을 달래주며 오늘에 이르고 있다.

태아영가천도 영험록

아가야 미안하다

발행일 | 불기 2565(2021)년 10월 15일

지은이 • 지 율
편집교정 • 하 춘 생
사 진 • 장 명 확
발행인 • 김 동 금
펴낸곳 • 우리출판사
서울시 서대문구 경기대로9길 62
전화 (02)313-5047
팩스 (02)393-9696
이메일 wooribooks@hanmail.net
홈페이지 wooribooks.co.kr
등록 제9-139호

ISBN 978-89-7561-351-7

값 23,000원